孔子与舜帝

郑国茂　著

线装書局

图书在版编目（CIP）数据

孔子与舜帝：中华道德文化的源与流／郑国茂著
. -- 北京：线装书局，2021. 6
　ISBN 978-7-5120-4526-2

　Ⅰ.①孔… Ⅱ.①郑… Ⅲ.①中华文化-研究 Ⅳ.
①K203

中国版本图书馆 CIP 数据核字（2021）第 132916 号

孔子与舜帝——中华道德文化的源与流

KONGZI YU SHUNDI——ZHONGHUA DAODE WENHUA DE YUAN YU LIU

作　　者：郑国茂
责任编辑：程俊蓉
出版发行：线 装 書 局
　　　　　地　　址：北京市丰台区方庄日月天地大厦 B 座 17 层（100078）
　　　　　电　　话：010-58077126（发行部）010-58076938（总编室）
　　　　　网　　址：www.zgxzsj.com
经　　销：新华书店
印　　制：天津兴湘印务有限公司
开　　本：710mm×1000mm　1/16
印　　张：19.25
字　　数：320 千字
版　　次：2021 年 6 月第 1 版第 1 次印刷
印　　数：0001-1000 册

定　　价：68. 00 元

线装书局官方微信

自 序

都知道一句流行语：孔孟言必称尧舜。

都读过《论语·述而》，能正确解读"子曰'述而不作，信而好古，窃比于我老彭'"这句话的含义。

都熟悉儒家千百年来在《中庸》中发出的心声共语："仲尼祖述尧舜，宪章文武"。

对"尧天舜日"这个成语都耳熟能详。

如果设问：孔子"信而好古"信什么？"祖述尧舜"述什么？孔子与舜帝、儒家文化与舜帝文化之间有什么渊源？就未必有多少人舍得花时间去探求个水落石出。这个在研究和传承、传播中华优秀传统文化时，必须弄个清楚明白的命题，却因为历史的原因、封建帝王维护统治之需的原因、资料缺失以及学术兴趣等多重原因，多年来在学术界或避实就虚、或避重就轻、或难得糊涂，至今无多少人愿意问津。一些被称之为国学的布道者，甚或大师，也乐得不明不白，不清不楚。

寻找民族文化之根之源，探索文明历史，理顺文化源流，继承中华美德，使国人更好地树立起文化自觉与文化自信，这是本人研究与撰写《孔子与舜帝》的初衷。我从20世纪80年代初期开始致力研究上古史，研究舜帝与舜文化，研究中华道德文化的源流，先后发表过论文数十篇，出版过史学专著《舜帝之谜》《舜帝释疑108问》《千古舜帝》等著作以及关于舜帝的文学作品数百万字。研究表明，舜帝是集三皇五帝文化之大成者，是中华道德文化的创造者，是天下第一君子。舜文化是慈孝文化之源、道德文化之源、和合文化之源、五福文化之源、湖湘文化之源、儒文化之源。

《孔子与舜帝》一书的写作基于数十年的研究基础，在退休后专事传播优秀传统文化 10 多年、讲课千场次的前提下，通过广泛交流而提笔写成的。此书从 2017 年完成初稿，历 4 个年头四次精心修改才决定付梓出版，此前曾得到过几家国家重量级的出版社抛出的橄榄枝，但因多重原因均未交稿付梓。现决定交付"中国出版工作者协会主管，中国出版工作者协会主办，以出版国学典籍、社科专著、诗词书画、史学年鉴为主的国家机构"的线装书局出版，期待能对尧舜时代的历史以及中华 5000 年文明史源流史解惑释疑于丁点；期待能为从事断代史研究与探源工程研究的学者们的文化考古成果多丁点文字佐证；期待能为执着"文化兴国运兴，文化强民族强"理念者再添丁点色，加丁点彩；期待能与中华传统文化的"人文精神"坚信不疑者盛世同歌共舞；期待《孔子与舜帝》的命题，能进入高人法眼，能开枝散叶，引出点涟漪。

我研究中华道德文化的源与流，是与舜帝文化的研究同步进行的，是在研究舜文化数十年的基础上进行的更上层楼的思考。本人是全国首个舜文化研究机构——"九嶷山舜文化研究会"的首创者和主要骨干，初时仅从以挖掘旅游资源为出发点，20 多年前实现了以文化转化文化创新为视角的研究方向的升华，尔后数十年如一日地不改初衷。现如今，在中华大地，舜文化研究机构已经林林总总星罗棋布，聊以自慰的是我的研究成果已经越来越彰显出了其文化力的光华。

2018 年 3 月，由厦门大学与泉州市虞舜学术研究会、世界舜裔宗亲联谊会菲华妫汭五姓联宗总会联合主办的"国际舜文化学术研讨会"在福建晋江举行，参会者包括中国社会科学院历史研究所、清华大学、中国人民大学、复旦大学、武汉大学、南京大学等数十家海内外著名大学的专家学者。原复旦大学中国历史地理研究所所长、现任全国政协常委、中国文史馆馆员的葛剑雄教授，清华大学国学研究院院长、中央文史馆馆员陈来教授，中国人民大学明德书院院长王子今教授等在国学、哲学或历史文化领域成果累累的专家学者们都参与了学术交流，这期间给当代人透露出的文化信息不言自明。

对《尚书》"德自舜明"和《史记·五帝本纪》中"天下明德皆自虞帝始"，孔子为首的儒家乃至诸子百家都坚信不疑；历朝历代封建帝王中的明君亦崇拜有加顶礼膜拜；因此，本人在研究中华道德文化的源流中，理所当然地坚信不疑。舜帝身体力行地创造和践行了以"孝"为核心内涵的原生态本体道德文化，故而，便以有根有据、可查可考的舜文化为突破口，对道德文化源流进行研究，在现有考古成果可以证实的中华 5000 年文明史界定下，应该是颇为明智的选择。

本人在研究舜文化与道德文化源流的征途中，有幸得到过国家社科院原历史研究所所长、国家断代史研究专家组组长、中国先秦史学会理事长、清华大学教授、博导李学勤先生的关注与指导，得到过清华大学历史系刘国忠教授以及众多舜文化研究同仁的关注与帮助，在《孔子与舜帝》出版之际，致衷心谢忱。

2020 年 10 月 1 日

目　录

第一篇章：尧舜时代历史研究

尧舜时代乃至整个五帝时代的研究成果，对于还原中华五千年文明史意义十分重大。

一、中国古代历史的几个重要阶段

多少年中，我们只说得清中华民族 3000 多年文明史，亦即到公元前 841 年西周时代，而把 3700 年以往的民族历史，统统归之为传说时代或者神话时代。这比起同为世界四大文明古国的古埃及、古印度、古巴比伦的就矮了一大截。全世界都承认中国是四大文明古国中唯一没有过历史断裂的国家，而我们却把自己国家的历史，长久地凝固于 3000 多年，究其原因，与对早于甲骨文的其他文字符号的未发现或不能识得以及文物出土滞后有关。研究历史，如果我们只认识甲骨文，只知道青铜钟鼎，只出土了二里头遗址，就把中国历史定位于夏代，而把尧舜以往的三皇五帝时代的历史说成是传说时代，把尧舜禹说成是部落首领，这是一种极为保守的固步自封，完全是一种主观臆断和妄加定论。且不说在中国土地上已经发现了比甲骨文和青铜器早得多的文字与文物，这已经与传说中的伏羲发明文字仓颉造字相认证。尽管我们对这些文字并不认识，即使是没有文字，即使是埋藏在地下的文物我们尚未发现与发掘，也不等于就没有历史。我们宁愿承认古埃及、古印度、古巴比伦并不连续的历史，却拘泥于本国尚不为人识别的文字和尚未出土的文物，而置原本有根有据，却自我定义为"传说时代"的历史于不顾，不研究不承认自己国家三皇五帝时代及其以往的历史，这是我国历史研究严重滞后与固步自封所酿成的。

根据研究，我们认为中国历史文化的发展大致经历三个阶段：炎帝神农氏集农耕文化之大成创造了农耕文化；黄帝轩辕氏创造了政体文化；舜帝集道德文化之大成、身体力行地创造了原生态的道德本体文化。

燧人氏、伏羲、神农以往的文化属于自然时代的文化，其主要特征是通过神话传说与想象，经口耳相传而传承。比如盘古开天地的传说；比如女娲补天以及抟土造人。

《艺文类聚》卷引《五运历年纪》记载："天地浑沌如鸡子，盘古生其中。万八千岁，天地开辟，阳清为天，阴浊为地。盘古在其中，一日九变，神于天，圣于地。天日高一丈，地日厚一丈，盘古日长一丈，如此万八千岁。天数极高，地数极深，盘古极长。后乃有三皇。数起于一，立于三，成于五，盛于七，处于九，故天去地九万里。"

《艺文类聚》卷引《五运历年纪》记载："天气蒙鸿，萌芽兹始，遂分天地，肇立乾坤，启阴感阳，分布元气，乃孕中和，是为人也。首生盘古，垂死化身；气成风云，声为霆，左眼为日，右眼为月，四肢五体为四极五岳，血液为江河，筋脉为地里，肌肉为田土，发髭为星辰，皮毛为草木，齿骨为金石，精髓为珠玉，汗流为雨泽，身之诸虫，因风所感，化为黎氓。"

《绎史》卷引《五运历年纪》记载："盘古之君，龙首蛇身，嘘为风雨，吹为雷电，开目为昼，闭目为夜。死后骨节为山林，体为江海，血为淮渎，毛发为草木。"

《广博物志》卷九行《五运历年纪》记载："昔盘古氏之死也，头为四岳，目为日月，脂膏为江海，毛发为草木。秦汉间俗说：盘古氏头为东岳，腹为中岳，左臂为南岳，右臂为北岳，足为西岳。先儒说：盘古氏泣为江河，气为风，目瞳为电。古说：盘古氏喜为晴，怒为阴。吴楚间说：盘古氏夫妻，阴阳之始也。今南海有盘古氏墓，亘三百里，俗云后人追葬盘古之魂也。桂林有盘古祠，今人祝祀，南海有盘古国，今人皆以盘古为姓。盘古氏，天地万物之祖也，而生物始于盘古。"

《述异记》卷上载："元者，本也。始者，初也，天之气也。此气化为开辟世界之人，即为盘古；化为主持天界之祖；即为元始。"

《历神仙通鉴》卷一载："盘古将身一伸，天即渐高，地便坠下。而天地更有相连者，左手执凿，右手持斧，或用斧劈，或以凿开。自是神力，久而天地乃分。二气升降，清者上为天，浊者下为地，自是混沌开矣。"

明人周游《开辟衍绎》附录《乩仙天地判说》载："天人诞降大圣。曰浑敦氏，即盘古氏，初天皇氏也。龙首人身，神灵，一日九变，一万八千岁为一甲子，荆湖南以十月十六日为生辰。

《古今图书集成·岁功典》卷八十三引《补衍开辟》载："代（世）所谓盘古氏者，神灵，一日九变，盖元混之初，陶融造化之主也。《六韬·大明》云：'召公对文王曰："天道净清，地德生成，人事安宁。戒之勿忘，忘者不祥。盘古之宗不可动也，动者必凶。'"今赣之会昌有盘古山，本盘固名。其湘乡有盘古保，而零都有盘古祠，盘固之谓也。按《地理坤鉴》云：'龙首人身。'而今成都、淮安、京兆皆有庙祀。事具徐整《三五历纪》及《丹壶记》。至唐袁天纲推言之《真源赋》，谓元始应世，万八千年为一甲子。荆湖南北今以十月十六日为盘古氏生日，以候月之阴暗，云其显化之所宜，有以也。《元丰九域志》：'广陵有盘古冢、庙'，殆亦神假者。《录异记》成都之庙有盘古三郎之目，庸俗之妄。"

从古至今，中华大地流传着这样一个神话故事：

相传在天地还没有诞生以前，宇宙是漆黑混沌一团，好像是个大鸡蛋。大鸡蛋的里面，只有盘古一人在那里睡大觉，一直睡了18000年。有一天，他突然醒来了，睁眼一看四周，到处都是黑糊糊的，什么也看不见，盘古心里发慌，顺手操起一把斧子，朝着前方黑暗猛劈。刹时间只听得山崩地裂一声巨响，这个大鸡蛋一下子裂开来，其中一些轻而清的东西，慢慢上升变成了天；而另一些重而混沌的东西，则慢慢下沉变成了地。天地刚分时，盘古怕它们再合拢上，于是就站在天与地之间，头顶着天，

盘古开天地

脚踩着地，使尽全身力气撑着，不敢挪动。于是，天每日升高一丈，地也每日加厚一丈。盘古的身体，也随着天的增高而每日长高一丈。这样，顶天立地地坚持了18000年。终于使天地都变得非常牢固。但由于他过度疲劳，终因劳累不堪而累倒死去。在他临死的一瞬间，口里呼出的气，顿时变成了风和云，呻吟之声变成了隆隆作响的雷霆，左眼变成了太阳，右眼变成了月亮，手足和身躯，变成了大地和高山，血液变成江河，筋脉变成了道路，头发和胡须，也变成了天上的星星，皮肤和汗毛，变成了草地林木，肌肉变成了土地，牙齿和骨骼，变成了闪光

的金属和坚石、珍宝，身上的汗水，也变成了雨露和甘霖。

盘古是中国古代传说时期中开天辟地的神，是中国历史传说中开天辟地的祖先，他殚精竭虑，以自己的生命演化出生机勃勃的大千世界，为千秋万代的后人景仰。盘古是自然大道的化身，他开天辟地的传说中蕴含了极为丰富而深刻的文化、科学和哲学等内涵。神话传说乍看起来荒谬，但却是研究宇宙起源、创世说和人类起源的重要线索。而他的"鞠躬尽瘁、死而后已"的献身精神，更是人类精神的至高境界，历来为仁人志士所效尤。千百年来，盘古文化在这片以他自己的生命所化的热土上，流传不息，不断繁衍，延续古今，传播中外，成为中华文化中一颗璀璨的明珠。

古文记载："往古之时，四极废，九州裂，天不兼复，地不周载。火爁焱而不灭，水浩洋而不息。猛兽食颛民，鸷鸟攫老弱。于是女娲炼五色石以补苍天，断鳌足以立四极，杀黑龙以济冀州，积芦灰以止淫水。苍天补，四极正，淫水涸，冀州平，狡虫死，颛民生。"

说在盘古开天辟地之后，天的四周塌下来了，与地连在了一起。包括九州在内的中国版图并不完整，它们并非完全相连接的一个整块。天，不是完整的天。地，不是完整的地。尚有天地未分，互相粘连的地方。有时，冲天烈火熊熊燃烧，森林大火蔓延不息。有时，滂沱大雨倾盆而下，很多地面被水覆盖，到处是一片汪洋。凶禽猛兽，经常伤害百姓。在这样的情况下，女娲带领人民，采用焚烧木材"炼五色石"的方法，来修补出现漏洞的苍天。通过"砍断大海龟脚"的方法，使天的四周不会塌下，不再与大地互相粘连。通过"杀死黑色的龙"，来解救中原大地的黎民百姓。通过堆积草木灰，来吸干并阻止泛滥横流的大水。

苍天的漏洞被补上了，天的四周不再与地相连了，在地面泛滥横流的大水被吸干、被阻止住了，天上的黑龙被杀死了，中原地区安定了，百姓得以生存繁衍了。

传说中的盘古与女娲都造就了一个美丽的世界。盘古开天辟地与女娲补天的故事虽然是个神话，但却在一定程度上，反映了我国古代人民一种朴素的天体演化思想。古人所设想的天地未开之前的混沌状态，与今天人们认识的宇宙早期状态异曲同工。

中国古代流传的如盘古开天地般的神话故事很多。徐旭生先生在《中国古史的传说时代》一书中说："任何民族历史开始的时候全是颇渺茫的、多矛盾的。这是各民族共同的和无可奈何的事情。可是……无论如何，很古时代的传说总有他历史方面的质素、核心，并不是向壁虚造的。"

（一）炎帝神农氏是集农耕文化之大成者

农耕文化是在农业、医药出现和发展过程中，形成的一种适应农业生产、日常生活需要的文化，他包含了燧皇和羲皇时代创造的文明。

《尚书大传》云："燧人为燧皇，伏羲为羲皇，神农为农皇也。"

华夏文明有文字记载的历史始于燧人氏，燧人氏是中华民族可以考证的第一位祖先。《古史考》《三坟》《汉书》等记载，燧人氏风姓，又称燧人、尊称"燧皇"，位列"三皇"之首。燧明国（今河南商丘）人，出生于商丘，为华胥氏之夫。

一万年以前的旧石器时代，燧人氏在今河南商丘一带钻木取火，成为华夏人工取火的发明者，教人熟食，结束了远古人类茹毛饮血的历史，开创了华夏文明，被尊为"三皇"之首，奉为"火祖"。燧人以火纪，火，太阳也，日也。阳尊，故托燧皇于天。所以，燧人氏又被尊称为"天皇"。商丘因此被誉为华夏文明的发祥地，被中国文联授予"中国火文化之乡"称号。

燧人氏死后葬于商丘古城西南3里处的燧皇陵。

伏羲亦即太昊，风姓，生于成纪（甘肃），所处时代约为旧石器时代中晚期。伏羲是古代传说中中华民族人文始祖，是中国古籍中记载的王，相传人首蛇身，有神圣之德，团结统一了华夏各个部落，定都在陈地。传说中，伏羲取蟒蛇的身，鳄鱼的头，雄鹿的角，猛虎的眼，红鲤的鳞，巨蜥的腿，苍鹰的爪，白鲨的尾，长须鲸的须，创立了中华民族的图腾龙，龙的传人由此而来。伏羲制定了人类的嫁娶制度，实行男女对偶制，用鹿皮为聘礼；以所养动物为姓，或以植物、居所、官职为姓，以防止乱婚和近亲

伏羲

结婚，使中华姓氏自此起源，绵延至今；伏羲仰观天上的云彩、下雨下雪、打雷打闪，看地上会刮大风、起大雾，又观察飞鸟走兽，根据天地间阴阳变化之理，发明创造了占卜八卦，创造了文字，结束了"结绳记事"的历史；他结绳为网，用来捕鸟打猎，并教会了人们渔猎的方法；他发明了瑟，创作了曲子。伏羲称王一百一十一年以后去世，中华大地上留下了大量关于伏羲的神话传说。

炎帝神农氏是农业、医药的鼻祖。

神农氏是中国上古部落联盟首领，是我国原始社会时期勤劳、勇敢、睿智的部落首领的化身；是中华民族农业之祖、医药之祖、音乐之祖，对中华文明有不可磨灭的巨大贡献，被后世尊称为"三皇"之一。神农氏的部落以农业为主，称之为神农部落。神农氏亲尝百草，辨别药物作用，并以此撰写了人类最早的著作《神农本草经》，教人种植五谷、豢养家畜，使中国汉族农业社会结构完成，结束了一个饥荒的时代。

炎帝

《帝王世纪》云："神农氏在位百二十年，凡八世：帝承、帝临、帝明、帝直、帝来、帝哀、帝榆罔。"可见，炎帝神农氏应是新石器历史时期的一个延时很长的部落氏族。炎帝神农氏指神农氏族，崇拜龙，族系中有飞龙氏、潜龙氏、居龙氏、降龙氏、土龙氏、水龙氏、青龙氏、赤龙氏、白龙氏、黑龙氏及黄龙氏。龙在中国政治、文学、艺术、习俗及信仰中都有鲜明的印迹，成为华夏民族的标志。

神农氏还以木制末发明了农具，教民稼穑饲养、制陶纺织，以功绩显赫，以火德称氏，故为炎帝，尊号神农，并被后世尊为中国农业之神。

史学界较为一致的意见，中国文明史中的三皇应指燧皇、羲皇、农皇，他们是以智慧、勇敢、毅力为人民造福的英雄。

（二）黄帝轩辕氏创造了政体文化

从黄帝开始，已经有了职官、军队、文字、铸造术等，国家雏形已经萌芽，中国历史即进入了一个政治时代，准政治帝王的文化也就成了文化的主体，他是在国家产生过程中形成的，体现着中国国家意识形态的形成。

黄帝是古华夏部落联盟首领，是中国远古时代华夏民族的共主。黄帝为五帝之首，被尊为中华"人文初祖"。据称，他是少典与附宝之子，本姓公孙，后改姬姓，故称姬轩辕。居轩辕之丘（今河南新郑），号轩辕氏，建都于有熊，亦称有熊氏。史载黄帝因有土德之瑞，故号黄帝。黄帝以统一华夏部落与征服东夷、九黎族而统一中华的伟绩载入史册。黄帝在位期间，播百谷草木，大力发展生产，始制衣冠、建舟车、制音律、创医学等，发明指南针，命令仓颉造字等。

黄帝

陕西桥山黄帝陵大殿

黄帝战炎帝与蚩尤，这是历史上最早和最有名的两次大战。黄帝姬轩辕的都城有熊夹在神农跟九黎两部落之间。当时这三个部落都是黄河中游至汾水之间最为强大的，黄帝怕两面受敌，于是采取先发制人的策略，突袭神农部落，在阪泉郊野的大战中击败了神农部落，实现了"小华夏"概念中的统一。接着乘胜挥军渡过黄河，一直挺进到九黎部落的根据地涿鹿，会战在涿鹿郊野。

炎帝神农氏与黄帝轩辕氏战前都处中原小华夏地域，蚩尤属于南方的苗蛮部族。黄帝正是在对内兼并和对外抗御的两场战争之中，大显神威，确立了他作为中华民族始祖的形象。

（三）舜帝身体力行地创造了原生态的道德本体文化

黄帝、颛顼、帝喾、唐尧、虞舜被称之为五帝。舜帝时代距今 4200 余年。五帝之中，舜以"德"著称。舜文化就是一种道德文化，他是舜帝平生身体力行所创造的一种文化形态，是农耕经济发展和雏形国家出现后的产物，是尧舜时代上层建筑的重要组成部分，反映的是当时血缘宗法、伦理道德、职业道德、社会道德、政治道德与宇宙道德的形态。

从唐尧到舜到大禹，从尧舜古国到夏王朝建立，这是中国上古时期的一段连续历史。近年来越来越多的考古发现和研究成果，使我们再没任何理由停滞在"大禹是一条虫"的"疑古"时代。

史学界通过数十年的争论，达成了采用"模糊史学法"研究传说时代历史的共识，考古界也同意以传说时代的人物与考古资料相比附。1970 年代末，史学界承认了中华文明史为 5000 年。如今，史学界相当部分学者，有了"中国一万年文明史"的认知，认为从燧人氏开始的燧皇、羲皇、炎帝的前 5000 年，是中华文明的产生过程，从五帝中的黄帝开始至今的后 5000 年，才进入了中华文明的发展阶段。近年，以李学勤先生等四人为首席专家的断代史研究成果，公布了夏商周时代的历史具象，明确了夏代的历史从公元前 2070 年开始。

夏代历史的确定，形同时风嘉雨，为我们研究尧舜乃至五帝时代的历史铺平了道路。尽管这段历史的文化内涵在以后的书面文化时代，经过了创造性的阐述，但是，它却实实在在地是黄帝、颛顼、帝喾、尧、舜、禹这些中国历史上的早期帝王身体力行创造的。

二、研究古代历史的重要典籍

对于尧舜禹时代，留给世人的传统概念是没有任何记录的一段

历史空白，因此，一说到尧舜禹，都人云亦云地不承认在中华民族发展史中这段十分重要的文明史产生过程，只鹦鹉学舌般说是传说中的人物。究其原因主要有三：一是文物考古的滞后；二是历史原因造成的心里阴影，懒得穷根究底；三是由于资料相对缺乏、研究工作艰苦卓绝而令人望而生畏。

其实，对于五帝中的舜帝，各类典籍中记载得很多很全面。其中最早的有《山海经》和《尚书》。据学者研究，《尚书》是上世帝王经营世纪之书。从史料的起源看，这部光辉史册本来就是根据唐尧、虞舜、夏、商、周王室以及各诸侯国的文献档卷整理而成，其中不乏出自史官之手的实录。遗憾的是孔子在整编《尚书》的时候，删去了大量的原始文档，使得后人能看见的只剩了 102 篇，幸喜保留了《尧典》与《舜典》。《山海经》则是一部记载距今约 9000 年至 3000 年中华上古图腾社会珍贵史料的、以古代地理为整体结构的综合性通史著作，总共记述了约 117 个古国采集、渔猎、畜牧、农耕、神话以及各古老民族的世系、重大发明创造等。对于《山海经》这样一部上古古籍，由于它所载史料的原始性和原创性，对于我们研究上古社会图腾时代，解开中国神秘文化来说，是极为珍贵的历史文献。而司马迁集家族几代史官之积累和毕生之心血所著之《史记》，更是没有哪部史籍可以与之匹敌的。

涉及上古尧舜禹时代的记载的书籍，正经正史中的杰出文献《山海经》《尚书》《史记》，无论从哪个方面来说都是最为可靠的依据。

中华文明具有悠久的历史，然而真正有文献记载年代，长期停滞在西周共和元年（前 841 年，见于《史记·十二诸侯年表》），此前的历史年代都是模糊不清的。司马迁在《史记》里说过，他看过有关黄帝以来的许多文献。虽然其中也有年代记载，但这些年代比较模糊且又不一致，所以他便弃而不用，在《史记·三代世表》中，仅记录了夏商周各王的世系而无具体在位年代。因此，共和元年以前的中国历史一直没有一个公认的年表。

"夏商周断代工程"是中国的一项文化工程，是一个以自然科学与人文社会科学相结合的方法来研究中国历史上夏、商、周三个历史时期的年代学的科学研究项目，是一个多学科交叉联合攻关的系统工程。该工程作为"九五"国家重点科技攻关项目于 1996 年 5 月 16 日正式启动，将自然科学、社会科学和人文科

学的研究手段和研究成果相结合，设置9个课题44个专题，由涉及历史学、考古学、天文学测量的技术领域的历史学家李学勤先生（清华）、碳14专家仇士华先生（社科院）、考古学家李伯谦先生（北大）、天文学家席泽宗先生（中科院）4名学者为首席科学家领航，组织相关领域的200名科学家进行联合攻关，排定了中国夏商周时期的确切年代，为研究中国五千年文明史创造了条件。到2000年9月15日，该研究成果通过国家验收。

断代史的研究已经理顺了夏代的历史，那么，对于理顺尧舜时代的历史就指日可待。

研究虞舜时代的历史，禹是个关键人物。舜禅位于禹，这是一段众所周知的真实历史。孔子的学生子张曾问孔子："今后十代礼仪制度的变革，可以预料得到吗？"孔子回答："殷商沿袭夏朝的礼仪制度，殷代的人文制度是从夏代来的；周朝沿袭殷商，虽然有的旧制度废除了，新制度创立了，却不是不可以知道的。三代变迁既已了然，就是一百年以后，其人文制度也应该是可以预料的。"反推之，大禹沿袭了虞舜时代的人文制度，这是无可置疑的，而禹的儿子启如果没有尧舜禹时代已经形成的国家机器与人文制度的沿袭，又岂能够聪明得三下五除二就弄出个夏朝。逆向思之，知道了夏代，尧舜时代的人文社情也就脉络清晰了。

历史的沿袭是事物发展的客观规律，研究历史就必须遵重从古至今的史籍。譬如研究虞舜，如果把《尚书》《山海经》《帝王世纪》《史记》《集解》《水经注》《吕览》《通考》《国语》《汉书》《汉纪》《淮南子》《风俗通》《舆地考》《太平寰宇记》《资治通鉴》，等等古往今来的典籍乃至诸子百家对于舜帝的文化与精神的歌颂与推崇置之不顾，而妄图标新立异建立空中楼阁，误导研究方向，这是从事历史研究工作之大忌，是完全没有生命力的。

（一）研究古代历史的文物考古成果

中国文明史为什么长久停滞于西周？

一是疑古派的影响

疑古派亦称"古史辨派"。"五四运动"以后，史学研究中出的以疑古辨伪为主旨的学派。主要代表人物有胡适、顾颉刚、钱玄同等。主张"离经叛道非圣无法的《六经》论"，认为对于东周以后的史料"宁可疑古而失之，不可信古而失之"。这种疑古精神只注重研究关于古代历史传说的变化，而对历史文献持一味怀疑的态度，造成了一定的混乱。被西方殖民主义者所利用，大肆贩卖西方学者之唾余，以民族虚无主义误导中国社会，至20世纪的二三十年代达到其鼎盛时期，1960年代之后逐渐式微，至今仍然僵而不死。在学术上倾向怀疑一切，并往往因一眚而否定全局，很多论断荒谬不堪。

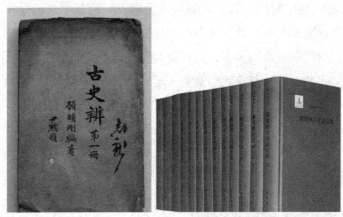

自1923年顾颉刚先生发表《与钱玄同论古史书》，到1926年《古史辨》第一册问世，疑古派正式形成。顾颉刚先生在《古史辨》第一册写了一篇长达六万字的《自序》，强调他倡导、组织古史辨运动的心路历程；第三册以后，古史辨演化成古书辨，以后，《古史辨》又持续出到七册，在学术界形成了较大的影响。后来顾颉刚先生在编《古史辨》时，他也承认"我的野心真太高了"，"我真成了夸大狂了"。鲁迅曾言，"其实，他（指顾颉刚）是有破坏而无建设的，只要看他的《古史辨》，已将古史'辨'成没有"。

古史辨派在其研究中，推翻了传统所谓的"盘古开天地""三皇五帝"等概念构成的中国古史系统。其中，顾颉刚提出要打破"民族出于一统""地域向来一统""古史为黄金世界"等根深蒂固的传统观念。

作为在史学界享有盛名的顾颉刚先生的思想，无疑对历史研究的导向举足轻重，使一些研究者云里雾里，停滞不前，在一定程度上了阻滞了中国史学研究的进程。

时至今日，"疑古派"阴魂仍然不散。就有自命不凡之士口吐狂言说中华5000年文明是泡沫史。说中华文明没有5000年，只有3700年。如果说研究古史可以抛开所有的距古代较之现代近了数千年的古籍而不计，真不知道要重写所谓3700年"中华史"的人将以什么为据？是曾经穿越过呢？还是在中国大地上挖掘出了秘不示人的文物古籍？要不就只有"歪说"了。

二是文物考古工作的滞后

1. 青铜器

中国的青铜器主要指 4000 多年前用铜锡合制的青铜器物，包括有炊器、食器、酒器、水器、乐器、车马饰、铜镜、带钩、兵器、工具和度量衡器等。从 4000 多年前再到秦汉时代，以商周器物最为精美。最初出现的是小型工具或饰物，夏代始有青铜容器和兵器，商中期，青铜器品种已很丰富，并出现了铭文和精细的花纹。商晚期至西周早期，是青铜器发展的鼎盛时期，器型多种多样，浑厚凝重，铭文逐渐加长，花纹繁缛富丽。随后，青铜器胎体开始变薄，纹饰逐渐简化。春秋晚期至战国，由于铁器的推广使用，铜制工具越来越少。秦汉时期，随着陶器和漆器进入日常生活，铜制容器品种减少，装饰简单，多为素面，胎体也更为轻薄。中国古代铜器，是我们的祖先对人类物质文明的巨大贡献。

世界上最早的青铜器出现于 6000 年前的古巴比伦两河流。虽然从考古资料来看，中国铜器的出现，晚于世界上其他一些地方，但是就铜器的使用规模、铸造工艺、造型艺术及品种而言，世界上没有一个地方的铜器可以与中国古代铜器相比拟。这也是中国古代铜器在世界艺术史上占有独特地位并引起普遍重视的原因之一。

其实在中国，距今 5000—4000 年，相当于从黄帝到尧舜禹时的所谓传说时代，古文献记载当时人们就已开始冶铸青铜器。后来，在黄河、长江中下游地区的龙山时代遗址里，经考古发掘，在几十处遗址里发现了青铜器制品。甘肃马家窑文化遗址出土的单刀青铜刀是目前已知的我国最古老青铜器，同时也是目前世界上最古老的青铜刀。经碳 14 鉴定，距今约 5300 年。

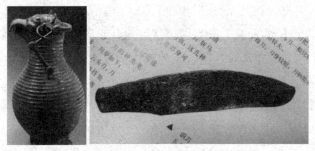

以上为中国发现的时代最早的一件青铜刀，为单范铸造，新石器时代马家窑文化，甘肃省东乡县林家出土，距今约五千三百年

2. 甲骨文

早期中国的青铜器上没有铭文，直至商中期才有了铭文，这与甲骨文的发现年代有关。1899 年，金石学家王懿荣因病购药，在北京发现中药店中所售龙骨上刻有一些很古老的文字，意识到这是很珍贵的文物，开始重金收购，进而考证出这些 " 甲骨文是 "殷人刀笔文字"。1900 年八国联军攻陷北京，王懿荣义愤自尽，所收藏龙骨由其子转售晚清学者刘鹗。1903 年，刘鹗将其收藏的甲骨编印出版，成为第一部甲骨文著录《铁云藏龟》。

发现商代甲骨文的消息传开后，整个学术界为之振奋，许多学者加入到收藏甲骨的行列中来。1908 年，罗振玉经多方探求，始知甲骨出于"滨洹之小屯"，于是多次派人去那里收购甲骨，并对其上文字作了一些考释，认为小屯就是文献上所说的殷墟，至此，殷墟遗址第一次被学术界所知。1917 年，王国维对甲骨文上的资料进行了考据，整理出商王世系表，进一步证实小屯就是盘庚迁都的都城。1928 年，开始对殷墟进行第一次为期 18 天的试掘，总共出土 800 余片有字甲骨以及铜器、陶器、骨器等多种文物。

1929 年春，由李济主持对殷墟的正式发掘。到 1937 年抗日战争爆发，共进

行了 15 次科学发掘，找到了商王朝的宫殿区和王陵区，证实了《竹书纪年》关于商代晚期都邑地望的记载，使得殷墟遗址曾经是商代晚期都邑成了不可动摇的结论。1950 年，武官村大墓发掘，成为新中国首次殷墟发掘。1976 年，小屯西北地发现商王武丁配偶"妇好"之墓。到 1986 年，已经对十几个点进行了 20 多次的发掘，获得了刻字甲骨 15 万片左右。1999 年 1 月，在殷墟遗址东北部地下约 2 米深处，发现一座规模巨大的商代城址，这座城址的年代略早于作为商王朝晚期都邑的传统概念上的"殷墟"，分布上与旧的"殷墟"范围略有重叠，但整体在洹河北岸，学术界将其命名为"洹北商城"。

青铜器上铸刻的文字（金文），特别是篇幅比较长的铭文，是当时人们现实生活的反映，保留了当时的真实的面貌，因而具有极高的研究价值。

由于我国在考古挖掘中发现青铜器和甲骨文之后，长时间内没有发现其他文字，客观上也就为疑古派注入了强心剂。既然甲骨文在地下埋藏了近两千年之后，才于 1899 被金石学家王懿荣有幸发现，1928 年才得以挖掘，难道在我国广袤的土地上，就不会有尚没被发现和发掘的文字和文物吗？再说，纵使没有文字，没有其他任何文物，也不等同于没有历史。因此，仅以青铜器和甲骨文为依据来定义中国历史，其片面和弊端是显而易见的。

事实上陶文的发现，就是中国早就存在文字的证据。

（二）新的考古成果对疑古派的反讥

1. 仰韶文化

仰韶文化距今大约 5000—7000 年左右，是黄河中游地区重要的新石器时代文化，形成在我国新石器时代彩陶最丰盛繁华的时期，属于母系氏族公社制繁荣时期的文化，是一个以农业为主的文化。因为仰韶村遗址 1921 年在河南省三门峡市渑池县仰韶村被发现而得名。

仰韶文化的持续时间大约在距今约 7000 年至 5000 年，持续时长 2000 年左右。当前在中国已发现上千处仰韶文化的遗址，其中陕西省为仰韶文化的中心，共发现 2040 处。

经研究，仰韶时期的人们过着定居生活，拥有一定规模和布局的村落；原始农业为主要经济形式，同时兼营畜牧、渔猎和采集；主要的生产工具是磨制石器；生活用具主要是陶器；此时反映人们意识形态的埋葬制度已经初步形成。仰韶文化时期村落或大或小，比较大的村落的房屋有一定的布局，周围有一条围沟，村落外有墓地和窑场。村落内的房屋主要有圆形或方形两种，早期的房屋以圆形单间为多，后期以方形多间为多。房屋的墙壁是泥做的，有用草混在里面的，也有用木头做骨架的。墙的外部多被裹草后点燃烧过，来加强其坚固度和耐水性。选址一般在河流两岸经长期侵蚀而形成的阶地上，或在两河汇流处较高而平坦的地方，这里土地肥美，有利于农业、畜牧，取水和交通也很方便。生产工具以较发达的磨制石器为主，常见的有刀、斧、锛、凿、箭头、纺织用的石纺轮等。骨器也相当精致。有较发达的农业，作物为粟和黍。饲养家畜主要是猪，并有狗。也从事狩猎、捕鱼和采集。墓葬早期盛行集体合葬和同性合葬，几百人埋在一个公共墓地，排列有序。各墓规模和随葬品差别很小，但女子随葬品略多于男子。

　　仰韶文化的两千年发展，既是中华民族形成的重要阶段，也是原始社会经济发展的重要环节。

碗

彩陶双连壶

彩陶

小口尖顶陶瓶

2. 良渚文化

良渚文化遗址 1936 年于浙江余杭良渚镇发现，1959 年依照考古惯例按发现地点良渚命名，是为良渚文化。良渚遗址的中心地区在太湖流域，而遗址分布最密集的地区则在太湖流域的东北部、东部和东南部，实际上是余杭县的良渚、瓶窑、安溪三镇之间许多遗址的总称，是新石器时代晚期人类聚居的地方。年代为公元前 3300 年至公元前 2000 年，距今 5300—4500 年左右。是长江下游良渚文化的代表性遗址，遗址总面积约 34 平方公里。2012 年良渚遗址被列入《中国世界文化遗产预备名单》。2016 年开始申报世界文化遗产。

玉琮

玉璧

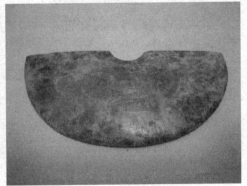

玉璜

　　良渚文化遗址出土的石器有镰、镞、矛、穿孔斧、穿孔刀等，磨制精致，特别是石犁和耘田器的使用，说明当时已进入犁耕阶段。出土的陶器，以泥质灰胎磨光黑皮陶最具特色，采用轮制，器形规则，圈足器居多，用镂孔、竹节纹、弦纹装饰，也有彩绘。玉器发现很多，有璧、琮、璜、环、珠等，大部分出土于墓葬中。与良渚遗址同类型的遗址，在长江下游的苏南，直至钱塘江以北的平原地区，分布较广，考古学界统称为"良渚文化"。据对有关遗址出土文物的碳14测定，其年代距今约5300—4000年，先后延续达千年之久。1986年、1987年，从良渚墓葬中出土大量随葬品，其中玉器占90%以上，象征财富的玉器和象征神权的玉琮和象征军权的玉钺，为研究阶级的起源提供了珍贵的资料，而且使世界上许多大博物馆对旧藏玉器重新鉴定、命名，使一些原被误认为是"汉玉"（实际上是良渚玉器）的历史推前了2000多年。1994年又发现了超巨型建筑基址，面积超过30万平方米，确认是人工堆积的大土台，土层最厚处达10.2米，其工程之浩大，世所罕见。考古学界认为"良渚文化是中华文明的一个源头"。

良渚古城遗址位于良渚遗址核心区的莫角山一带，东西长1500~1700米，南北长约1800~1900米，总面积达290万平方米。

墓葬遗址

从出土的陶片和器物判断，良渚古城使用的下限，不晚于良渚文化晚期。

作为文明初期最重要的人类聚落形式，城墙意味着社会组织从自然村落迈入了等级社会。良渚古城的发现，改变了良渚文化文明曙光初露的原有认识，标志5000年前的良渚文化时期已经进入了成熟的史前文明发展阶段。

良渚文化时期，农业已率先进入犁耕稻作时代；手工业趋于专业化，琢玉工业尤为发达；大型玉礼器的出现揭开了中国礼制社会的序幕；贵族大墓与平民小墓的分野显示出社会分化的加剧；文字是文明社会的一个重要标志。在良渚文化的一些陶器、玉器上已出现了为数不少的单个或成组具有表意功能的刻划符号，学者们称之为刻划在出土器物上的"原始文字"被认为是中国成熟文字的前奏。专家们指出：中国文明的曙光是从良渚升起的。

良渚文化：文字黑陶鬲

2019 年，良渚遗址被正式列入世界文化遗产，从此，中华上下 5000 年文明被全世界所承认。

3. 龙山文化

龙山文化以首次发现于山东历城龙山镇 (今属章丘) 而得名，经放射性碳素断代并校正，年代为公元前 2500 年至公元前 2000 年，为汉族先民的文化遗存、铜石并用时代文化。自龙山遗址发现以来，考古学家分别在山东、河南、陕西等地发现了这一时期的文化遗存。但因其文化面貌不尽相同，所以又分别命名为河南龙山文化、陕西龙山文化、湖北石家河文化、山西陶寺类型龙山文化，通称之为龙山时代文化。这一时期文化的最显著的特征便是城址的发现。如在山东地区，除城子崖龙山城址之外，还有日照尧王城遗址，寿光边线王城址，茌平三县发现的八座城址，临淄田旺村城址等。在河南则发现有淮阳平粮台城址、鹿邑栾台遗址、登封王城岗城址、郾城郝家台城址、辉县孟庄城址、王油坊遗址等。

黑陶

蛋壳黑陶双耳罐

陶文

图4-9 山東省平公村出土陶文墨書

龙山文化处于中国新石器时代晚期，这个时期陕西地区的农业和畜牧业较仰韶文化有了很大的发展，生产工具的数量及种类均大为增长，快轮制陶技术比较普遍，大大提高了生产效率。同时，占卜等巫术活动亦较为盛行。从社会形态看，当时已经进入了父权制社会，私有财产已经出现，开始跨入阶级社会门槛。龙山文化遗址首次发掘地为山东省章丘市龙山镇城子崖，此后在黄河中下游发现龙山文化遗址1000多处，发掘60多处。汉族的先民据先秦文献记载的传说与夏、商、周立都范围，汉族的远古先民大体以西起陇山、东至泰山的黄河中、下游为活动地区；城子崖遗址的发掘和龙山文化的确认，使中国文化西来说不攻自破，有力地证明了中国五千年文明史的辉煌。

古史中的尧舜禹时代，与考古学上的龙山文化相对应。

4. 大汶口文化

大汶口文化的遗存，最早是在 1952 年发掘滕县岗上村遗址以及 1952、1953 年发掘江苏新沂花厅墓地发现的，但对其文化性质曾长期认作为龙山文化。直至 1962、1963 年发掘曲阜西夏侯遗址，发现了其早于龙山文化的层位关系之后，才于 1964 年命名为大汶口文化。其后，于 1974、1977、1978 年，又先后进行多次发掘。大汶口文化以山东省泰安市大汶口遗址而得名。分布地区东至黄海之滨，西至鲁西平原东部，北达渤海南岸，南到江苏淮北一带，基本处于古籍中记载的少昊氏文化地区。

大汶口文化：陶器

大汶口文化出土的符号

　　大汶口文化是新石器时代文化，以一群特点鲜明的陶器为主要特征。以夹砂陶和泥质红陶为主，大汶口文化遗存也有灰陶、黑陶，并有少量硬质白陶。泥质陶器上常饰镂孔、划纹，有彩陶和简单的朱绘陶。沙质陶器上少数饰附加有堆纹和篮纹。三足器、圆足器发达，也有平底器、圜底器和袋足器。典型器物为觚形器、釜形器、钵形器、罐形器、镂孔圈足豆、双鼻壶、背壶、宽肩壶、实足鬶、袋足鬶、高柄杯、瓶和大口尊等。

　　大汶口文化以农业经济为主，家畜饲养就比较发达，同黄河流域其他原始文化一样，主要种植的是粟。陶器生产的发展，表现出明显的阶段性。早期均手制，砂质陶火候较低，陶器种类不多，造型简单。中期开始使用轮制技术，有了少量的轮制小件器物；烧制出火候较高的灰白色陶器；器类增多。晚期已使用快轮生产大件陶器。大汶口文化时期制石、制玉业较发达。早期就已大量生产出磨制精致的石器，较多地使用穿孔技术。中期以后，选用高硬度的蛋白石、流纹岩等为石料；石器的造型更加规整；器类、器型增多。此时出现了系列工具。大汶口文化的居民盛行枕骨人工变形和青春期拔牙的习俗。这也是流行于古代中国东方、南方的拔牙习俗的发源地。

刻符拓片

在大汶口文化的陶器上发现的可能是文字刻文，可以认为它是已发现的较早的汉字，也可以看作是一种刻符，是表达有明确意义的刻符，形、义一目了然，绝非普通的刻符。

大汶口文化分早期、中期、晚期。

早期	约前4300—3500年间	刘林、王因遗址	有觚形器、釜形器、钵形器、彩陶盆、钵等。彩陶有单色的虹彩或黑彩，稍晚盛行白衣多色彩陶，纹样为花瓣纹、圆点钩叶纹、菱形纹等。
中期	约前3500—2800年间	大汶口墓地早、中期	有折腹罐形鼎、实足鬶、大镂孔圆足豆、深腹背壶等。
晚期	约前2800—2500年间	大汶口晚期墓	有篮纹鼎、袋足鬶、折腹豆、瓶、磨光黑陶高柄杯、篮纹大口尊等。灰黑陶、黄陶剧增。彩陶数量减少，流行螺旋纹。
资料来源于《中国大百科全书》			

5.尧舜古城

中国社会科学院考古研究所于2000年6月在山西省襄汾县陶寺村发现了尧舜时期的古城遗址。这一重大发现，使中华民族国家起源的历史提前了近千年。中国古代三皇五帝的历史传说完全被考古证实为真正历史。

经发掘，陶寺尧舜古城公元前2300年左右，距今4300多年，古城范围王族墓地、宫殿区、下层贵族居住区、普通居民区、手工作坊区等一应俱全，完全具备都城的基本要素。出土的一件陶壶上，两个朱砂书写的符号，被认为是目前所知最古老的中国文字；一处半圆形遗迹，更被认为是世界上最古老的天文台。

陶寺遗址考古发掘出丰厚的历史文物。尧舜时期古城遗址发现前，这里曾发现过上万座四千多年前的古墓，挖掘出世界上最早的青铜器，在陶片上出现了"文化"的"文"字。陶寺古城遗址发现了青铜器、文字及都城，构成文明的三要素一应俱全，给我们提供了史学界公认的国家起源的三大标志——文字、金属器、城市。我们有什么理由不承认尧舜时代就已经是国家呢？

城子崖遗址的发掘和龙山文化的确认，使中国文化西来说不攻自破，有力地证明了中国五千年文明史的辉煌。尧舜古城使中华民族国家起源的历史提前了近千年，中国古代三皇五帝的历史传说完全被考古证实为真正历史。我们有什么理由不承认尧舜时代的历史呢？

6. 陶文：

陶文的发现，是中国早就存在文字的证据。

专家认为，古人在陶器上刻画的文字符号，比甲骨文更早，是中国最早的文字。陶文有两种：第一种是新石器时代陶器上的"原始文字"，虽然还不能确认这些文字具体是什么含义，文字所具有的"标记"和"表号"的性质，是汉字的最早雏形；第二种是战国时代陶器上的文字，一般只有几个字，大多是印文，内容为人名、官名、地名、督造者名，吉祥语和年月等。

陶文与甲骨文、金文和石鼓文等，都是研究我国古代文字的资料。产生在中国的史前期以及有史早期。

陶文已经出土的资料很多，但它不像甲骨文那样有成文的篇幅，只有单个的符号。从新石器时代一直到商代晚期，现在已出土的陶文以半坡陶文为最早，大约自公元前4800—4300年之间。此外，大汶口文化、龙山文化、良渚文化时期，也都有陶文。陶文多半刻在陶钵外口缘的黑宽带纹和黑色倒三角纹上，极少数刻在陶盆外壁和陶钵底部，一般器物上只有一个陶文。对文字学研究造诣颇深的郭沫若先生认为陶文是"具有文字性质的符号"，文字学家、金石学家、历史学家唐兰先生认为大汶口文化中的陶文"是现行文字的远祖，它们已经有5800年左右的历史了"。虽然破解陶文很困难，但是，陶文与汉字有渊源关系，应该是肯定的。

半坡陶符

于半坡遗址中出土的陶器和陶片上刻画的符号，共27种。

1952 年，在陕西西安的半坡村发现了距今 6000 年的 30 个文字符号，刻划在陶钵口沿上，学者认为就是汉字的起源。

丁公陶文

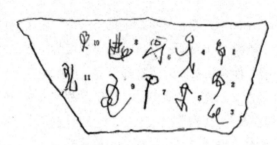

所谓"丁公陶文"指的是疑为山东龙山文化时期使用的文字，这种文字是山东大学考古实习队在邹平县丁公龙山文化遗址中发现的，文字整齐地刻在一件泥质磨光灰陶大平底盆底部残片的器内面，计有 5 行 11 个字，笔画流畅，独立成字，刻写有一定章法，排列也很规则，已经脱离了符号和图画的阶段。全文很可能是一个短句或辞章，除一部分为象形字外，有的可能是会意字，表现了一定的进步性。

高邮陶文

从江苏省高邮龙虬庄遗址出土的陶文比甲骨文年代久远上千年，该陶文很有可能是甲骨文的起源。刻文陶片陶文，在中国还是首次发现，其重要性也不言而喻。两行刻于内壁的文字符号，笔画纤细，技法娴熟。

这片从高邮龙虬庄遗址发掘出来的磨光泥质黑陶盆口沿残片只有 4 平方厘米大，横平竖直，结构有序，近似甲骨文；两行刻于内壁的文字符号，笔画纤细，技法娴熟。

李鹏飞教授认为，从形体上推定，高邮龙虬庄陶文为早于甲骨文的一个文字体系。从其文字组合来看，比较成熟，似成词语，并已脱离了早期发现的如仰韶、良渚等遗存的单个字节，更接近成熟的甲骨文。据南京博物院研究员张敏考证，龙虬庄这层遗址被划为"王油坊类型龙山文化"，年代为公元前 2200 年左右，这正是帝尧时代遗物。

龙虬庄遗址陶文拓片

以上事实无一不是对"疑古派"的反讽。

当代清华大学教授、博士生导师，中国先秦史学会理事长，"夏商周断代工程"首席科学家，国际欧亚科学院院士李学勤先生 1992 年出版的《走出疑古时代》一书，已经成为一种思潮，对学术界发生了广泛而深刻的影响。我在 2007 年由《人民出版社》出版的、李学勤先生作序的《舜帝之谜》一书中，肯定地将舜帝称之为"虞舜古国"的皇帝，这并不是空穴来风。

（一）断代史研究的阶段性成果，对赓续 5000 年中华文明史的作用不容低估

都知道中华文明五千多年，而真正有文献记载年代却开始于西周共和元年（前 841 年，见于《史记·十二诸侯年表》）。司马迁在《史记·三代世表》中仅记录了夏商周各王的世系而无具体在位年代。因此，前 841 年以前的中国历史一直没有一个公认的年表。

对中国历史的年代学作系统研究工作的第一个学者应该是西汉晚期的刘歆。在他撰写的《世经》的主要内容后被收录于《汉书·律历志》。从刘歆以后一直到清代中叶，又有许多学者对共和元年以前中国历史的年代进行了推算和研究。鉴于推算所用的文献基本上不超过司马迁所见到的文献，所以都有一定的局限

性，很难有所突破。晚清以后的学者开始根据青铜器的铭文作年代学研究，这就扩大了资料的来源。1899 年甲骨文的发现又为年代学研究提供了新的材料来源。进入 20 世纪后，中国考古学的发展又为研究夏商周年代学积累了大量的材料。中国历史没有夏商周以前和夏商周部分的确切纪年，我国古书记载的上古确切年代，只能依照司马迁《史记·十二诸侯年表》，追溯到西周共和元年（即公元前 841 年），再往上就存在分歧，或是有王无年，出现了"五千年文明，三千年历史"的不正常现象。夏代究竟存在与否？夏与商的交接是在什么时候？二里头遗址真的就是中国第一个王朝夏的都城斟鄩吗？

1996 年 5 月，1995 年秋，国家科委（今科技部）主任宋健邀请在北京的部分学者召开了一个座谈会，提出与讨论建立夏商周断代工程的设想。1995 年底国务院召开会议，成立了夏商周断代工程的领导小组，领导小组由国家科委、自然科学基金会、科学院、社科院、国家教委（今教育部）、国家文物局、中国科协共七个单位的领导组成，会议聘请了历史学家李学勤、碳 –14 专家仇士华、考古学家李伯谦、天文学家席泽宗作为工程的首席科学家，启动了夏商周断代工程。该工程就是以人文科学和自然科学相结合，集中相关学科的优势，力求作出能反映 20 世纪年代学研究最高水平的成果，制定有科学依据的《夏商周年表》。根据各历史阶段材料的不同情况，《夏商周年表》要达到对西周共和元年以前各王，提出比较准确的年代；对商代后期武丁以下各王，提出比较准确的年代；对商代前期，提出比较详细的年代框架；对夏代提出基本的年代框架。

夏商周断代工程集中了 9 个学科 12 个专业、包括历史学、考古学、文献学、古文字学、历史地理学、天文学、测年技术学在内的不同学科的 21 位专家形成的专家组，调集了 200 多位专家学者联合攻关。中国科学院原历史研究所所长李学勤先生为专家组组长的专家组要求：历史学家以历史文献为基础，把中国历代典籍中有关夏商周年代和天象的材料尽量收集起来，加以分析整理；天文学家要全面总结天文年代学前人已有的成果，推断若干绝对年代，为夏商周年代确定科学准确的坐标；考古学家将对和夏商周年代有密切关系的考古遗存进行系统研究，建立相对年代系列和分期；在测年科学技术方面，主要采用碳 14 测年方法，包括常规法和加速器质谱计法。

经过几年的努力，2000 年 11 月 9 日，《夏商周年表》正式出台，这是我国迄今最具科学依据的古代历史年表。这个年表为我国公元前 841 年以前的历史建立起 1200 余年的三代年代框架，夏代的始年为公元前 2070 年，商代的始年为公元前 1600 年，盘庚迁殷为公元前 1300 年，周代始年为公元前 1046 年。其中对夏代的始年、夏商分界年代、武丁在位年代和武王克商年代的估定具有重要创新意义，不但为进一步对夏商周的年代精确化创造了良好的条件，还为继续探索中华文明起源及早期发展，为揭示五千年文明史起承转合的清晰脉络，打下了坚实基础。而洛阳地区二里头遗址、偃师商城遗址的重要发现，为夏商周断代工程提供了可靠的物证，作出了重要贡献。

国务院牵头的夏商周断定工程研究目标十分明确：

1. 西周共和元年 (公元前 841 年) 以前各王，提出比较准确的年代。

2. 商代后期武丁以下各王，提出比较准确的年代。

3. 商代前期，提出比较详细的年代框架。

4. 夏代，提出基本的年代框架。

夏商周断定工程确定了若干研究课题

1. 有关夏商周年代、天象、都城文献的整理及可信性研究；

2. 夏商周天文年代学综合性问题研究；

3. 夏代年代学研究；

4. 商代前期年代学研究；

5. 商代后期年代学研究；

6. 武王伐纣年代的研究；

7. 西周列王的年代学研究；

8. 碳 –14 测年技术的改进与研究；

9. 夏商周年代研究的综合与总结。

在研究方法上夏商周断代工程对传世的古代文献和出土的甲骨文、金文等材料进行了搜集、整理、鉴定和研究；对其中有关的天文现象和历法记录通过现代天文学给予计算从而推定其年代；同时对有典型意义的考古遗址和墓葬材料进行了整理和分期研究，并进行了必要的发掘，获取样品后进行碳 14 测年。

2000 年 11 月 9 日夏商周断代工程正式公布了《夏商周年表》。《夏商周年表》定夏朝约开始于前 2070 年。该工程为研究中国古代文明的起源和发展给出了一个时间上的标尺。

以积极的态度研究中国古代史，寻找出最终的解决办法，这无疑是有爱国情怀的学者们的共同使命。我们既不能完全由外国学者来主宰中国的文明历史；也不能就其个别值得商酌的技术问题而否定本国专家学者多年的研究成果。"夏商周断代工程"作为一个阶段性的学术成果，其价值与意义不容低估。首先，夏商周断代工程给出了夏商周的一个大致年表，作为阶段性成果不是最终结论，通过讨论有益于学术进步与完善，尽管如此，这对于今后的学术研究的推动作用是不容忽视的；其次，大量资金和技术的投入，使得中国考古学特别是在技术层面得到了很大的发展，多学科的共同研究有利于考古学这个交叉学科的发展；最后，人文社会学科学者作为国家级工程的首席科学家在中国是第一次，其本身对确立中国社会科学在世界的位置，就有重要的意义。

（四）"探源工程"研究结论的公布，将改写中华文明史

2018年5月28日，国务院新闻办公室举行中华文明起源与早期发展综合研究成果发布会。国家文物局副局长关强介绍了"中华文明起源与早期发展综合研究"（简称"中华文明探源工程"）相关情况。

早在2001年，"中华文明起源与早期发展综合研究"项目就被正式提出，简称为"中华文明探源工程"。经科技部批复，国家文物局负责组织，依托"十五"国家科技攻关计划、"十一五"和"十二五"国家科技支撑计划，实施了4个阶段的研究工作，直到2016年，中华文明探源工程4期完成结项，探源工程研究团队以考古资料实证了中华大地5000年文明。

中华文明"探源工程"是以考古调查发掘为获取相关资料的主要手段，以现代科学技术为支撑，采取多学科交叉研究的方式，揭示中华民族五千年文明起源与早期发展的重大科研项目。

探源工程实施期间，调动了人文社会科学与自然科学的各项学术资源，融合了不同学科的理论与方法，深度发掘了不同学科的潜力。探源工程研究团队由中国社会科学院考古研究所、北京大学考古文博学院牵头，联合国内近70家科研院所、高等院校和地方考古研究机构参与，累计发表学术论文900余篇（其中以外文或发表在国外学术期刊上的论文近400篇），出版专著80余部，培养博硕士研究生及博士后200余人，实现了预先设定的多项目标，并逐步探索出了一条多学科联合研究古代社会的道路。截至目前，探源工程在以下方面取得了重要进展。

探源工程研究团队认为，距今5800年前后，黄河、长江中下游以及西辽河等区域出现了文明起源迹象。距今5300年以来，中华大地各地区陆续进入了文明阶段。距今3800年前后，中原地区形成了更为成熟的文明形态，并向四方辐

射文化影响力，成为中华文明总进程的核心与引领者。

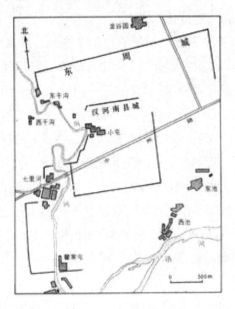

　　中华文明探源工程第一阶段取得了丰硕的成果，其中的六大遗址——可能与黄帝有关的河南灵宝西坡遗址；与传说中尧舜时代时空吻合的山西襄汾陶寺遗址；可能是禹都阳城的河南登封王城岗遗址和可能是夏启之居的河南新密新砦遗址，还有考古学界公认的夏代中晚期都城河南洛阳二里头遗址以及郑州大师姑遗址。六大遗址勾勒出了公元前2500年～前1500年即尧舜时代到夏商之际的社会图景，为了解这一千年间的社会组织结构的变迁、王权发展的程度以及当时的自然社会环境等，提供了翔实的资料。

二里头 青铜器

公元前2500年—前1500年这一千年的历史正处于中华文明起源的关键期。

其社会图景归纳为：

一是社会有了长足发展变化。

1. 农业生产取得长足进步。一是农作物多样化，原来认为只有小米、粟等是主要食物，发现稻米占相当比重，小麦也在这个时候出现了。耕作技术大大改进，为适应水稻、小麦等多种作物的种植，有了水田、旱田，耕作技术随之发生变化。二里头遗址等都找到了小麦，甚至还找到了除猪、狗之外饲养羊的证据。

2. 铜器冶铸技术的发展。到了以二里头文化为代表的夏代中晚期，已经能够制造鼎等青铜容器了，青铜容器的制造比制造刀子等小件物品要复杂得多；而复杂的青铜容器，如鼎在这一时代的晚期成为中国王权的象征。

3. 社会发展变化方面：一是等级制强化和制度化。比如在陶寺遗址中的1000多座墓葬中，大墓约占 1/10，每座墓葬能出土百余件随葬品，而小墓则占大多数，其出土的随葬品寥寥无几。

二是城址的发掘。

陶寺遗址发现了建于公元前 2100 年左右的大型城址非常宏大，有 280 万平方米，南北 1800 米，东西 1500 米。修建这样规模的城址需要大量人力，可见当时组织人力从事工程的能力有很大提高。

三是出现反映王权的宫殿、宗庙。二里头遗址发现了中国历史上最早的宫城，发现了中轴线左右对称的布局，多重院落，这个传统一直影响到到北京紫禁城的建造，开了几千年中国宫城布局的先河。

探源工程历时 16 年，可以分为几个重要阶段：2001 年至 2003 年为预研究阶段，2004 年至 2005 年为第一阶段；2006 年至 2008 年为第二阶段； 2011 年至2015 年为第三阶段。

二里头遗址出土的陶文

中华文明探源工程预研究阶段 (2001—2003 年) 确定了以公元前 2500—公元

前 1600 年的中原地区为工作的时空范围，设置了"古史传说和有关夏商时期的文献研究""上古时期的礼制研究""考古学文化谱系研究年代测定""聚落形态所反映的社会结构""古环境研究""早期金属冶铸技术研究""文字与刻符研究""上古天象与历法研究""中外古代文明起源的比较研究"等九个课题，共有中国社会科学院考古研究所和历史研究所、北京大学考古文博学院等单位的数十位学者参加。预研究阶段除了开展对上述专题的研究之外，更主要的成果是摸索出了一条多学科结合研究文明起源的技术路线和实施方法，提出了一个较为可行的探源工程实施方案。

预研究结束后，2004 年夏，启动了中华文明探源工程第一阶段 (2004—2005 年) 研究工程。

中华文明探源工程

探源工程第一阶段的项目目标是多学科结合，多角度、多层次、全方位地研究中原地区文明的形成与早期发展的过程，初步探索其背景、原因、道路与特点。涉及学科除了考古学以外，还有文献史学、古文字学、人类学、天文学、科技史等多个学科。动用了放射性碳十四同位素测年、古植物、古动物、古环境、古人类食性分析、化学成分分析、物理结构分析、遥感和遗址的物理探测等大量自然科学技术。经过项目各承担单位、各相关学科学者的共同努力，中华文明探源工程第一阶段取得了积极的成果：

1. 文化谱系与年代测定课题：结合中原地区考古学文化谱系的梳理和分期，重点对山西襄汾陶寺、河南登封王城岗、河南新密新砦、河南偃师二里头等中心性遗址出土的系列标本进行了精确测年，从而奠定了中原社会文明化进程中种种问题讨论的年代学基础。

2. 自然环境变迁课题：研究结果表明，在公元前 2500 年—公元前 2100 年期间，中原地区的气候较为温暖湿润，适合农业的发展。公元前 2000 年左右，在黄河中游地区曾有一个气候较为异常的时期，其主要表现为温度的变化尤其是降雨量的不均衡。这一研究结果与古史传说中关于尧舜禹时期气候异常，灾害频发的记载恰相吻合。

3.经济技术发展状况课题：应用自然科学相关学科与考古学相结合的方法，对山西陶寺、河南王城岗、新砦、二里头等四处重点遗址出土的动植物遗存、人工遗物及相关遗迹进行研究，揭示出在公元前2500年—公元前1500年这个特定时间段里，中原地区人类社会的基本经济生产部门——农业（包括农耕生产和家畜饲养）以及最能反映当时技术水平的加工制作业（包括青铜器制作、陶器制作、玉器加工等）都呈现出显著的变化和进步，其中尤以发生在由龙山时代向二里头文化演变过程中的变化最为明显。具体言之，公元前2500年以后，农业生产在保持原有的以粟类作物为代表的农耕生产和以家猪为代表的家畜饲养业的基础上，开始逐渐普遍地种植水稻和饲养黄牛，与此同时，起源于西亚的小麦和绵羊也传入中原地区，由此逐步建立起多品种农作物种植和多种类家畜饲养方式。这一时期已经掌握了铸造青铜容器的技术，陶器制作和玉器加工的技术也有了较大发展。研究表明，技术和经济的发展确是促进中原地区文明形成的重要动力之一。

4.聚落形态所反映的社会结构课题：通过对陶寺、新砦、二里头等这一时期中原地区几座都邑性遗址的考古钻探和发掘，对遗址的修建、使用和废弃年代、布局、功能区分及其所反映的社会组织结构和王权发展程度有了不同程度的新认识。

(1)据古史传说，山西南部是尧活动的中心地区。中国社会科学院考古研究所在襄汾陶寺遗址发现了大型城址。考古发现在公元前2300年左右，该处首先建成一座长约1000米、宽约580米，面积为58万平方米的城。到了公元前2100年前后，扩建成长1800米、宽1500米，面积达280万平方米的巨型城址。尤为引人注意的是，在大型墓的附近发现了一个平面呈大半圆形的特殊遗迹。复原研究显示，从该半圆圆心外侧的半圆形夯土墙有意留出的几道缝隙中向东望去，恰好是春分、秋分、夏至、冬至时太阳从遗址以东的帽儿山升起的位置。发掘者和天文学家都认为，这个遗迹很有可能是与观测太阳的位置确定春分、秋分、夏至、冬至等重要节气的活动有关的观测天象和举行祭祀的场所，容易让人联想起《尚书·尧典》中关于尧"观象授时"的记载。陶寺城址规模巨大，城内功能分区明显，表明当时的社会已经出现了相当严重的阶层分化，城内的统治集团已经掌握了军事指挥权和祭祀权，成为凌驾于社会之上的主宰，具有"王"的雏形。有理由认为，至迟在陶寺遗址大城使用的时期，该地区已经进入到早期国家的阶段。

(2) 河南省偃师二里头遗址是夏代后期的都城。自 1959 年被发现以来，中国社会科学院考古研究所的几代学者在这里进行了大量的考古工作，相继发现了大型建筑基址和贵族墓葬及铸铜作坊。但是，对都城的总体布局一直缺乏了解。探源工程立项以来，这座夏代后期都城的考古发掘终于取得了突破：都城中部可确认为宫殿集中的区域，其周围以宽 10—20 米的道路围绕；路面上还保留有迄今最早的车辙（两轮之间的距离为 1 米，应非马车）。正殿大多坐北朝南，东西两侧厢房对称，可以看出当时已经具有中轴线理念的雏形。这一发现将我国古代宫室建筑特点出现的年代上溯至距今 3700 多年前的夏代后期。

二里头遗址沙盘

与此同时，课题组成员还在这几处中心性城邑周围地区进行了"全覆盖式"的聚落分布状况调查。新发现遗址 174 处，为此前已知数量 (48 处) 的 3.6 倍。聚落分布调查的结果使我们可以将这些中心性城邑与周围同时存在的中小型遗址联系起来考虑当时的社会结构。这些成果证明重点围绕中心性城邑遗址进行有计划的考古发掘和区域调查，是研究文明起源、形成和早期发展的有效途径。

5、综合与总结课题主要做了以下工作：整合各课题研究成果；对国内文明起源研究的历程进行了回顾和分析；对国外学术界文明起源研究的理论和实践进行了分析和评述；对涉及中华文明起源与早期发展的一系列理论问题如文明与文化、文明与国家、文明形成的标志、文明形态和发展阶段等进行了探讨。在此基础上，为"十一五"期间全面开展中华文明探源工程制订了实施方案。

"探源工程"第一阶段的研究结束后，2006—2008 年，实施了第二阶段的研究。在第一阶段工作的基础上，科技部将"探源工程"(第二阶段) 列为国家

"十一五"科技支撑项目，先期三年(2006—2008年)，并且决定：如果进展顺利，再继续予以支持。"探源工程" 第二阶段项目由中国社会科学院考古研究所所长王巍和北京大学考古文博学院院长赵辉为牵头人。"探源工程" 第二阶段的技术路线与第一阶段相同，即多学科结合，多角度多层次全方位地开展中华文明起源研究。但在第一阶段的基础上，研究的时间和空间范围都有很大扩展。研究的年代上限向前延伸到公元前3500年，空间范围由中原地区扩展到文明化起步较早、资料丰富的黄河上中下游和长江中下游及西辽河流域。在全体成员的共同努力下，工程进展顺利，于2009年3月通过结项。

探源工程第二阶段得出了如下阶段性的认识：

1. 以约公元前2000年为界，中华大地上的文化发展和社会进步分为前后两个阶段

在公元前2000年之前，辽西、海岱、长江中下游等地区的文化各有自己的起源和传统，虽彼此有交流，但大致为独立演进发展的格局。各地区文化的发展和社会的进步呈现出百花齐放，相互竞争，相互影响，相互促进的局面。各地区先进文化因素汇聚中原，也促进了中原文化的发展和社会进步。这一趋势在公元前2000年前后发生了重大变化，逐步形成中原地区华夏文明独秀于林的局面。中原地区夏商王朝的文化向周围辐射，各地的文化和社会的发展被逐渐纳入以中原王朝为中心的轨道，融入到中华文明的大熔炉之中。

2. 导致文化格局在公元前2000年前后发生重大变化的物质基础

文明社会的诞生，必须具备物质、精神、社会等方面的条件，但最根本的还是要有稳定并且能够持续的经济基础作为支撑。通过技术与经济和环境两个课题的研究，发现中原地区与周边地区的经济基础之间存在着不同程度的差异，自然环境的特征及其变化也对各地区产生了不同的影响。

中原地区的地形景观类型多样。在这种景观多样的环境中，公元前2500年以来，人们发展出了包括粟、黍、水稻、大豆和小麦在内的"五谷农业"，家畜种类则有猪、牛、羊等。当时人们的活动区域主要在黄土台地上。台地高平，不易受灾害影响，为农业发展提供了广阔的空间，相对便利的交通条件也有利于文化的整合。

辽西地区地处农业经济区的北部边缘，这里的农作物种类单一，以小米为主，其家畜种类到了夏家店下层已经有猪、牛、羊三种。在气候较为暖湿的条件下，农业生产可得到一定程度的发展。但是，在气候出现干凉化之后，农业生产就会比较困难，这也是该地区多次出现农牧业转化的重要原因。

长江中游和下游地区比较相似，农业以种植水稻为主，家畜主要是猪，但饲养规模相对有限。稻作农业对水分条件要求苛刻，为了追求适合稻作农业的场所，人们多选择地势低平的河湖边缘居住和生产。因此，气候波动所造成的干旱或水患，对文化或社会的打击程度或许比想象的要大得多。

3. 走向文明之路的不同途径

公元前 2500 年前后，以中原陶寺古城、长江下游良渚古城和长江中游石家河古城的出现为标志，这些地区史前社会的发展普遍达到相当高度。这些规模宏大的工程需要有效动员组织大量人力物力，表明这些古城控制了大量人口，综合考虑考古资料反映的社会成员明确的等级分化、为贵族服务的手工业、暴力和战争等相关情况看，这些地区在当时可能已经进入了早期文明社会，建立了早期国家。因此，说中华文明拥有五千年的历史是有根据的。

中华文明的形成是在一个相当辽阔的空间内的若干考古学文化共同演进的结果。比较研究初步揭示出各地文化达到最辉煌灿烂成就的时间是参差不齐的，它们各自的文明化内容也有所不同，这就暗示了它们在走向文明的进程上，各自的方式、机制、动因等也可能不尽相同，说明中华文明的形成是一个远为复杂而深刻的问题。

2011 年 5 月 6，中华文明探源工程第三期正式启动，直至 2015 年完成。截至 2018 年 6 月，"中华文明探源工程"研究团队累计发表学术论文 900 余篇，其中以外文或发表在国外学术期刊上的论文近 400 篇，出版专著 80 余部，培养博硕士研究生及博士后 200 余人，实现了预先设定的多项目标，并逐步探索出了一条多学科联合研究古代社会的道路。

2018 年 5 月 28 日，国务院新闻办公室在北京举行新闻发布会，公布了"中华文明探源工程成果"。

《光明日报》以"中华文明到底有没有五千年——文明探源工程绘出五千年'家谱'"为题，报道了会议结论，告诉世界：国务院新闻办公室将召开发布会，邀请国家文物局、教育部、科技部等有关负责同志，介绍中华文明起源与早期发展综合研究成果有关情况。指出：中华民族拥有延续而漫长的历史。然而正如古人所讨论的"黄帝四面""夔一足"，这段历史的上古面目，数千年来却神秘而模糊。为此，从《尚书》《天问》到《史记》《竹书》，再到近代的《古史辨》，一代代的中国人对于自己从哪儿来，夏商周三代和三代之前是怎么回事，从来没有停止过探究和追问。报道列举了河南偃师二里头、山西襄汾陶寺遗址、辽宁牛河梁遗址、浙江余杭良渚遗址等一个个震惊学界、令民族振奋、令世界瞩目的考古发现后郑重向世界发声：中华文明五千年绝非虚言！

探源工程考古发掘

红山文化考古区域发现一尊相当于真人大小的陶制女人——红山女神头像，代表的正是活生生的 5000 年以前我们先祖的形象。

二里头遗址出土的乳钉纹铜爵

山西襄汾县陶寺遗址出土的彩绘龙纹陶盘

河南新密新砦遗址出土的陶器

　　探源工程由科技部立项，除了考古、历史、人类学之外，还整合了物理、化学、地质学、计算机、动植物学、医学、天文学、遥感技术等广泛的科学门类。比如，作为工程的关键支撑研究，测年技术得到长足发展，在国际同类百余家碳14测年实验室数据比对中，北京大学年代学实验室测年精度位居第五，达到世界先进水平。探源工程负责人、北京大学考古文博学院院长赵辉表示，对文明起源的认识，也扩展到经济技术、手工业、礼乐制度等社会发展的各个领域。

陶寺遗址发现了冶金术应用的实例，发现了最早的空腔铜器，加上确定为文字的材料，加上几个巨型的城址，以及他们稳定的控制范围，以及之间发生的政治、经济、文化的联系，可以结论：当时的社会整体上虽然还没有形成王朝，显然不再是原来我们认为的部落联盟，距今 5000 年前，我国黄河、长江中下游以及西辽河等区域已进入文明阶段，出现了国家，进入到王朝之前的古国文明的阶段——古国时代。

"中华文明探源工程"实证了中华文明上下五千历史，我国的历史教科书也将修改。

（五）本书作者对舜文化的研究与探索

作为当代中华道德文化源流与舜文化研究的执着者，本人数十年来不改初衷，把研究和弘扬舜文化当作终极目标，做了大量的组织工作，写了数百万计的论文、史学专著和文学作品。其在 2007 年由人民出版社出版发行、李学勤先生作序的《舜帝之谜》，出版社在对该书的内容简介中说："该书是国内研究舜帝生平、思想、文化及其对后世影响最为全面、系统的史学专著。从舜帝的生平、思想、及对后世的影响等各方面进行了深入的研究和探讨，并对一些相关问题进行了详细的考证。作者涉取的资料丰富，分类科学，行文通俗易懂，既适合专家学者探讨，又适合普通读者阅读。"

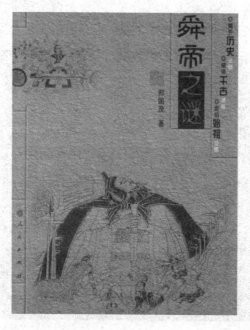

《舜帝之谜》以史为据，言之凿凿。为生动感人起见，虽然也采用了一些传说故事，但是与各种史籍所记载的舜帝其人其事其行为规律原则上都是一致的。在引用史料时，则努力做到不断章取义，也不任意曲解。为说明问题，坚持从不同权威史籍求证，并对反对意见作出精辟分析，通过事实，指出错误原因。例如：为说明舜帝究竟出身于哪里，先列举了河南濮阳说、山西运城说、湖南永州说，然后，用孟子所言"舜生于诸冯，迁于负夏，卒于鸣条，东夷之人也"为据，通过深入剖析，指明：根据孟子所言，舜既生于诸冯，又属东夷之人，二者缺一不可。虽说河南、山西、湖南均有"诸冯"，但是唯有古地望相同的河南濮阳与山东菏泽两个地方二个条件同时具备。而山西、湖南古时不属东夷地，由此得出结论，认为虞舜出生于河南濮阳与山东菏泽一带（古属同一地望）真实可信。又例如：有人根据《孟子·离娄下》说"舜生于诸冯，迁于负夏，卒于鸣条，东夷之人也"，就说舜死于运城的鸣条岗，作者就从几个方面进行了理论：其一，"鸣条"最早是指风吹树枝发声或因风作响的树枝；其二，被引申作为地名后，全国叫"鸣条"的有多处，河南开封、山西运城、湖南永州都有。其三，孟子所言"卒于鸣条"并没有说就是运城之鸣条岗，从而说明仅凭"卒于鸣条"就说舜葬于某地鸣条岗是多么草率多么软弱无力。然后列举出生于陕西韩城、世代为史学家的司马迁，竟然不知道与他家隔河相望的山西运城永济有舜帝陵，而不远万里，"探禹穴，窥九疑"后一锤定音：舜"践帝位三十九年，南巡狩，崩于苍梧之野，葬于江南九疑，是为零陵。"又列举出生于山西永济的柳宗元，在所有著作中，对家乡永济有舜帝陵一说竟然只字未提，却有数十处涉及到九嶷山与九嶷山舜帝陵。两例足以佐证山西运城只有舜帝庙，绝无舜帝陵。此结论为后来九嶷山的考古成果所证实。

其实，魏曹丕在一首《清调曲》中有"鸣条之役，万举必全"一句，其中的鸣条之役指的是商汤与夏桀之战，战争的地点就在鸣条。然而，鸣条在哪里？有四种说法。一是定陶鸣条说；二是曹县鸣条说；三是安邑鸣条说；四是河南鸣条说。魏时代与舜时代相隔约 2000 年，舜卒之鸣条究竟指哪里，我们必须根据史籍全面权衡而定。

我在最早见诸报端连载的《舜帝百问》与史学专著《舜帝之谜》以及在数十篇论文的基础上撰写的《舜帝释疑——108 问》，仍然保持了融史实性、知识性、资料性、趣味性于一炉的特点进行科学分类，针对大多数人——尤其是年轻人对远古时代历史陌生的实际情况，采用通俗易懂的行文风格，努力向读者介绍中国远古历史，认真解惑释疑，调动起对人文始祖舜帝和舜文化的尊崇情怀，增强弘扬中国优秀传统文化的信心和热忱。尽管书中不当之处在所难免，但是整体来说对于上古历史的研究的抛砖引玉作用与普及作用是显而易见的

对于尧、舜、禹，史载历历，触手可及。我们只要以史为据，又研又究，才能去伪存真，去粗取精，这样，在我们的面前就会出现一个有血有肉的、鲜活的舜帝。

断代史的成果已经解决了大禹为始创建的夏王朝的历史，对于禅位于禹，与禹几近同时代的尧、舜时代的研究就不是难事了。在这个问题上，我们既不要叶公好龙，也万万不能故弄玄虚故作高深，重犯"疑古"错误。

参考书籍

顾颉刚《古史辨》上海古籍出版社，1982年3月出版

李学勤《走出疑古时代》长春出版社，2007年1月

欧阳询《艺文类聚》上海古籍出版社，1965年1月

胤祉编撰《古今图书集成》

徐人瑞、程瑶《历神仙通鉴》

董斯张《广博物志》岳麓出版社 1991年1月

彭振坤主编《古史考》海南出版社 2003年12月

班固编撰 《汉书》》中华书局

伏生《尚书大传》选自岳麓出版社 2009 年出版《虞舜大典》

元阳真人（上古）《山海经》云南科技出版社 1994 年 3 月

何光岳《炎黄源流史》江西教育出版社 1992 年 4 月

集体编撰《中国大百科全书》中国大百科全书出版社

第二篇章：孔子

在研究和学习中华传统文化的过程中，我们脑海里自觉不自觉地会出现孔子、子思、孟子、周敦颐、程颐、程颢、朱熹、王阳明以及释迦摩尼、老子、庄子，等等一大批儒释道哲学家、思想家的名字。

孔子创立的儒学，经过不断的发展与丰富，成为封建王朝统治阶级治理国家统治民众所遵从和使用的一种文化形态，在中国历史舞台上活跃了两千多年，成为了中国传统文化的核心。作为中国儒文化创始人的孔子之名，在国人与世界华人华裔之中便如雷贯耳。那么，儒文化作为国学的主脉，产生的文化背景如何？孔子与舜帝、孔子思想与舜帝思想、儒家文化与大舜文化之间存在怎样的渊源？大舜文化应该在中华传统文化中摆在什么位置？这些问题很少有人研究和涉及。

一、孔子的生平

孔子名丘，字仲尼。鲁国陬邑（今山东曲阜东南）人。生卒于公元前551—479年，被定义为春秋末期思想家、政治家、教育家，儒学学派的创始人。

孔子的六代祖叫孔父嘉，是宋国的一位大夫，做过大司马，在宫廷内乱中被杀，其子木金父为避灭顶之灾逃到鲁国的陬邑，从此孔氏在陬邑定居，变成了鲁国人。孔子的父亲叫叔梁纥（叔梁为字，纥为名），母亲叫颜征在。叔梁纥是当时鲁国有名的武士，建立过两次战功，曾任陬邑大夫。叔梁纥先娶妻施氏，生9女，无子。又娶妾，生一子，取名伯尼，又称孟皮。孟皮脚有毛病，叔梁纥很不满意，于是又娶颜征在。当时叔梁纥已 66 岁，颜征在还不到 20 岁。公元前 551 年（鲁襄公二十二年），颜征在生孔子于鲁国陬邑昌平乡（今山东曲阜城东南）。因父母曾为生子而祷告于尼丘山，故名丘，字仲尼。孔子三岁时，叔梁纥卒，孔家丧父，孔家成为施氏的天下。施氏为人心术不正，孟皮生母已在叔梁纥去世前一年被施氏虐待而死，孔子母子也不为施氏所容，孔母颜征在只好携孔子与孟皮移居曲阜阙里（今山东曲阜阙里街），生活艰难，但是孔子虚心接受其母教育。15 岁，孔子立志于学，17 岁时，孔母颜征在死了。

孔子长大成人后，做过管理仓库的"委吏"和管理牛羊的"乘田"。他虚心好学，学无常师，曾问礼于老聃（老子）；曾向知天文地理、精星象音律的苌弘学习过音乐；曾向鲁国的乐官学师襄学习弹琴。

老子，姓李名耳，字伯阳，又称老聃，老莱子。中国春秋时代思想家；苌弘字叔，又称苌叔，博学多才，知天文地理，精星象音律，周景王、周敬王的大臣刘文公手下做大夫，常与周景王交往；师襄是春秋时鲁国的乐官。据史书记载，孔子曾经四次问礼于老子。第一次是在孔子 17 岁时，即鲁昭公七年（前 535 年），地点在鲁国的巷党；第二次是在春秋昭公二十四年（前 518 年），地点在周都洛邑（今洛阳）；第三次是孔子 53 岁时，即周敬王二十二年（前 498 年），地点在一个叫沛的地方；第四次在鹿邑，具体时间不详。孔子在齐国久仰苌弘其名其才，于周敬王二年（前 518 年）前往周国造访苌弘，求教韶乐与武乐之异同和不解之处。师襄是春秋时鲁国的乐官。擅击磬，也称击磬襄，《史记》里说他"以击磬为官然能于琴"，孔子曾求教于他。

孔子 30 岁时，已经博学多才，成为当地较有名气的一位学者，并在阙里收徒授业，开创私人办学之先河。其思想核心是"仁"。"仁"即"爱人"。他把"仁"作为行仁的规范和目的，使"仁"和"礼"相互为用。主张统治者对人民"道之以德，齐之以礼"，从而再现"礼乐征伐自天子出"的西周盛世，进而实现他一心向往的"大同"理想。

孔子 35 岁时，因鲁国内乱而奔齐。为了接近齐景公，做了齐国贵族高昭子的家臣。次年，齐景公向孔子询问政事，孔子说："君君臣臣父父子子"，意思是君要象君，臣要象臣，父要象父，子要象子。景公极为赞赏，欲起用孔子，因齐相晏婴从中阻挠，于是作罢。不久孔子回到鲁国，继续钻研学问，培养弟子。孔子 51 岁时，任鲁国中都宰（今汶上西地方官）；52 岁时由中都宰提升为鲁国司空、大司寇。公元前 500 年（鲁定公十年），鲁、齐夹谷之会，孔子提出"有文事者必有武备，有武事者必有文备"；54 岁时，受季桓子委托，参与相国管理的一些事务。他为了提高国君的权威，提出"堕三都"、抑三桓（鲁三家大夫季孙氏、孟孙氏、叔孙氏）的主张，结果遭到三家大夫的反对，未能成功。55 岁时，鲁国君臣接受了齐国所赠的文马美女，终日迷恋声色，孔子大失所望，遂弃官离鲁，带领弟子周游列国，另寻施展才能的机会，终无所遇。直到公元前 484 年（鲁哀公十一年），鲁国季康子听了孔子弟子冉有的劝说，才派人把已经 68 岁的孔子从卫国迎接回鲁国。孔子回到鲁国，虽被尊为"国老"，但仍不得重用。他也不再求仕做官，集中精力继续从事教育以及文献整理工作。一生培养弟子三千余人，身通六艺（礼、乐、射、御、书、数）者七十二人。在教学实践中，总结出一整套教育理论，如因材施教、学思并重、举一反三、启发诱导等教学原则和学而不厌、诲人不倦的教学精神，及"知之为知之，不知为不知"和"不耻下问"的学习态度，为后人所称道。他先后删《诗经》《尚书》修改《春秋》，订《礼》《乐》，对中国古代文献进行了全面整理。老而喜《易》，曾达到"韦编三绝"的程度。

孔子 69 岁时，独子孔鲤去世；71 岁时，得意门生颜回病卒；孔子悲痛至极，哀叹道："天丧予！天丧予！"这一年，有人在鲁国西部捕获了一只叫麟的怪兽，不久死去。他认为象征仁慈祥瑞的麒麟出现又死去，是天下大乱的不祥之兆，便停止了《春秋》一书的编撰。72 岁时，突然得知得意门生仲由在卫死于国难，哀痛不已。次年（前 479 年）夏历二月，孔子寝疾 7 日，怀着未尽之志死去。

二、孔子的人格魅力

孔子是一个教育家、思想家，也可算半个政治家，但他首先是一个品德高尚的知识分子。他正直、乐观向上、积极进取，一生追求真、善、美，一生追求理想的社会。他的成功与失败，无不与他的品格相关。他品格中的优点与缺点，几千年来影响着中国人，特别是影响着中国的知识分子。

孔子发愤忘食，乐以忘忧。63 岁时，曾这样形容自己："发愤忘食，乐以忘忧，不知老之将至。"当时孔子已带领弟子周游列国 9 个年头，历尽艰辛，不仅未得到诸侯的任用，还险些丧命，但孔子并不灰心，仍然乐观向上，坚持自己的理想，甚至是明知其不可为而为之。

孔子安贫乐道。他说："不义而富且贵，于我如浮云"。在孔子心目中，行义是人生的最高价值，在贫富与道义发生矛盾时，他宁可受穷也不会放弃道义。但他的安贫乐道并不能看作是不求富贵，只求维护道，这并不符合历史事实。孔子也曾说："富与贵，人之所欲也；不以其道，得之不处也。贫与贱，人之所恶也；不以其道，得之不去也。"

孔子学而不厌，诲人不倦。他以好学著称，对于各种知识都表现出浓厚的兴趣，因此他多才多艺，知识渊博，在当时是出了名的，几乎被当成无所不知的圣人，但孔子自己不这样认识，孔子曰："圣则吾不能，我学不厌，而教不倦也。"孔子学无常师，谁有知识，谁那里有他所不知道的东西，他就拜谁为师，因此说"三人行，必有我师焉"。

孔子直道而行。他生性正直，又主张直道而行。他曾说："吾之于人也，谁毁谁誉？如有所誉者，其有所试矣。斯民也，三代之所以直道而行也。"《史记》载，孔子三十多岁时曾问礼于老子，临别时老子赠言曰："聪明深察而近于死者，好议人者也。博辩广大危其身者，发人之恶者也。为人子者毋以有己，为人臣者毋以有己。"这是老子对孔子善意的提醒，也指出了孔子的一些毛病，就是看问题太深刻，讲话太尖锐，伤害了一些有地位的人，会给自己带来很大的危险。

孔子与人为善。他创立了以仁为核心的儒家学说，自己很宽厚。"己所不欲，毋施于人""君子成人之美，不成人之恶""躬自厚而薄责于人"，等等，都是他的做人准则。子曰："吾十有五而志于学，三十而立，四十而不惑，五十而知天命，六十而耳顺，七十而从心所欲，不逾矩。"这是孔子对自己一生各阶段的总结。

孔子一生中有一大半的时间，是从事传道、授业、解惑的教育工作。他创造了卓有成效的教育、教学方法；总结、倡导了一整套正确的学习原则；形成了比较完整的教学内容体系；提出了一系列有深远影响的教育思想；树立了良好的师德典范。

三、孔子的教育生涯

孔子的教育活动大致可以分为三个阶段：

第一阶段自开始办学到去齐国求仕之前，约七八年时间。这一阶段他的门徒还不大多，但是办学有成效，在社会上已经有了较大的名声。在这一时期，孔子的学生中有比他只小 6 岁的颜路（颜回之父），有比他只小 9 岁的子路，子路几乎是终生陪伴着孔子。

第二阶段：自 37 岁（鲁昭公二十七年、公元前 515 年）从齐国返回鲁国到 55 岁（鲁定公十三年，公元前 497 年）周游列国之前。这一阶段共计 18 年的时间。这 18 年中，孔子虽有 4 年多的时间在做官从政，但并没有停止授徒。这一阶段是孔子教育事业大发展的阶段。他的教育经验越来越丰富，教育水平越来越高，名气越来越大，所收的弟子越来越多。除了鲁国的学生之外，他的学生中还有来自齐、楚、卫、晋、秦、陈、吴、宋等国的求学者。孔子的威望已经树立起来。他的一些有名的弟子，如颜回、子贡、冉求、仲弓等，大都是这一时期进入孔门的。这些弟子中的一部分人后来跟随他周游了列国，一部分从了政。

第三阶段：孔子 68 岁（鲁哀公十一年，公元前 484 年）。周游列国结束，他回到鲁国，到去世，共5年时间。这时，他虽然被季康子派人迎回鲁国，但鲁哀公、季氏最终并没有任用他。他虽然有大夫的身份，有时也发表一些政见，但没有人听从他的意见。他把精力集中到办教育与整理古代文献典籍上了。这一时期他的学生也很多，并培养出了子夏、子游、子张、曾参等才华出众的弟子。这几个人后来大都从事了教育事业。对儒家学派的形成与发展，对孔子思想的传播起到了重要作用。

孔子在周游列国的十四年中，没有停止过教育活动。他在卫国、陈国先后住了数年的时间并没有从政，弟子就在身边，师生之间不可能不进行学术研讨。他带着弟子到列国去周游，本身就开阔了这些学生的眼界，他们的意志也受到了磨炼。这可以说是一种特殊的教育活动。孔子一生从事教育事业，相传有弟子三千，贤弟子七十二人，在德行方面表现突出的有颜渊、闵子骞、冉伯牛、仲弓；在语言方面表现突出的有宰我、子贡，办理政事能力较强的有冉有、子路；熟悉古代文献的有子游、子夏。在孔子的弟子中，有不少人都干出了一番成就，对于当时政治，尤其是对于孔子思想的传播，对于儒家的形成和发展，起到了重要作用。

纵观孔子的一生，他对他的学生的影响，一部分是通过言传，通过学习古代文献，传授各种技艺，而更多的，更为深刻的则是身教。他的勤奋好学，他对真理、对理想、对完美人格的追求，他正直、善良、谦虚、有礼，他对国家的忠诚与对老百姓的关心，都深深地感染着他的学生与后人。严格要求自己，以身作则，既是孔子的高尚师德，也是孔子提出的一条教育原则。孔子爱教育、爱学生，诲人不倦，他能平等对待学生，做到教学相长，严格要求自己、以身作则。孔子是具有高尚师德的一代宗师。

孔子死后，被葬于曲阜城北的泗水岸边，弟子们以对父亲之礼仪对待孔子，为其服表3年。子贡在孔子的坟前盖了一间小屋，为孔子守坟6年。中国历史上创办私学的先行者，第一位职业教师，得到了弟子们的衷心尊敬。

第三篇章：舜帝

一、舜帝的生平

舜帝是三皇五帝之一。

舜帝出身庶民，因以孝立家、孝感动天而得以称帝。

历史上，关于三皇，有多种说法。

前文说过，三皇是指燧人、伏羲、神农，也就是燧皇、羲皇、农皇。其主要依据是：燧人氏钻木取火，使原始时代利用自然火进步到人工取火，进而教人熟食，以化腥臊，结束了古代人茹毛饮血的历史。燧人氏为人类做的贡献得到人们的喜欢和肯定，于是许以天下而称之为燧皇。伏羲即太昊，风姓。伏羲之前是母系氏族时代，男卑女尊，民知其母，不知其父。伏羲定嫁娶以修人道，从此开创了父系氏族社会，同时始创八卦，结绳织网，教民捕鱼畜牧，以充庖厨。伏羲氏为人类做的贡献得到人们的喜欢和肯定，于是许以天下而称之为羲皇。神农氏则是农耕和医药始祖。在人们不识谷物、食物单一情况下，神农亲尝百草，识别谷物药材，斫木为耜，揉木为耒，教会人们种植五谷，用药物为人治病，同时，他设市以物易物，使人们各得其所。神农为人类做的贡献得到人们的喜欢和肯定，于是许以天下而称之为农皇。

人类发展进程中，燧人、伏羲、神农代表了产生人类文明的三个重要阶段。

五帝是指哪些人？历史上曾有多种说法，史学界趋近一致的意见：五帝是指黄帝、颛顼、帝喾、唐尧、虞舜。

可见，舜是五帝之一。

舜帝

　　我们要了解舜帝，还十分必要先简单了解一下中国历史的发展状况，了解一下三皇五帝中的炎帝与黄帝。

　　人类历史上，原始公社制度沿袭了数百万年以后，才进入了新石器时代。这个时候，人类已经发明了农业与畜牧业，生活资料也有了可靠的来源。原始公社制度已经过度到了氏族公社的母权制和父权制，两性关系也由杂交、群婚，过渡到了对偶婚，出现了一夫一妻制。人们开始了定居生活。随着生产力的进一步发展，产生了农业与畜牧业的第一次社会大分工，氏族公社的社会产品已经有了少许剩余，商品交换也就出现了，私有制、奴役制、阶级关系也开始在氏族公社中萌生了。这样，原始人类也就走完了远古洪荒时代，昂首阔步地跨进了文明时代。

　　最早的时候，我们说中华民族四千年文明史，这是从夏代开始计算的。而实际上呢，多年来，我们对历史的研究都停滞于西周元年（公元前841年），即是说，我们有确切纪年的历史不足三千年。直到1977年夏，历史、考古学家唐兰在《光明日报》撰文：《从大汶口文化的陶器文字看我国最早文化的年代》，文中说："大汶口文化是少昊文化"，"少昊的英雄是蚩尤"；又说："我国历史的最早一页是黄帝和炎帝的坂泉之战与黄帝和蚩尤的涿鹿之战，由于黄帝和炎帝讲和了，所以蚩尤被杀。但在少昊民族中，蚩尤仍然是英雄。"

　　少昊即金天氏，青阳氏，以凤凰为图腾，是华夏族、南蛮族、东夷族三大民族集团中东夷族（部落）的首领。所辖部族以鸟为名，有鸿鸟氏、凤鸟氏、玄鸟氏、青鸟氏等24个民族部落。《山海经·大荒南经》载，"东南海之外，甘水之间，有羲和之国。有女子曰羲和，帝俊之妻，生十日，方浴日于甘渊"。颛顼是少昊的侄儿。

唐兰主张中国历史应该从炎帝黄帝开始，有六千年的文明史。

从唐兰开始，中国的史学界才把中国的历史在四千年与六千年之间打了个折扣——称中华民族五千年文明史。其实，这种讲法还太保守，应该说中华民族一万年文明史才对！即中国的历史应该从三皇中的燧人氏算起。燧人氏所处的时代是公元前5万年～7724年，即距今1～5万多年，伏羲时代距今7000年左右，炎帝时代距今6000年左右，而从黄帝开始的五帝时代，距今约5000年左右，历经颛顼、帝喾、帝尧、帝舜时代，直至公元前2070年夏朝开始。

中华民族万年文明史又可以分成前五千年和后五千年，前五千年是文明的产生过程，后五千年是文明的发展阶段。

三皇五帝中，炎帝是三皇之末，黄帝是五帝之首。炎帝与黄帝所处的时代，恰恰是中华文明由产生走向发展的过度与转折阶段。

史书记载，炎帝姓姜，名轨，又称神农氏。如前所说炎帝是早期原始农业发展的代表，是中国农耕文化的创始人。他对人类最大的贡献一是发明了农业，是农业的始祖；二是遍尝百草成为中国医药学的始祖。黄帝姓姬，名叫轩辕，因为居住在轩辕之丘（今河南省新郑西北）又称轩辕氏。轩辕时代，炎帝家族已经香火传承了八世，已经衰败，战乱不断，百姓遭殃。轩辕最终打败了炎帝部落，取代神农氏做了天子，称为黄帝。黄帝发明了指南针，发明了舟车，文字等等，对人类的文明与进步功勋卓著，被称为人文初祖。孙中山先生曾颂扬黄帝说："中华开国五千年，神州轩辕自古传。创造指南针，平定蚩尤乱。世界文明，唯有我先。"

我们通常所说的黄帝、颛顼、帝喾都是族群代表，他们代表的是一个历史阶段，而唐尧和虞舜、大禹则是一个实实在在的人。

《史记》载："舜二十而以孝闻，年三十尧举之，年五十摄行天子事，年五十八尧崩，年六十一代尧践帝位。践帝位三十九年，南巡狩，崩于苍梧之野，葬于江南九疑，是为零陵。"

司马迁在《史记》中的这段记载，给我们划定了舜帝的生平基本轮廓线。史料的缺失，我们尚无法给舜帝开出具体的年谱，但是我们可以按照史圣司马迁的记述，将舜帝毕生分成几个历史阶段来研究他的生平。

第一阶段：舜帝二十岁之前。

我们有必要首先弄清楚虞舜的族系。

《大戴记·帝繋》篇云："黄帝产昌意，昌意产高阳，是为帝颛顼。颛顼产穷蝉，穷蝉产敬康，敬康产勾芒，勾芒产桥牛，桥牛产瞽瞍，瞽瞍产重华，是为帝舜。"司马迁以此为据，在《史记》中亦如是说："虞舜者，名曰重华。重华父曰瞽叟，瞽叟父曰桥牛，桥牛父曰勾望，勾望父曰敬康，敬康父曰穷蝉，穷蝉父曰颛顼，颛顼父曰昌意。以至舜七世矣，自从穷蝉以至帝舜，皆微为庶人。"

研究表明，以上帝系并不完全准确。《春秋传》载，勾芒是少昊之子，并不是颛顼之裔。如果依照《大戴记·帝繋》的谱系，虞舜就是黄帝的后裔。事实上，黄帝属于华夏集团，其图腾为龙；而虞舜属于东夷集团，虞舜的祖先是少昊、虞幕，是有虞氏部落的后裔，其图腾为凤鸟。司马迁之所以把舜帝说成黄帝后裔，有两个原因：一因《大戴记》的导向，二因虞舜成了帝尧的女婿，就使得华夏族与东夷族有了融合，这个特定时期，虞舜一直在尧的祖庙里祭祖，而尧是帝喾的次子，是黄帝后裔，加上女婿当半子之谓，故而把舜帝也列入了黄帝族系。

《尚书》记载四岳给帝尧推荐虞舜时说"瞽子。父顽、母嚚、弟傲，克谐以孝，烝烝乂，不格奸"。《史记》载："舜父瞽叟盲，而舜母死，瞽叟更娶妻而生象，象傲。瞽叟爱后妻子，常欲杀舜，舜逃避；及有小过，则受罪。顺事父及后母与弟，日以笃谨，匪有懈。""舜父瞽叟顽，母嚚，弟象傲，皆欲杀舜。舜顺适不失子道，兄弟孝慈。欲杀，不可得；即求，尝在侧。"

史书记载中告诉我们，在虞舜很小的时候，他的亲生母亲就死了。瞎眼的父亲给他娶了个后娘。后娘愚蠢而顽固，奸诈而狡猾，心胸狭隘，嫉妒心强，对虞舜很苛刻，很狠毒，动不动就骂，就打。当后娘给虞舜生了个叫象的弟弟后，后娘对虞舜更厉害。弟弟在他后娘的教育下，也横蛮而不讲理，常常欺侮哥哥，愚顽的父亲、狠毒的后娘、骄横的弟弟多次欲将虞舜置之死地而后快，以至于虞舜尚未成年就被扫地出门，在妫水转弯的地方筑了个茅棚安生，并且开始到历山开荒种地。秋收时打下的粮食，虞舜选最好的首先满足父亲、后母和弟妹。虞舜尽管受尽虐待，但是没有怨言，小心笃谨地善待父母弟弟，以孝心来感化家人，没有半点松懈。史书毫不含混地肯定了舜以孝立家。

《山海经》中有"舜耕历山，象为之耕，鸟为之耘"一说；白话《山海经》中，亦记载有"舐目复明"的故事。常说"无风不起浪"，姑且不论这些故事孰真孰假，如果没有虞舜"以孝立家"的环节，就不会有"孝感动天"的存在，就不会有一系列关于虞舜至孝的故事。

舜帝二十岁之前是以孝成名的阶段。

第二阶段：舜帝二十至三十岁之间

《史记》载："舜耕历山，渔雷泽，陶河滨，作什器于寿丘，就时于负夏。"

《墨子·尚贤》曰："舜耕于历山，陶于河滨，渔于雷泽，灰于常阳，尧得之服泽之阳，立为天子。"

《史记》亦载："舜耕历山，历山之人皆让畔。渔雷泽，雷泽之人皆让居；陶河滨，河滨皆器不苦窳。一年所居成聚，二年成邑，三年成都。"

由上可知，舜二十岁孝顺出了名。在二十至三十岁的岁月里，已经从事了很多职业，开过荒，捕过鱼，制过陶，做过什器，做过生意，烧过灰。无论从事什么职业，他一如既往地孝字当先。在历山垦荒种粮，收了粮食选最好的先孝顺父母，再留下自己吃的，多余的则分给比他后来历山垦荒或者粮食收得少的缺粮户；在雷泽捕鱼，捕到了鱼选最好的孝顺父母，除自己吃外，常常将鱼分给没捕到鱼的人家，同时，他也十分愿意把自己发现和开发出来的渔场让给那些经验不足没有找准捕鱼场地的人，自己去重新发现和开发；在河滨烧制陶器和在寿丘制什器，他千方百计地减少废品，且决不将不合格的陶器拿到市场上去卖；他在负夏贩米，则遵循公平公道的原则交易，从不欺行霸市。孝顺父母者才谈得上淳化风俗。正因为他孝字当先，爱业敬业，诚实守信，与人为善，才得到社会的普遍赞誉，出现如司马迁在《史记》里所说的"舜耕历山，历山之人皆让畔；渔雷泽，雷泽上人皆让居；陶河滨，河滨皆器不苦窳。一年所居成聚，二年成邑，三年成都"的状况。

我们完全可以说，舜帝在二十至三十岁阶段，是继二十岁前继续塑造自己、进而完善自我的阶段。

第三阶段：三十岁之后至五十岁之间

《尚书》载："帝曰：咨，四岳，朕在位七十年，汝能庸命，巽帝位？岳曰：否德忝帝位。曰：明明扬侧陋，师锡帝曰：有鳏在下，曰虞舜。帝曰：俞！予闻，如何？岳曰：瞽子，父顽，母嚚，弟傲，克谐以孝，烝烝乂，不格奸。帝曰：我其试哉。"

这段文字所记载的，是尧帝年老之时，遇见了罕见的大洪水。年岁已高的尧帝，自感已经力不能支，便四处寻找能担起救民于水火的栋梁之才，意欲将帝位让给四岳。四岳说自己德行不够，尧帝便要他推举自己知道的贤人，表明出生不论贵贱，可以是贵族官员，也可以是庶民百姓。四岳便将处在一个家庭环境极其恶劣、但能以孝立家的民间庶民虞舜举荐给尧帝。四岳告诉尧帝说：民间有一个叫虞舜的普通老百姓，他的父亲是个愚顽的瞎眼老头，母亲德行不好，愚昧顽固奸诈狡猾，心胸狭隘、忌妒性强，弟弟骄横跋扈，但是，虞舜因"至孝"而影响和感化家人，努力使家庭保持和谐，没有出现作奸犯科者。于是，尧帝亲自到民间访贤，通过面试，果断地将二个女儿娥皇与女英许给虞舜为妻，让九个儿子与虞舜相处，以继续观察和考验虞舜的德行。

同治年间唐尧访贤瓷盘

尧帝赏给虞舜一些牛羊、葛布、粮食和一把琴，并在虞舜原来住的地方给建了仓廪和房屋。虞舜将尧帝赏给的部分牛羊、葛布、粮食分给父亲、后母和弟弟。然而，虞舜的孝心不但没有得到感激，反而招至了接二连三的陷害：涂廪遭焚，掏井下石，请酒下毒等。吉人天佑，虞舜或"以两笠自扞"，或者"穿井为匿空旁出"而保全性命。尽管遭到这样极不公平的对待，虞舜仍然不怨恨父母和弟弟，还是对父母孝顺如初，对弟弟友爱如初。

大同北魏司马金龙墓木板漆画

虞舜的孝心与宽大为怀的心胸很得尧帝赏识，开始要虞舜做主管礼仪的官。虞舜将自己根据家庭的实情总结出来的保持家庭和睦的法宝"五典之教"——"父义、母慈、兄友、帝恭、子孝"推广到社会。

《尚书》与《史记》中记载了舜帝进入朝廷做官后的系列表现，"举八恺，使主后土，以揆百事，莫不时序"。"举八元，使布五教于四方……内平外成。""辟四门""流四凶""入于大麓，烈风雷雨不迷"。《史记》中所说的八恺，指五帝中的颛顼后代中的苍舒、隤恺、梼戭、大临、龙降、庭坚、仲容、叔达八个能给人和美和快乐者；《史记》中所说的"八元"，是指五帝之一的帝喾后代中伯奋、仲堪、叔献、季仲、伯虎、仲熊、叔豹、季狸八位善人。当舜帝由主管礼仪的司徒被提拔到更重要的岗位后，就举荐了八恺与八元，让"八恺"做掌管土地的官，让"八元"主管"五典之教"，普及家庭伦理道德。后来，舜帝又将臭名昭著的混沌、穷奇、梼杌、饕餮四凶流放到四方边远地区。

为了尧帝的江山和百姓，舜帝进入大山林里，不惧怕豺狼虎豹，不因烈风雷雨而迷失方向。尧帝让舜接受了各个岗位的锻炼，将其一级一级提拔，最后提拔为总揽全盘的百揆。经过多方面的考察，尧帝确信了虞舜是个可以授予天下的可靠接班人，才在黄帝家族的祖庙里，将虞舜宣布为接班人。

舜帝在三十至五十岁，是经受各种岗位历练，逐步走向政治成熟的阶段。

第四阶段：五十岁至五十八岁之间

《尚书》载："慎徽五典，五典克从；纳於百揆，百揆时叙；宾於四门，四门穆穆；纳於大麓，烈风雷雨弗迷。帝曰：格！汝舜。询事考言，乃言厎可及，三载，汝陟帝位。舜让如德，弗嗣。"

这段文字的意思是：虞舜非常完美地履行推广五典之教——"父义、母慈、兄友、弟恭、子孝"的职责，当自己升迁而主管其他工作后，就举荐"八元"将五典之教推及到各家各户，家家户户都能够遵从，没有违背的人。帝尧任命虞舜为"百揆"，让虞舜思考朝中百事，总领百官，虞舜兢兢业业，百事井然有序，没有荒废。舜流放四凶，国内没有了凶人，四方诸侯都来朝拜，虞舜亲自迎接，以礼相待，美德传遍天下。虞舜顺应天时，一切都遵从自然规律，阴阳和，风雨顺，没有错乱，没有埋下危机。尧帝说：来，虞舜，你谋事，我考察你的言行，你言语得体得达到极致，行为忠耿，你立了大功，可以提拔。如今朕已经对你又考察了三年，你完全可以代替我做皇帝了。可是虞舜说自己还德不配位，没有立即接受帝尧的禅让。

《史记·五帝本纪》曰："舜入于大麓，烈风雷雨不迷，尧乃知舜之足授天下。尧老，使舜摄行天子政，巡狩。舜得举用事二十年，而尧使摄政。"

唐尧禅位

可知，舜从三十岁被尧举用，二十年后尧使摄政，这个时候虞舜五十岁。尧帝的本意是将帝位禅让给他，但是他不愿意让德昭日月的岳父退位，而是自愿做了摄政帝。所谓摄政帝，意思是一些本该皇帝做的涉及朝廷的大事都由他来实施与实践，但是，名分上的帝君还是尧帝。

虞舜做摄政帝时，尧帝已经110岁高龄，因此，实际上虞舜已经挑起了管理国家，协调万邦，治理洪水，恢复国力，保障国民安居乐业的重任。虞舜在摄政帝位置上兢兢业业，政绩斐然。他惩罚了恶性显露的四凶，流共工于幽州，放驩兜于崇山，窜三苗于三危，殛鲧于羽山。

嫉恶如仇 (Hating Evils Like Enemy)

他"询於四岳，辟四门，明四目，达四聪"，凡事与四岳商量谋划，不自以为耳聪目明，非常重视听取来自四面八方的意见。辟四门以求之于远，明四目足以见识广览，达四聪以求兼听。

舜帝五十岁至五十八岁阶段是全面经受治国方略锻炼与提升的阶段。

第五阶段：五十八岁至六十一岁之间

"史记·五帝本纪"载，舜"摄政八年而尧崩、三年丧毕。让丹朱，天下归舜。"

舜帝五十八岁的时候，年纪已经118岁的尧帝陨落了。为崇尚帝尧节俭之德，遵循帝尧的遗愿，葬礼十分简节。舜率群臣为帝尧守丧，长住在陵园边搭建的草棚里，睡草垫，喝稀饭，枕木块，虔诚之极。

舜从政多年，励精图治，以身作则，已经理顺了方方面面的关系。"齐七政""定五礼""定音律""调历法""统一度量衡""举八恺""用八元""惩四凶""订象刑"，等等。特别是，舜除去了对他登临帝位持有强烈反对意见的恶人讙兜、共工、鲧、三苗。将讙兜流放到了远离京都的南方崇山峻岭之中；将共工流放到了远离京都的最北方的幽州；将桀骜不逊的鲧流放到东方最边远的羽山；将三苗迁徙到位于帝国西北部的甘肃敦煌一带。"四凶"各处东、南、西、北边远之地，相互之间音讯难通，自身难保，帝国也就少了后患。

虞舜在做摄政帝的八年，帝国的国务常规管理都已经形成，因此，舜与群臣为尧帝守孝三年，国家的各项事务并没有受到任何影响。

当时国家的政治形势可以说是一派大好，虞舜正式登临帝位的时机已经十分成熟。意想不到的是，舜竟然悄然去国，离开了帝都。

《史记·五帝本纪》说："尧知子丹朱之不肖，不足授天下，于是乃权授舜。授舜，则天下得其利而丹朱病；授丹朱，则天下病而丹朱得其利。尧曰：'终不以天下之病而利一人'，而卒授舜于天下。"可见，尧将帝位传给贤达的虞舜，而不传给德行不好的儿子丹朱的态度是十分明确的，而且，舜已经作了八年摄政帝。但是，等三年守孝期满，虞舜意在将帝位还给尧帝的儿子丹朱，于是离开了帝都平阳，躲到了南山之南。群臣与百姓都不拥戴丹朱，派人四处寻访舜。最后，舜在四方诸侯以及皋陶、禹、稷等群臣的苦苦跪求下，感叹"天意不可违"，回到帝都即天子位。

《孟子·万章上》说："尧崩，三年之丧毕，舜辟尧之子于南河之南。天下诸侯朝觐者，不之尧之子而之舜；讼狱者，不之尧之子，而之舜；讴歌者，不讴歌尧之子而讴歌舜。故曰，天也。夫然后之中国，践天子位焉。"

可见，虞舜在五十八岁至六十一岁时候，为帝尧守孝三年。

第六阶段：舜帝从六十一岁至百岁之间

舜登临天子位，做虞舜古国的皇帝的时候，已经六十一岁。

这一阶段，虞舜的所有精力和时间用在励精图治，大力刷新政治、扩疆拓土，创造和完善国家机制方面。

一是整肃纲纪，齐七政、修五礼、禋六宗、徧群神、辑五端、律度量衡；二是设置了分工明确的官制和官吏考核察举制度。如同《尚书·尧典》所记载的："三年考绩，三载黜陟幽明，庶绩咸熙。" 他任命了二十二个大臣，对官员每三年考核一次，根据考核情况决定升降，加强了国家集权和君王的领导。三是扩大了国家疆域，划分了政区。他注重南、北民族大融合，在实现华夏集团与东夷集团大融合的同时，采用"以德化人"的怀柔政策，感化了三苗为首的苗蛮集团，实现了民族大团结，使虞舜古国的疆域"至于荒服"。他在定了冀州、兖州、青州、徐州、扬州、荆州、豫州、梁州、雍州九州的基础上，进一步理顺区划，新建了并州、幽州、营州，选定了行政首长——十二州牧。四是制定和颁布了刑法。舜帝"象以典刑"，将刑法条理化，制度化，确定了皋陶掌管刑法。五是确立了帝位五年巡狩之制。二月东巡，五月南巡，八月西巡，十一月北巡。每五年一个轮回，形成制度，目的是为了了解国情民意，统一各种规制，安抚融洽民族关系，考核官员，举行祭祀活动为民祈福。六是刷新政治，纳言从谏。舜帝立诽谤之木，作五明扇，辟四门，广开试听，求贤若渴，纳言从谏。同时，舜帝敬敷五教，厚德载物，德泽天下。

在这一阶段中，舜帝在八十七岁时候将大禹确定为接班人，九十多岁时将帝位禅让给了大禹。最后百岁南巡，下黄河，漂长江，入洞庭，溯湘江，走潇水，抵达南疆，察民情、探山水、教稼穑、治洪水、勤民而死，"崩于苍梧之野，葬

于江南九疑"。

二、舜帝的人格魅力

自汉以后，孔子的学说发展成儒学，长时间成为中华传统文化的正脉，被尊为圣人。当今，正处社会转型期的人们，面对变迁，充满迷惘、惶惑、浮躁与挣扎。精神层面的危机，促使人们到中国传统文化中寻找解码，于是，孔子学院在全世界如雨后春笋般确立。我们在陶醉于中华传统文化对世界文化的影响力日益强大的同时，也必须对西方文化为什么入侵中华民族日盛做很好的反思。研究孔子思想和文化得以产生的根基与渊源，弄清楚孔子、孔子学说乃至儒家文化与人文始祖舜帝、舜文化的内在联系，深入了解中华优秀传统文化的本源，了解其本源与脉流，了解其文化内涵，才能增强历史认同感，增强文化自信心，才能增强传播和弘扬中华优秀传统文化的底气。

本人经过长达三十余年的研究，发现舜帝一生的建树，可以用十个字概括：孝祖、德圣、帝范、民师、福星。

下面，就舜帝人格魅力所总结的这五个方面十个字，做具体的解读。

（一）孝祖

舜出生于平民，却能被尧举用而成为"帝"，凭的究竟是什么？

《尚书·尧典》记载了这样一件事，说帝尧举政七十年的时候，要四岳为他推荐继承人。四岳即向帝尧推荐了舜。然而，舜当时只是个在历山耕作的平头百姓。四岳推荐舜的理由是："瞽子，父顽，母嚚，象傲，克谐以孝，烝烝乂，不格奸。"意思是说，舜在父母及弟弟对他态度十分恶劣的前提下，用自己的孝心，感化家人，使家人不能不与他和谐相处。舜帝的孝心，也使家庭成员没有出现作奸犯科的。仅仅因为舜的"克谐以孝"，因孝立家，尧帝便同意了四岳的意见，并且将两个女儿嫁给了舜。

《史记·五帝本纪》则详细记载了舜的父母和弟弟设计谋害舜的情景，"瞽叟尚复欲杀之，使舜上涂廪，瞽叟从下纵火焚廪。舜乃以两笠自扞而下，去，不得死。后瞽叟又使舜穿井，舜穿井为匿空旁出。舜既入深，瞽叟与象共下土实井，舜从匿空出，去。瞽叟、象喜，以舜为已死。象曰：'本谋者象。'象与其父母分，于是曰：'舜妻尧二女与琴，象取之；牛羊仓廪予父母。'象乃止舜宫居，鼓其琴。舜往见之，象愕不怿，曰：'我思舜正郁陶！'舜曰：'然，尔其庶矣！'舜复事瞽叟爱弟弥谨。于是尧乃试舜五典百官，皆治"。

　　根据司马迁所说，舜的父母和象几次谋杀舜，虞舜死里逃生，大难不死。但是，虞舜却对父母和弟弟丝毫没有怨恨，仍然孝顺如初，友爱如初。

　　《孟子·万章上》说："万章问曰：'舜往于田，号泣于旻天。何为其号泣也？'孟子曰：'怨慕也'"。在这里，孟子所说的怨慕，是说舜怨恨自己，思慕父母。舜面对父亲瞽叟、后娘和弟弟处心积虑的加害，非但不计较，反倒检查自己的言行有哪些地方不如父母意。在他看来，天下百错，错的只有子女，没有做父母的错。思来想去，就更怨恨自己孝顺不够，做得不周，才导致父母憎恨，于是对父母的思念尤甚，情到深处，悲怆难忍，号啕着大声呼喊苍天。

"天下百善孝为先"。作为虞舜，生活在一个家庭环境极为恶劣的环境中，父亲愚鲁而顽固不化；继母又是一个心地十分狭隘阴险且歹毒的泼妇，弟弟狂傲横蛮顽劣，并非良善之辈。就在这样一个家庭环境中，在从小就受够了辱骂和棍棒敲打、长大成人后三番两次受到迫害的情况之下，虞舜始终谨守孝道，敬重父母，友爱弟象，以德报怨。纵使被帝尧举用，身事朝廷，仍然受到迫害，但是虞舜能一如继往，不计前嫌，孝顺、友悌如初，难怪《山海经》中有"舜耕历山，象为之耕，鸟为之耘"的说法了。

因为舜的孝心感天动地，所以舜能被世人尊敬、拥戴、效仿；所以得以被尧看重。由此我们可以得出结论：虞舜之所以能由一个普通山野村夫成为"帝"，其根本原因在于他的"孝感天地"。

舜帝在守身、修身、友悌、行仁诸方面都堪称表率。

《孟子·万章上》有这样一段记载："天下之士悦之，人之所欲也，而不足以解忧；好色，人之所欲，妻帝之二女，而不足以解忧；富，人之所欲，富有天下，而不足以解忧；贵，人之所欲，贵为天子，而不足以解忧；人悦之、好色、富贵，无足以解忧者，惟顺于父母可以解忧。人少，则慕父母；知好色，则慕少艾；有妻子，则慕妻子；仕则慕君，不得于君则热中。大孝终身慕父母。五十而慕者，予于大舜见之矣。"这段话的意思是说舜处处受人欢迎和赞颂，又娶了好妻子，贵为天子，富有天下，却仍然很忧愁，这是由于得不到父母欢心的缘故。在虞舜看来，惟有顺从父母的意愿，使父母欢欣和喜悦，才能真正化解他心中的苦闷。因此，孟子发表感慨说：人们少年的时候敬爱父母，青年时喜爱活泼美貌的异性，娶妻后疼爱妻子，出仕为官以后则忠君爱国。而大孝之人则一辈子孝敬父母。直到五十岁以后仍然不改初心地孝顺父母，这样的典型人物只有大舜。

也正因为如此，元代郭居正列举了中国历史上众口皆碑的二十四个孝子：虞舜、老莱子、郯子、子路、曾参、闵损、文帝、蔡顺、郭巨、董永、丁兰、姜诗、陆绩、黄香、江革、王裒、孟宗、王祥、杨香、吴猛、庾黔娄、崔山南、黄庭坚、朱寿昌。论年代之早，论孝行之大，论对后世的影响力，虞舜都列于二十四孝之首。

由于虞舜大忠大孝，"孝感动天"，由于虞舜是二十四孝之首，所以人们尊称舜帝为"孝祖"。

（二）德圣

道德是用以调节人与人的关系的。《尸子·仁意》载：尧问于舜曰："何事？"舜曰："事天。"问："何任？"曰："任地。"问："何务？"曰："务人。"舜在回答尧的测试的时候毫不含糊的说了自己事天、任地、务人的主张。舜以天、地、人为根本为出发点，营构起天道、地道、人道的道德规范，从而确定了包括个人道德、家庭伦理道德、职业道德、社会道德、政治道德、宇宙道德为内涵的道德理念。

1. 个人道德

舜帝的个人道德主要体现在"孝"字上。虞舜出生庶民，幼年丧母，家道贫寒。《尚书》载："瞽子，父顽，母嚚，弟傲。克谐以孝，烝烝乂，不格奸。"虞舜以孝立家，孝感动天，得以为帝，毕生闪耀着孝悌、厚德、友善、敬业、诚信、助人、公平公正、为政以德、以民为本、无为而治，等等思想光辉。具有"一年所居成聚，二年成邑，三年成都"的人格魅力。

2. 家庭伦理道德

虞舜在极为恶劣的家庭环境之中，十分完美地表现了孝顺父母友爱兄弟的美德。根据自己的切身体会，他总结归纳出了"父义、母慈、兄友、弟恭、子孝"的家庭"五伦"，亦称"五常"。即是说，一个家庭要想做到和睦相处，那么，家庭成员中的父亲、母亲、兄长、弟妹、儿女就必须有自己的做人标准和行为准则。作为父亲，就应该讲仁义，做母亲的应该慈祥、慈爱且有悲悯之心，做兄长的应该懂得友爱，做弟妹的应该谦虚恭谨，做儿女的就应该孝顺。做到了这五个方面，这个家庭才能够保持和睦，过平实和美的日子。这就是所谓的"五典之教"，是虞舜帝所创造的家庭伦理道德。

虞舜在创建"父义、母慈、兄友、弟恭、子孝"的家庭美德是十分主动的，积极向上的，与原始农业紧密相关。尽管父之愚、母之嚚、弟之傲，但是由于舜"孝"的感化，终不得作奸犯科。

3. 职业道德

舜的一生中从事过多种职业，在历山开过荒，做过农，在雷泽捕过鱼，在黄河之滨制过陶，在常阳烧过石灰，在负夏做过小商小贩。舜耕历山，可以把辛勤开垦和通过耕作已经变得肥沃的土地让给后来到历山开荒的人和缺劳力的人家；陶河滨，他精益求精，使得制出的陶器美观耐用不再粗劣，而且不让器形不美、缺破的废品流落到市场上；渔雷泽，他能把经营得得心应手的好渔场让给别人，自己再克服困难重新寻找和开辟渔场。虞舜用自己的高尚行为感化人，使得历山、雷泽、河滨与虞舜为邻为伍的所有人都能让畔让坻。无论是"灰于常阳"，还是"贩于负夏"，还是"作器于寿丘"，虞舜都能勤劳发奋，乐于助人，从不欺行霸市。虞舜在自己的职业生涯中，以自己敬业、诚信、礼让、善良的禀赋，谱写着职业道德的华章。

4、社会道德

《尚书·尧典》说："克明俊德，以孝九族。九族既睦，平章百姓；百姓昭明，协和万邦。"意思是说家庭九族内部人们之间的和睦相处，是家庭伦理道德的基础。只有在这个基础之上，才能达到"协和万邦"的目的。

虞舜时期大禹治水成功。大洪水的威胁一旦解除，压倒一切的矛盾不再是大水，而是内政的治理了。舜帝深深地懂得偏听则暗、兼听则明的道理，他旗帜鲜明地申明：尊重大臣，鞭鞑邪恶，广纳众议，有错则纠。《尚书·皋陶谟》以记事的形式，记载了舜帝与禹、伯夷、皋陶在朝中议事的情况。皋陶列举了舜帝所倡导的人应该具备的九种美德，"宽而栗，柔而立，愿而恭，乱而敬，扰而毅，直而温，简而廉，刚而塞，强而义"。其内涵是：宽容大度而又威严；温顺柔和而又有所建树；厚道随和而又能办事；干练多能而又能尊敬上级；驯顺服从而又强毅；耿直不挠而又温和委婉；秉性直白而又廉洁自律；刚烈诚实而又博学内敛；勇敢坚强而又顺乎情理。皋陶说，如果一个人能显示出这九种美德，就是一个十分完美的人。温顺而刚毅，耿直而温和，刚烈而博文——如果卿大夫能够以此为目标，从早到晚勤勤勉勉，毫不懈怠，能表现出这三种美德，那就可以使他采邑常保。宽容而严谨，柔顺而自立，随和而恭谨，干练而敬慎，简大而缜密，英强而善良——如果诸侯每天能以这六德为努力目标，那他不仅可以建功立业，而且能够让他永保国家。卿大夫三德，诸侯六德，将此九德在天下普遍推行。凡是具有其中多种品德的人就大胆录用；凡是具有卓越才能的人都能在朝为官，百官臣僚们都能互相取长补短，低等官员踊跃向善，敬奉天时，辅弼君王，再纷繁复杂的政务也会形成统一整体，各项事业都会获得成功。君王不贪图安逸才能拥有天下，诸侯就只有兢兢业业勤奋努力才能居危常安，对那些玩忽职守的不称职官员要及时淘汰。为官的既然饮食天禄，就要辅君安民，尸守其位。为官而昏庸无能，岂不是把上天保佑万民的大事都给荒废了吗？

皋陶所陈述的，就是舜一贯倡导的"九德"，这实际上就是舜帝举贤任能惩恶扬善的依据，是舜帝对百官臣僚们的一贯要求。举"八贤"，用"八恺"，荐禹治水，任命二十二个朝廷重臣，以及"除四恶""惩四凶"，等等一系列政令，都是以此为根据的。

舜帝在家庭伦理道德方面非但创立了"五典之教"，而且毕生极尽全力推崇，将其推广到每一个家庭，致力于创造和睦的家庭。被尧举用、刚做司徒时，他致力于推广"五典之教"；做了司空的时候，立马举用"八元"，让其推传"五典之教"，即帝位后，启用契担任司徒主管"五典之教"。虞舜的毕生，一刻也没有放松对"五典之教"的推广，因为他心里十分明白，只要每一个人都按照"五伦"的标准去做人做事，家庭就一定和睦，每个家庭和睦了，社会就一定和谐。

5. 政治道德

《白虎通义》说："舜者乐也，言天下有道，人皆乐也。"

舜帝为政以德，追求无为而治的境界。集中起来，主要表现在三个方面：

（1）选贤用能，广开言路。他"举八恺""用八元"，重用二十二位贤能管理工程、农林、刑法、五教、音乐、礼仪等；启用大禹治水；他在提拔大量的杰才俊彦做国家栋梁之材的同时，建立了"每三年考核、通过考核决定升降"的官吏考核制度，其实质在于从严治吏。舜"辟四门""达四聪""命十二州牧论帝德，行厚德，远佞人""立诽谤之木"，体现了纳言从谏广开言路的民主作风。

（2）拓疆分区，心怀天下。舜命禹治水，禹披九山、通九泽、决九河、定九州，使得国家疆域"方五千里，至于荒服"。舜划定十二州，设置地域行政长官十二州牧，从而为古国建制做出了重大贡献。他心怀天下，定五年巡狩之制，多次到全国各地巡视，体察民情，处理政务。

（3）以民为本，宽以待民。舜帝勤政爱民，充分地体现在"民本"思想。他"象以典刑"，重教化，少铢杀；对于犯法者，他厚德载物，重在使人受教育；在对待三苗这类民族问题上，他反对武力征服，主张"以德化之"，通过怀柔政策，以和平方式使三苗人归服。

（4）"公天下"，禅位大禹。舜从"利天下，而不利一人"的大义出发，将与自己有"杀父之仇"但是为人贤达、襟怀坦白、治水功不可没的禹"荐之于天"，作为帝位继承人。

舜帝的政治道德主要表现在"无为而治"上。

6. 宇宙道德

宇宙道德是指人与自然的关系以及个体与整体的关系等。在人与自然的关系上，舜帝既顺应自然而又不屈服于自然，一方面他祭祀天地神祇，祭祀日月星辰，名山大川，一方面统一历法，统一度量衡。《尚书·尧典》说："在璇玑玉衡，以齐七政"，即通过观察天象使朝廷的行政举措与璇玑玉衡的变化密合对应。才高博洽、为世通儒的汉人马融说："日月星皆以璇玑玉衡度知其盈缩进退失政所在。圣人谦让犹不自安，视璇玑玉衡以日月五星行度，知其政是与否，重审己之事也。"可知，舜帝毕生所追求的是"神人以和""天人合一"的理想境界。

舜以"孝"为基，致力于创造和睦的家庭，致力于推崇以"父义、母慈、兄友、弟恭、子孝"为内容的五典之教，完成了由爱父母、爱兄弟到爱所有人的实践。在职业生涯中，舜以极为高尚的职业道德感化、教化人，以致于人们都愿意以舜作为邻居，因而赢得了"一年所居成聚，二年成邑，三年成都"的口碑，醇化了社会风气。在政治生涯中，舜使政治清明，社会安定，民族团结，国家统一。其宇宙道德的境界则达到了人与自然和谐相处，恰如湖北荆门郭店出土的竹简所说：舜帝是天地道德和宇宙道德的典范。

德是一种看不见、摸不着而确实存在的高能量物质。可以说"德"字决定着人的一切，德行的多寡深浅，决定着人的福份和命运。正如古人所言："有德者得"。对于常人来说，没有"德"你就没有福气；对于修炼者来说，因为修炼是"以德化功"，你没有"德"，就不能转化成"功"，你就修炼不上去。可见德与福不可分割，修德即是修福，我们常用福德不浅、厚德载福，来揭示修德与修福的关系。

我们必须明白的是，虞舜时期，文字尚未流通，少量的文字只能勉强用于宫廷记事。舜帝的道德行为都是身体力行创造的，通俗地说，是舜帝一点一滴、一桩一件，通过自身实践做出来的。

《尚书》告诉我们："德自舜明。"

司马迁在《史记》中说："天下明德皆自虞帝始"。

舜帝身体力行地创造了原生态的道德文化，为此，我们完全有理由将舜帝称之为"德圣"——创造道德文化的圣人与圣祖。

（三）帝范

舜帝是修齐治平的光辉典范。我们可以从三个方面来说明舜帝是中国历史上历朝历代封建帝王的光辉典范。

1. 从舜帝"公天下"行为，看舜帝的典范作用

舜帝禅位于禹，是一位以天下为己任的"公天下"的皇帝。

禹治水成功，九州疆界分明，人们重建家园。九大山脉都有道路可以通行了；九大水系都能东归入海了；九大湖泽把密集的水网连成一体，能聚能散，不再漫溢了；东方九夷，北方八狄，西方七戎，南方六蛮，四海之内所有诸侯国的人民，都可以沿着四通八达的贡道往京师汇聚在一起了。掌管土、木、水、革、器、货的六大政府部门，都能各负其责，将各地的赋税征收和保管起来。九州的土地都按标准划定了质量等级。舜帝要求中央政府要节用惜物，谨慎地处理天下的赋税和财货，全国各地也必须按照土地的三品九等按时交纳赋税。

天子居中国，中国就是天下九州的中心。舜帝把土地和姓氏分封给诸侯，叮嘱诸侯们首先应当十分谨慎地对待国家所倡导的仁德，万万不能违背。

天下一统，舜帝定服安国，疆域"方五千里，至于荒服"。

《尚书·禹贡》记载："五百里甸服。百里赋纳总，二百里纳铚，三百里纳秸服，四百里粟，五百里米。"即是说，距离帝都五百里范围内称为甸服。甸，是王田；服，是服役。所谓甸服，也就是为王田服劳役。离王城一百里的，要将割下的庄稼完整地送来交纳赋税；两百里的，交纳穗头作赋税；三百里的，交纳带壳的谷物作赋税；四百里的，交纳粗粮作赋税；五百里的交纳精米作赋税。

《尚书·禹贡》载："五百里侯服。百里采，二百里男邦，三百里诸侯。"即是在甸服以外五百里范围之内称为侯服。侯，是等候，所谓侯服，就是等候王命以奉王事。其间，五百里之外的百里范围内，是封给帝国卿大夫的地方，两百里范围，作为男爵的封地，三百里范围，作为侯爵的封地。侯爵在其封地上站岗放哨，以保障天子安全。

《尚书·禹贡》载："五百里绥服。三百里揆文教，二百里奋武卫。"即是在侯服之外五百里范围之内称为绥服。"绥"的意思是安靖；所谓绥服，就是为王者行绥靖安抚之事。在绥服三百里范围内设立掌管文教的官员，对这个范围内的人民推行文明教化，在绥服的另两百里范围内则奋扬武威，保卫国家。

《尚书·禹贡》载："五百里要服。三百里夷，二百里蔡。"即是指在绥服以外五百里范围之内称为要服。要者，有结诚信以维护该地区和平的意思，也有不使失和而导致兵戎相见的意思。要服的边缘已经距离帝都二千里，其间三百里是夷人居住的地方，对他们要积极地引导，以便尽快移风易俗。三百里外的另两百里是流放犯人的地方，赋税可以全部减除。

《尚书·禹贡》载："五百里荒服。三百里蛮，二百里流。"即是说在要服以外五百里范围以内称为荒服。荒服位于五服最外层，距离帝都两千五百里。荒服以外地区尚未进入农业文明，十分落后。因此，所谓荒服，就是指在遥远的边疆尽忠王事。在荒服三百里范围之间的蛮荒地带，居住的是文化落后的野蛮之人，对他们可以不必强行与其他四服一致，就按他们的风俗习惯治理就可以了。在荒服外层二百里内，就是游牧民族和被流放者了，那就无论纳不纳贡都无所谓了。

这时候中国的领地东临辽阔的大海，西至遥远的沙漠；舜帝的仁德和声威已经四海传扬。帝国强盛，禹功不可没。帝舜表彰大禹，赏赐大禹象征祥瑞的青黑色圭瑞，以表彰他治水之功。

大禹为人聪明机智，能吃苦耐劳，勤勤恳恳，恪守道德，仁爱可亲，言语可信，庄重严肃，治水成功，众皆赞誉。朝廷大臣们都很佩服大禹。经过多年考察，舜帝决定将大禹定位帝为继承人。

《史记·夏本纪》载："帝舜荐禹于天，为嗣。十七年而帝舜崩。"

根据舜帝"百岁南巡，崩于苍梧之野，葬于江南九疑"推算，舜帝八十三岁时候将大禹确定为接班人。

当舜帝八十七岁时候，一天，祖庙里披红挂彩，气氛庄严而热闹。舜帝、禹、四岳、皋陶、伯夷、后稷、以及群臣百官济济一堂。乐官夔亮开嗓子发号施令，倾刻之间，鼗鼓摇动，管乐弦乐齐鸣。乐工敲柷，奏乐开始；全场群臣百官和着乐声翩然起舞，场面热闹异常。

乐师们首先演奏歌颂黄帝的《云门大卷》，接着演奏歌颂尧帝之德的《咸池》，之后，开始演奏舜帝亲自创制的《萧韶》。演奏韶乐以笙为首，箫、埙为主，辅以琴、瑟等弦乐；打击乐以编钟为首，磬为主，辅以足鼓、健鼓、悬鼓等。笙代表国之东方，钟代表国之西方，警示万物生于东而成于西，东生而西成，天下太平，四海安定。

据《尚书大传》记载：舜在位第十五年，行祭礼，钟石笙筦变声。乐未罢，疾风发屋，天大雷雨。帝沉首而笑曰："明哉，非一人天下也，乃见于钟石！"即荐禹使行天子事，并与俊乂百工相和而歌《卿云》。钟石变声，暗示虞舜逊让；卿云呈祥，兆示夏禹受禅。《卿云歌》的主题，反映了上古先民向往的政治理想。全歌三章，由舜帝首唱、八伯相和、舜帝赓歌三部分构成。君臣互唱，情绪热烈，气象高浑，文采风流，辉映千古。

舜帝的赓歌，表达了一位圣贤的崇高境界和伟大胸怀。

日月有常，

星辰有行。

四时顺经，

万姓允诚。

与予论乐，

配天之灵。

迁于贤善，

莫不咸听。

鼚乎鼓之，

　　　　轩乎舞之。

　　　　精华已竭，

　　　　褰裳去之……

　　十二句可分三层意思。前四句以"日月有常，星辰有行。四时顺经，万姓允诚"，说明人间的让贤同宇宙的运行一样，是一种必然的规律。只有遵循这种规律，才能使国家昌盛，万民幸福。中四句叙述"与予论乐，配天之灵。迁于贤善，莫不咸听"的举动，既顺从天意也符合民心，可谓普天之下，莫不欢欣。最后四句表现了虞舜功成身退的无私胸怀："鼗乎鼓之，轩乎舞之。精华已竭，褰裳去之"。正当人们击鼓鸣钟、载歌载舞，欢呼庆贺夏禹即位之时，自感"精华已竭"的虞舜，却毫无声息地泰然"褰裳去之"。只此两句，一位崇高伟大的圣贤形象便跃然纸上。

　　一曲《卿云歌》，洋溢着君臣团结、政治清明、国泰民安、歌舞升平的欣慰，昭示着人才相与为继，国家事业如日中天。

　　尧、舜禅让，载于《尚书》。《卿云》之歌，流传秦季。上古时代的尧、舜禅让的故事和《卿云》之歌代代相传，深入人心，对形成以礼让为美德的民族精神，产生了积极的影响。柳诒徵在《中国文化史》中论"唐虞之让国"时写道："吾民初非不知竞争，第开化既早，经验较多，积千万年之竞争，熟睹惨杀纷乱之祸亡无已，则憬然觉悟，知人类非相让不能相安，而唐、虞之君臣遂身倡而力行之。后此数千年，虽曰争夺劫杀之事不绝于史策，然以逊让为美德之意，深中于人心，时时可以杀忿争之毒，而为和亲之媒。故国家与民族，遂历久而不敝。"

　　禅让以"公天下"为指导思想，确信相让才能使民相安。舜帝极力倡导和实施禅让制，将治水有功的大禹确定为接班人，以"利天下而不利一人"的情怀，

将帝位禅让给了从一定意义来说与他有"杀父之仇"的大禹，而没有传给各方面素质都不错的儿子商均。

值得说明的是：古史记载唐尧也有禅让行为，将天下禅让给了舜。但是我们必须明白一个事实，舜终归是唐尧的女婿，与舜禅让大禹的行为有着本质区别。

自打夏启开始，帝王的禅让制摇身一变成了世袭制，"公天下"变成了"家天下"，从此为争夺江山谋杀不断，老百姓屡遭兵乱，苦不堪言。

舜帝将国家看成是普天下老百姓的，以一种高度的社会责任感，采用禅让方式确定后继者，这与大禹以后从启开始的历朝历代都实行的世袭制，亦即"家天下"相比较，其天下为公的民本思想和普世情怀，可以说一个在天上，一个在地下，有着天渊之别。

2. 从舜帝的"和天下"行为，看舜帝的典范作用

"和"是舜帝毕生所追求的崇高目标。舜帝之"和"的思想，主要体现在四个方面。

一是在家庭生活中"和"为本，争取了家庭和睦。

舜的父亲、后母、同父异母的弟弟采用焚廪、实井、劝酒的手段多次欲置他于死地，舜却不记前隙，一如继往地对父母尽孝，对弟弟友善，与他们和谐相处，并以孝行和美德感化他们，从而争取了家庭的和睦。

二是在社会行为中"和"当先，促进了社会和谐。

《尸子辑本》卷上载："舜兼爱百姓，务利天下。其田历山也，荷彼耒耜，耕彼南亩，与四海皆有其利。其渔雷泽也，旱则为耕者凿渎，险则为猎者丧虎。故有光如日月，天下归于若父母。"《韩非子·难一》载："历山之农者侵畔，舜往耕焉，期年畎亩正；河滨之渔者争坻，舜往渔焉，期年而让长；东夷之陶者器苦窳，舜往陶焉，期年而器牢。"《史记·五帝本纪》载："舜耕历山，历山之人皆让畔；渔雷泽，雷泽上人皆让居；陶河滨，河滨器皆不苦窳。一年而所居成聚，二年成邑，三年成都。"

舜帝根据自己在家庭建设中的实践，总结出了"父义，母慈，兄友，弟恭，子孝"的五典之教，并将"五典之教"推广到全社会。

舜帝九族之内讲亲，九族之外则讲和。在社会活动的人际交往中，虞舜"和"字当先，"和"以处众，得到了人们的普遍信赖，人人择舜而居，使得"一年所居成聚，二年成邑，三年成都"，促进了社会的和谐。

三是在民族关系中，以"和"为贵，赢得了国家和平。

人心归舜

我们可以列举舜帝在处理虞舜古国与三苗关系的态度来说明问题。

尧时，活跃在洞庭湖和鄱阳湖一带以及江南广大地区的三苗逼进中原腹地。于是"尧战于丹水以服南蛮"。然而，三苗并未被征服，在江淮、荆州数为乱。后来，舜辅佐尧"迁三苗于三危，以变西戎"，才获得了南方的一时安宁。舜为天子以后，追求"以德化人"。《尚书·大禹谟》记载了一个史实：三苗不畏强暴，败而不绥。舜明白了三苗不能用武力征服，于是制止了禹等"请伐之"的请求，正如《吕氏春秋·尚德》所载："三苗不服，禹请攻之。舜曰：'以德可也。'行德三年，而三苗服。"

武力征伐不能服众，行德喻教终以化民。舜帝以"和"为贵，使百姓免遭战争之苦，实现了北方华夏集团东夷集团与南方苗蛮集团的大融合，为古国大一统做出了卓越贡献。

四是在宇宙道德中以"和"为规尺，实现人与自然的和美。

儒家把舜当成天地道德和宇宙道德的典范，其理由是舜毕生注重道德修养，以至达到"天人合一"境界。

《尚书·尧典》记载：舜帝对夔说"……诗言志，歌永言。声依永，律和声。八音克谐，无相夺伦，神人以和"；《史记·夏本纪》记载："于是夔行乐，祖考至，群后相让，鸟兽翔舞，《箫韶》九成，凤凰来临，百兽率舞，百官信谐。"

古人认为天、地、人相互融通就是最大的"和"，人与社会、人与自然的和谐发展，也就做到了我们常说的"天地人和"。舜帝以自身的音乐特质创《韶》乐，歌《南风》，以诱导人与人之间的和谐；舜帝崇拜瑞鸟凤凰而以凤凰为图腾，以启示人们重视人与自然的和谐。舜的道德达到了"神人以合"境界。这里所说的"神"，是指自然宇宙大法则，这里所说的"人"，则包括了人的肉与灵。

韶乐天籁

舜帝"和"的思想行为以及理念，在漫长的历史长河中，成为了众多帝王共同认可的一个真理和准则，使得国家与国家、民族与民族、人与人、灵与肉以及人与自然之间，都能和谐相处，自然而然地为后来的儒家思想所接受。正如《尚书·尧典》开篇开宗明义："克明俊德，以亲九族。九族既睦，平章百姓。百姓昭明，协和万邦，黎民於变时雍。"

3. 从史学家眼里作为突出的皇帝崇拜舜帝，看舜帝的典范作用。

中国历史学家界定的中国封建王朝的历史起源于夏启，就现代研究成果来看，国家出现的历史有待改写。但是，我们不妨就以夏代开始来研究舜帝的典范作用。

从夏开始，历经约4100年历史长河中，中国历代皇帝到底有多少位？说法不一。如果从秦始皇开始算起，据不完全统计，秦朝2位，汉朝31位，三国11位，晋朝16位，五胡十六国78位，南北朝59位，隋朝3位，唐朝24位，五代十国55位，宋朝18位，金辽西夏35位，元朝18位，明朝16位，清朝12位，还有南明、北元，其它诸如李自成、张献忠，以及太平天国洪秀全父子、甚至称洪宪帝仅两个月的袁世凯，加起来一共408位。不算李自成、张献忠，太平天国洪秀全父子以及袁世凯，正统皇帝有349位。

当今的研究成果认定，中华民族早在黄帝时期，就已经出现国家雏形。黄帝时代有了官员，有了军队，也出现了文字。通过五帝之一的颛顼、帝喾、帝尧的共同努力，到舜帝时期，已经是地地道道的早期国家——虞国，只是由于文物考古的滞后，历史研究的滞后，我们人为地、武断地硬把国家的建立之功塞给了夏启而已。

用不着去考究中国封建皇帝位数的统计数据的准确性，我们只历数几位历史学家与民众基本认同的好皇帝，为了叙事方便，我们权且把同一朝代的几个人们认可的皇帝捆绑一起，称之为"位"，且按照时间顺序排列。

第一位：周文周武与周公。

周文王，姬姓，名昌，生卒于前 1152~前 1056，华夏族（汉族）人，是周太王之孙，季历之子，西周奠基者。

先周是活动于关中平原西部的一个古老部落。周人的始祖是五帝之一的帝喾与元妃姜嫄的儿子弃。弃在舜帝时担任农师，号称后稷，教民耕稼有功，分封于邰。商朝初年，他的后代公刘率族人迁到磁，后又迁到岐山南边的周原（今陕西岐山县）定居下来，逐渐发展成一个新兴的西部势力，自称为大周。大周与商发生矛盾。商王文丁派人将季历杀死。季历的儿子姬昌继位。昌号称西伯。西伯仁慈爱民，礼贤下士，天下士人都来投奔。周的发展，使商纣感到威胁，于是将西伯昌囚禁于羑里七年。周人以珍宝和美女将西伯赎出。此后，在吕尚的辅佐下，西伯昌表面上耽于游乐，对殷纣十分驯服，实际上却更为积善修德，和悦百姓，大力发展生产，使更多的诸侯前来归附，进而征讨不驯服的诸侯和商的盟国，终于三分天下有其二，并将都城迁到丰邑（今陕西长安西南沣水西岸）。其子武王姬发有天下后，追尊他为文王。

姬昌

周文王是中国历史上的一代明君。在位时期治国有方。虞、芮两国之君争田，久而不决，请德行很好的姬昌裁决，看到让田、让道、让官阶、有礼有节的周人，很受感动，后来自愿归附，攻灭黎（今山西长治）、邗（今河南沁阳）、崇

（今河南嵩县）等国，为武王灭商奠定基础。

周文王共在位 50 年，前 1056 年，崩，葬于毕原。公元 690 年，武则天称帝时，武则天自称为周文王后代，追尊周文王为周始祖文皇帝。

周武王姬发（约前 1087 年—前 1043 年），西伯昌与太姒的嫡次子，是西周的创建者，华夏杰出领袖。在位 13 年，西周王朝开国君主，周文王次子。因其兄伯邑考被商纣王所杀，故得以继位。

姬发继承其父遗志，继任后，继续积极准备灭商，任命姜尚为军师，负责军事；南宫括为元帅，武吉为将军；任命其弟周公旦为辅佐，负责政务；任命召公、毕公等人为助手。他抓住时机，观兵孟津，大会一千诸侯。两年后时机成熟，姬发亲率大军伐商。牧野大战之后，商军全线溃退，纣王逃回殷都自焚于鹿台。后姬发建都镐京，改国号为大周，消灭商朝，夺取全国政权，建立了西周王朝。在位 13 年崩。姬发表现出卓越的军事、政治才能，成为了中国历史上的一代明君。死后谥号"武"，史称周武王。死后葬于陕西咸阳周陵。

姬发

周公旦，姓姬，名旦，亦称叔旦，史称周公。西周时期的政治家、军事家、思想家、教育家，被尊为"元圣"，儒学先驱。周公旦是周文王的第四子，周武王的同母弟。因采邑在周，称为周公。武王死后，其子成王年幼，由他摄政当国。武王死后又平定"三监"叛乱，大行封建，营建东都，制礼作乐，还政成王，在巩固和发展周王朝的统治上起了关键性的作用，对中国历史的发展产生了深远影响。周公在当时不仅是卓越的政治家、军事家，而且还是个多才多艺的诗人、学者。其兄弟管叔、蔡叔和霍叔等人勾结商纣子武庚和徐、奄等东方夷族反叛，他奉命出师，三年后平叛，并将势力扩展至海。后建成周洛邑，作为东都。

他制礼作乐，建立典章制度。

周公

周公辅佐周武王灭商、周成王治国。《尚书大传》将其政绩概括为："一年救乱，二年克殷，三年践奄，四年建侯卫，五年营成周，六年制礼乐，七年致政成王。

第二位：秦始皇。

秦始皇（前259年—前210年），姓嬴名政。出生于赵国都城邯郸，三十九岁称皇帝，在位三十七年。是中国历史上著名的政治家、战略家。秦始皇清君侧，慧眼识才，提拔一大批文武名臣，建立起了多民族的中央集权国家，采用三皇之"皇"、五帝之"帝"构成"皇帝"的称号，是古今中外第一个称皇帝的封建王朝君主。

（公元前259-210年）

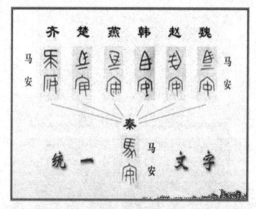

秦始皇在中央创建皇帝制度，实行三公九卿，管理国家大事。地方上废除分封制，代以郡县制，同时书同文，车同轨，统一度量衡。统一文字，统一法律，对外北击匈奴，南征百越，修筑万里长城，修筑灵渠，沟通水系，为建立专制主义中央集权制度开创新局面，对中国和世界历史产生深远影响，奠定中国两千余年政治制度基本格局。

第三位：汉文帝刘恒与汉景帝刘启

汉文帝刘恒（前 202 年—前 157 年）是盛世文景之治的开拓者。

汉文帝

汉文帝无为而治开盛世。汉初，社会经济衰弱，汉文帝推崇黄老之术，重用功臣，任用贤能，封立宗室，采取"轻徭薄赋""与民休息"的政策，谋求经济发展。汉文帝二年和十二年分别两次"除田租税之半"，他亲自耕作，做天下之表率，推动了生产力的迅速恢复与发展。文帝十三年，还全免田租。同时，对周边敌对国家也不轻易出兵，维持和平，以免耗损国力；汉文帝无为而治的要义是减少皇宫和政府的活动开支，尽量不扰民，他躬行节俭，宫室内衣服没有增添，自己用粗糙的黑丝绸做衣服，车类也没有添，连最宠爱的晟夫人，也不准穿拖地长裙，不准使用绣彩色的帷帐，下诏禁止郡国贡献奇珍异物。因此，国家的开支有所节制，贵族官僚不敢奢侈无度，从而减轻了人民的负担；汉文帝为人勤俭质朴，严于律己。在政治上，汉文帝对内加强中央集权，巩固了国家政权，对外妥善处理同南越和匈奴的关系，实行安抚和亲政策的同时，加强了边防的力量；汉文帝废除严刑苛法，知人善任，虚心纳谏，提拔重用人才，使民归田，粮食丰收，人口繁茂，百业兴旺，商旅往来不绝，社会经济繁荣发展，既循守成法，又废除苛法，仁德施政，与民同乐，因此天下富足，礼仪兴盛。汉文帝是古代"以德治国"的典范人物，是一个有作为、有道德的帝王。

汉景帝刘启，（公元前157～前141年），是汉文帝长子。是中国历史上的开明君主之一。汉景帝即位后，继续推行文帝发展农业生产的政策。节俭爱民，与民休养生息，田赋三十税一，人民负担减轻。还大力兴办水利事业，以促进农业生产。针对地方各诸侯割据势力越来越大而直接威胁到中央权力，景帝采用晁错之策，着手削藩，削弱各诸侯王的权力，下令把诸侯王任免官吏的权力收归中央，打击了割据势力，巩固了中央集权。

汉景帝在位期间，由于采取比较开明宽松的政策，社会经济呈现繁荣景象，百姓安居乐业，政治上相对稳定，统治得到加强，社会十分殷实富足。历史上把这一段时期和汉文帝时期并称之为文景之治。文景之治，使汉朝从国家初定逐步走向繁荣昌盛，为后来汉武帝的强盛打下了坚实的基础。

第四位：汉武帝刘彻。

汉武帝刘彻（公元前 156 年—87 年），西汉的第 7 位皇帝，杰出的政治家、战略家。汉武帝生于汉景帝前元年（前 156 年），十六岁登基。为巩固皇权，在政治上，汉武帝建立了中朝，在地方设置刺史。开创察举制选拔人才，采纳主父偃的建议，颁行"推恩令"，解决王国势力，并将盐铁和铸币权收归中央，加强了中央集权；文化上采用了董仲舒的建议，"罢黜百家，独尊儒术"，结束先秦以来"师异道，人异论，百家殊方"的局面；在对外政策上，凭借着文景之治积累起来的国力，汉武帝时期开疆拓土、击溃匈奴帝国、东并朝鲜、南诛百越、西愈葱岭，征服大宛，奠定了中华疆域版图，派遣张骞出使西域，首开丝绸之路，首创年号，兴太学，大大提高了汉王朝在世界的影响力。汉武帝开拓汉朝最大版图，功业辉煌。

汉武帝

汉武盛世是中国历史上的三大盛世——开元盛世、汉武盛世、康乾盛世之一。

征和四年刘彻下罪己诏。前87年刘彻崩于五柞宫，享年70岁，谥号孝武皇帝，庙号世宗，葬于茂陵。

第五位，新朝开国皇帝 王莽。

王莽（公元前45年—公元23年），中国历史上新朝的建立者，即所谓的新始祖，也称建兴帝或新帝。

据考证，王莽为陈胡公之后裔，是西汉外戚王氏家族的重要成员。为人谦恭俭让，礼贤下士，在朝野素有威名。西汉末年，社会矛盾空前激化，王莽被朝野视为能挽危局的不二人选，被看作是"周公再世"。公元8年12月，王莽代汉建新，建元"始建国"，宣布推行新政，史称"王莽改制"。

王莽

由于汉末以来，政治腐败，朝廷奢华无度，地方搜刮盘剥，再加上豪强地主大量兼并土地，使得百姓流离失所，生活困苦，经济凋敝，人心浮动，政治危机愈演愈烈。王莽信奉儒家思想，通过禅让的方式代替汉朝成为皇帝，他认为天下要恢复到孔子所宣称的"礼崩乐坏"前的礼治时代，才可能实现政通人和。因此当上皇帝后，采取了一系列缓和社会矛盾政策，力图通过复古西周时代的周礼制度来达到他治国安天下的理念，仿照周朝的制度推行新政。王莽在始建国元年宣布的政策是：将天下田改名"王田"，以王田制为名恢复井田制；奴婢改称"私属"，与王田均不得买卖。其后屡次改变币制，更改官制与官名，把盐、铁、酒、铸钱及山林川泽收归国有。

王莽是一位在历史上备受争议的人物，在位16年。近代帝制结束之后，被很多史学家誉为"中国历史上第一位社会改革家"，认为他是一个有远见而无私的社会改革者。胡适则认为他是1900年前的社会主义皇帝；翦伯赞认为"王莽不失为中国史上最有胆识的最聪明的一位政治家"（《中国史纲》）；葛承雍认为，作为改革家的王莽，是当时统治集团中一个独具卓识的人物，"我们以西汉末年社会的实际条件。来衡量王莽的改革措施，不能不承认大多数是有进步意义的，而且切中时弊"（《王莽的悲剧》，《西北大学学报》1981年第1期）；韩玉德认为"王莽是一位饱读古文经，坚持以经治国的大经学家，大政治家"（《关于王莽研究中的几个问题》，《齐鲁学刊》1983年第1期）；傅乐成在其著作《中国通史》中则评论他说，王莽具有超人的智力、辩才和威严；史学家吕思勉认为王莽本身博学，礼贤下士，孝敬母亲及寡居的嫂嫂，地位越高而对人越谦虚，而且自己与自己家人的生活始终接近清贫，甚至王莽的妻子因为穿着朴素出门迎客被认为是仆佣，称帝后一生作为如一。

第六位：齐高帝肖道成。

萧道成（427年—482年），西汉丞相萧何二十四世孙。南北朝时期南齐开国皇帝。

萧道成少有大志，跟随名儒雷次宗受教育，从小关心百姓疾苦。他喜怒不形

于色，胸有四海之心；长得仪表英异，博学、有文才，性情深沉，通习经史，擅长草隶书，是中国历史上著名的书法家，在文学上亦有一定造诣，是一个围棋爱好者。受禅为帝后改国号为齐，称齐高帝，革除了宋孝武帝以来的诸多暴政，清明政治，下诏"修建儒学，精选儒官"，招揽人才，削除部曲私兵，限制将吏随身护卫人数，下令整顿户籍革除暴政，兴办学校，培养人才，重视礼教，减免租税，反对奢侈，大兴节俭之风，禁止宗室封山占水与民争利，减免一些赋役安抚流民，朝政较严明，官民安业。他提倡节俭自奉，反对奢靡，并以身作则，将宫殿、御用仪仗等凡用金、铜制作的器具全部用铁器替代，衣服上的玉佩、挂饰等统统取消，禁止民间使用各种华丽饰物，禁止将金银制成金箔银箔，马鞍等不能使用金银装饰，不能用金、铜铸像，甚至不准织绣花裙，不准穿着锦鞋等。萧道成是一位推动历史进步的皇帝。

公元 482 年，萧道成临终前，嘱咐太子萧赜：要警惕晋朝及刘宋皇室手足相残的教训，在治理国家，爱护同室兄弟方面要做好，国家政治稳定，经济就会复苏。终年五十五岁，葬于泰安陵（今江苏江阴北 25 里赵家湾）。死后赠庙号为世祖，谥号高皇帝。

第七位：宋太祖赵匡胤。

宋太祖赵匡胤（927 年—976 年），字元朗，宋朝开国皇帝。

赵匡胤依靠超群的武艺和出众的胆略建立大宋王朝。他有顾瞻千里的博大胸襟，大智大勇的非凡气度，虚怀若谷的人格魅力。他是一位气吞寰宇、矢志一统天下而又处处以民生为本、虚怀若谷的帝王。

赵匡胤

赵匡胤出生于洛阳夹马营，祖籍涿郡（今河北省涿州市），父亲赵弘殷，母亲杜氏。赵匡胤于后汉隐帝时投奔郭威，其后郭威废汉建周，得任东西班行首，始入宦途。后从征南唐，多有功绩。

后周显德六年（959年），周世宗柴荣于北征回京后不久驾崩，逝世前任命赵匡胤为殿前都点检，掌管殿前禁军。次年（960年）元月初一，北汉及契丹联兵犯边，时任归德军节度使、检校太尉的赵匡胤受命前往御敌。初三夜晚，大军于京城汴梁东北二十公里的陈桥驿发生哗变，将士于隔日清晨拥立赵匡胤为帝，史称"陈桥兵变"。大军随即回师京城，后周恭帝柴宗训禅位，赵匡胤登基，改元建隆，国号"宋"，史称"宋朝""北宋"。

赵匡胤毕生有很多精彩的故事。如蟠龙铁棒、平定山河、陈桥兵变、黄袍加身、杯酒释权、烛影斧声，等等．开宝九年十月二十日（976年11月14日），赵匡胤逝世，享年50岁，在位16年，谥曰英武圣文神德皇帝，庙号太祖，葬永昌陵。

赵匡胤是宋朝的开国皇帝，他对中国历史最大的贡献是重新统一了中国，结束了安史之乱以后200多年的乱世，给了老百姓一个和平安宁的生产生活环境，为社会进步、经济发展、文化繁荣创造了一个良好的条件。赵匡胤以"收起精兵，削夺其权，制其钱谷"为三大纲领，通过"杯酒释兵权"削弱武将权力，从此提倡文治，彻底扭转了唐末以来武夫专权局面。宋朝开国之初，宋太祖发奋图强，励精图治，采取减轻徭役，赋税专收，以法治国，兴修水利，发展生产，澄清吏治，劝奖农桑，移风易俗等一系措施，医治好了战争创伤，迅速把宋朝推向空前繁荣的局面；他所倡导的文治，使宋朝的经济、科技、文化高度繁荣，出现了苏颂，沈括等大批科学家，也诞生了许多像苏东坡这样的大文豪。宋朝政治清明，社会生产力空前提高，人口超过了一亿，人民生活也较为自有富裕。

赵匡胤的人格十分完美。他心地清正，嫉恶如仇，宽仁大度，好学不倦，勤政爱民，严于律己，不近声色，崇尚节俭，并事事以身作则，给后世的帝王百姓们树立了典范。后世史学家们对宋太祖的个人人格评价都很高。

第八位：明太祖朱元璋。

朱元璋(1328年10月21日—1398年6月24日)，濠州钟离（今安徽凤阳）人，幼名重八，参加农民起义军后改名元璋，元末农民起义军首领，明朝开国皇帝，在位三十年，史称明太祖，是卓越的军事家、战略家、统帅。

朱元璋幼时家道贫穷，曾为地主放牛。16岁入皇觉寺，25岁时参加郭子兴领导的红巾军反抗元朝，1356 年，被部下诸将奉为吴国公，同年，攻占集庆路，改为应天府。1368 年，朱元璋在南京（顺天府）称帝，国号大明，年号洪武。朱元璋平定四川、广西、甘肃、云南等地，推翻蒙元统治，雪中国近百年亡国之耻，恢复华夏政权，避免了中华文化的断流；他结束了民族压迫，恢复民族平等；消灭群雄，建立明朝，统一中国；他加强中央集权，澄清吏治；他发展经济，恢复生产，开创洪武之治；他注重文化，紧抓教育；他恢复朝贡体质，提出"不征之国"理念。

朱元璋

朱元璋在位期间，下令农民归耕，奖励垦荒；大搞移民屯田和军屯；组织各地农民兴修水利；大力提倡种植桑、麻、棉等经济作物和果木作物；他徒富民，抑豪强；下令解放奴婢；他减免税负，严惩贪官，派人到全国各地丈量土地，清查户口，等等。

经过洪武时期的努力，社会生产逐渐恢复和发展了，史称洪武之治。1380 年（洪武十三年），朱元璋废丞相，设承宣布政使司、提刑按察使司、都指挥使司三司分掌权力，进一步地加强了中央集权。

朱元璋对中国历史的发展有功有过，但是明显功大于过，是一位值得称道的伟大君主。

1398 年（洪武三十一年），朱元璋病逝于应天，享年 71 岁，庙号太祖，谥号开天行道肇纪立极大圣至神仁文义武俊德成功高皇帝。葬南京明孝陵。

前面列举的历代作为突出的几位皇帝，无不追随舜帝的光辉思想与精神文化。

周武王克殷纣建周后追记先贤，复求舜后，得舜帝 33 代孙妫满，封舜帝之后妫满于陈地，并将长女大姬嫁给妫满。妫满在陈帝建立陈国，奉祀舜帝。妫满在位期间，修筑陈城以抵御外敌入侵，以舜帝的德行和周朝的礼仪教化百姓，陈国成为礼仪之邦。妫满死后，谥号胡公，即陈胡公、虞胡公，他是陈姓、胡姓的先祖。所以，陈胡公与虞姓、姚姓、妫姓、陈姓、胡姓，以及以后出现的田姓、袁姓、王姓、吴姓、孙姓等，其始祖均为舜帝。

【参考资料：司马迁《史记·卷四·周本纪第四》《左传·襄公二十五年》《史记·卷三十六·陈世家》司马贞《史记索隐》】

亲尝汤药

秦始皇嬴政的先祖叫大费，大费是颛顼帝的后代。大费跟随大禹治水有功，舜赐给大费一副黑色的旌旗飘带，并把一个姚姓美女嫁给他。大费接受了赏赐，并愿意为舜帝驯养马匹等禽兽。禽兽驯服，舜帝赐他姓嬴。嬴政感念舜帝对祖上的恩德，称帝后出游，"十一月，行至云梦泽，望祭舜帝于九嶷山"。

【参考资料：《史记·秦始皇本纪》《资治通鉴》】

汉文帝刘恒是一位倍受史家赞誉的皇帝，他励精图治的行为，宽仁节俭的美德，爱民重农的思想，无不对后世产生深远的影响。文帝是古代"以德治国"的典范，他从小就奉行孝道，被封为代王时，生母薄太后跟随他住在一起，他与母亲感情深厚,倾心地侍奉母亲,尽力让母亲感到快乐和满足。薄太后身体虚弱,常患病,连续三年都卧病在床。三年里,刘恒既亲自天天为母亲煎药,每次煎完,自己总要先尝一尝,看看汤药苦不苦,烫不烫,自己觉得差不多了,才给母亲喝。汉文帝守护在母亲的床前,每次看到母亲睡了之后,才趴在母亲床边睡一会儿。母亲生病的日子,他往往通宵达旦,陪伴在母亲身边。三年后,母亲的身体终于康复,他却由于操劳过度累倒了。刘恒孝顺母亲的事,在朝野广为流传。人们都称赞他是一个仁孝之子。那些日子里。汉文帝的仁义和孝顺感动了天下人。《孝经·天子章》说:"爱亲者不敢恶于人,敬亲者不敢慢于人。爱敬尽于事亲,而德孝加于百姓,刑于四海,盖天子之孝也。甫刑云:'一人有庆,兆民赖之。'"汉文帝刘恒做到了"天子之孝",他对亲人的孝、爱、敬,延伸到对百姓的不敢恶于人、不敢慢于人,由于他自己成为一个榜样,就教育了百官与百姓。加上他治国有方,出现"文景之治"就是自然而然的事了。

王莽

汉文帝的孝行,明显地受了舜帝"以孝立家""孝感天地"行为的影响。

汉文帝的孙子刘彻做了皇帝后,对舜帝同样是尊崇有加。公元前141年,刘彻的父亲景帝刘启驾崩,16岁的刘彻即位称汉武帝。汉武帝革除弊政,独尊儒术,推行新政,威名远播。据《前汉书·武帝纪第六》记载:汉武帝元封五年"冬,行南,巡狩至于盛唐,望祭虞帝于九疑"。

【参考资料:《前汉书·武帝纪第六》】

王莽是舜帝的后裔,曾被指责为篡位者,但是后来却被很多史学家誉为"中国历史上第一位社会改革家"，一个有远见而无私的社会改革者，胡适将他称为是 1900 年前的社会主义皇帝。

　　姚姓是中华姓氏中历史最悠久的姓氏之一，因舜帝出生姚圩，名姚重华，有子孙以姚为姓。舜帝登帝位后，有子孙以帝名舜为姓，舜禅位于禹，禹封舜长子商均于虞，至始祖三十三世孙妫满封于陈，官拜陶正，谥胡公。陈胡公子孙或以国号陈称姓，或以官号改称陶唐氏，或以谥号胡称姓，或以尊讳满称姓，演变至汉朝，姚氏衍生出：妫、舜、虞、陈、胡、田、袁、王、孙、陆、车等 60 种，繁姓同根，异氏同源，是一家亲。新帝王莽之祖从姚姓里面分化出来，故以虞帝为始祖，陈胡公后人王莽称帝后，追尊陈胡公为陈胡王，庙号统祖，他搜寻舜裔姚氏，以续虞舜姚姓一支的香火，找到姚丰，封为代睦侯。《前汉书·王莽传之六十九》中记载："帝王之道。相因而通。盛德之祚，百世享祀。予惟黄帝、帝少昊、帝颛顼、帝喾、帝尧、帝舜、帝夏禹、皋陶、伊尹，咸有圣德，假於皇天，功业巍巍，光施于远，予甚嘉之，营求其后，将祚厥祀。"莽曰："予之皇始祖考虞帝受嬗于唐，汉代初祖唐帝世有传国之象……"《汉书》载：孺子婴居摄元年（公元 6 年），西汉时候曾在九嶷山增设营道县，在此基础上，王莽下令于九嶷山修建"虞帝国"，"封舜裔田丰为睦侯奉敬王后"，"治'虞帝园'于宁远九疑"，"四时致祠其庙"。

　　【参考资料：《前汉书·王莽传之六十九》翦伯赞《中国史纲》傅乐成《中国通史》《资治通鉴·汉纪·二十九》】

　　齐高帝萧道成是西汉相国萧何的 24 代孙，自小随父征战，屡立战功，建功立业，谨慎守成，受禅即位，即位后宽厚待人，提倡节俭，广开言路，是一个人人称道的好皇帝。他曾说："使我治天下十年，当使黄金与土同价"。萧道成上位后，立刻派大臣到九嶷山，在离九嶷山玉琯岩不远的舜帝陵庙附近建无为寺，其功能就是保护舜帝陵庙。此举告诉大众，舜帝身体力行所创造的道德文化，是建设和睦家庭、和谐社会、和平国度、和美生活所不可或缺的。

　　【参考资料：九嶷山永福寺，原无为寺，齐高帝萧道成所建】

　　萧道成在位四年，后来他的儿子武帝继位，南朝出现了一段相对稳定发展的阶段，其设施设备得到进一步完善，后来，九嶷山无为寺改名为永福寺。与此同时，南齐汤寇将军李道辨 499 年奉命开拓南蛮，前往九嶷山，因艳羡九嶷山山川秀美，风景如画，仰慕舜帝德风醇厚，从此定居九嶷山，九嶷山就有了"江南第一村"下灌。到了唐代，深受舜帝文化熏陶和洗礼的李道辨的后人李郃，得以成为开湘状元、湖广第一位状元。

　　宋太祖赵匡胤于乱世之中起家，发动陈桥兵变，黄袍加身，结束了五代十国的分裂局面；他杯酒释兵权，削除番邦，以文治国，加强了中央集权；他发展农业，健全科举，整顿吏治，为宋王朝的统治打下了坚实基础。

　　《太平寰宇记》乐史撰，二百卷，是继《元和郡县志》后又一部现存较早较完整的地理总志。《太平寰宇记》记述了宋朝的疆域版图。宋太祖赵匡胤在公元 960 年重新统一中国后，963 年即诏命祭舜。宋乾德六年（967 年），赵匡胤敕建九嶷山舜帝庙。《太平寰宇记》记载："舜庙在县南六十里九疑山，乾德六年敕置。九疑山在县南六十里，永郴连三州界山，有九峰参差，互相隐映，湘中记云：九峰状貌相似，行者疑之，故曰九疑，舜所葬，为永陵是也，秦皇汉武曾望祭焉。"据载，宋乾德六年，宋太祖赵匡胤下旨拨付银两修葺九嶷山舜帝陵庙时，道州刺史王继勋奉旨行事，原知制诰张澹撰写碑记。

明太祖朱元璋出身贫寒，家境困苦。推翻元朝统治以后，致力发展生产，保持社会安定，不断开拓进取，深得人心。朱元璋崇拜同样出身于庶民农夫的舜帝，《明史·礼志》记载："洪武三年，遣使访先代陵寝……在湖广者有二，鄜祭神农，宁远祭虞舜。"明洪武四年（公元 1370 年），朱元璋亲拟祭文，遣编修雷隧到九嶷山祭舜，并确认九嶷山九峰之一的舜源峰有帝王之气，于是将舜庙迁于舜源峰下，并将舜源峰确定为帝舜之陵，从此规定对舜帝陵的祭祀年年小祭，三年大祭，每遇国家大典，或者立储、即位、征战获胜等大事，朝廷遣官祭舜帝形成规制，致祭之时，备足牲帛香火，太常寺的音乐和舞蹈人员斋戒一同前往。祭祀的时间为每年的春天或者秋天仲月的上旬吉日，祭祀前，朝廷拨给银两，置祭碑一块。

1398 年（洪武三十一年），朱元璋病逝，其孙朱允炆即位称建文帝。后发生"靖难之役"，建文帝被叔叔朱棣夺权后下落不明。近年的考古和研究表明，建文帝既没因大火遇难，也没逃到海外南洋，而是最终禅隐于九嶷山。建文帝之所以禅隐九嶷山，其原因就是自小受朱元璋宠爱，鞍前马后跟随爷爷，爷爷对舜帝的那份情感熏陶感染着他。发生"靖难之役"后逃离南京，东躲西藏，最后认定舜帝崩葬之地的九嶷山是个福地，于是辗转曲折到了远离南京的九嶷山。

文武周公、秦始皇、汉文帝、汉武帝、王莽、齐高帝、宋太祖、朱元璋，几位被古今历史学家看好的封建帝王，虽然处于不同的历史时期，但是都不约而同地对舜帝怀着崇敬之心而以不同方式推崇舜帝的精神和文化。

其实，中国历史上，还有众多的帝王对舜帝尊敬有加。

例如：唐元和元年（公元 712 年）李隆基即帝位，立马遣派宰相张九龄赴九嶷山祭舜，有张九龄《祭舜帝文》为证："……故不以荒服之外，不以黄屋之尊，巡狩而来，殂落于此。"元朝《永州府志·事纪》载："元至治四年（公元 1324 年）命有司祭舜庙。"《清史稿·礼志》："（乾隆元年）并修神农、虞舜陵庙，置陵户典守……。"明代谕祭九嶷山舜帝陵有史可考的有 15 次，清代谕祭九嶷山舜帝陵有史可考的总共有 44 次之多。清朝的时候，每遇国家大典，朝廷遣派二品至四品京堂官员为使者，由礼部负责撰写祭文，准备香帛，选定吉日，祭祀队伍出发，并以伞仗龙旗开道。当朝廷祭官到了的时候，地方官身着朝服出城跪迎，然后恭恭敬敬接过御祭文，香帛，摆放在官府衙门的中堂，各官行三跪九拜大礼。祭祀吉日确定以后，致祭的京官、地方官斋戒三天。祭祀当日，主祭官穿蟒衣；所有官员身着吉祥的服饰，行一跪三拜礼，将御祭文、香帛等，迎送到舜帝陵；在陵前陈设香、帛、牛、羊、猪以及瓜果五谷、酒樽，然后由礼生施仪，主祭、陪祭就位，行三跪九拜首礼，读祭文，敬酒，奉帛，焚帛，作揖，复位，礼毕。整个祭祀活动规范有序。每次谕祭，县人和九嶷山的瑶族首领率领瑶、汉青年男女敲锣打鼓，盛装列队，到离舜帝陵三里之外的下马石迎接祭祀队伍，沿途铺以松枝翠柏。祭祀完以后，乐队、舞队载歌载舞，欢庆一番。

历史上一些帝王之所以愿意以舜帝作为光辉典范，不是因为舜帝说得好，而是他身体力行做得好。论孝，舜帝"孝感动天"，是为二十四孝之首；论德，舜帝"为政以德"是为道德文化始祖；论和，舜帝历来倡导和践行"天地人和"。儒家文化不就是提倡修、齐、治、平吗？封建帝王无一不把"平天下"看得很重，而要能够平定天下，就必须能够齐好家、治好国，而齐家治国的前提是修身，修身就是修德，厚德就能载福。舜帝在修身、齐家、治国、平天下方面都做得十分出色，就怪不得历史上一些人所公认的有作为的帝王，都十分认同和推崇舜帝的思想、精神和文化，不约而同地将舜帝作为光辉典范了。

（四）民师。

唐贞元十八年（公元 802 年），韩愈任四门博士时，给他的学生李蟠写的《师说》："古之学者必有师。师者，所以传道授业解惑也。人非生而知之者，孰能无惑？"

典籍说孔子曾师从郯子、苌弘、师襄、老聃。其实，孔子最大的老师是三皇五帝之一的舜帝。

《论语·述而》有"子曰：述而不作，信而好古，窃比于我老彭"。孔子自己表白：他授业解惑的原则，就是相信古代圣贤，教学时只是把圣贤的德行、孝悌、智慧等优秀品德和言行教诲学生，并不做什么改革。孔子心中的圣贤主要是唐尧、虞舜、文武周公。孔子整编《尚书》，所保留的篇目中，有《尧典》《舜典》——虞书，于是，孔子认定了舜的德行；孔子"克己复礼"，要恢复礼崩乐坏的周礼，而周代有建树的帝王都崇拜舜帝。至此，孔子"述"什么？"信"什么？明明白白。

孟子（约公元前 372 年—约公元前 289 年）

孟子作为儒家亚圣，以春秋时孔子为师，以六艺为法，崇尚"礼乐"和"仁义"，提倡"忠恕"和不偏不倚的"中庸"之道，主张"德治"和"仁政"，重视道德伦理教育和人的自身修养。儒家代表人物是孔子、孟子、荀子，主要作品是《论语》《孟子》《荀子》。以孔、孟为创始人的儒家，对舜帝及舜文化的赞誉和弘扬完整而全面。正如孟子所言："圣人，人伦之至也。欲为君，尽君道；欲为臣，尽臣道：二者皆法尧舜而已矣。"

那么，历史上出现过的诸子百家又如何评价舜帝呢？

我们所说的诸子百家子的含义是：子，是指孔子、老子、庄子、荀子、孟子、墨子、鬼谷子、韩非子等；百家：是"百家姓"的简称。诸子百家有儒家、道家、墨家、法家等流派，后来对先秦学术思想派别总称诸子百家。因此，弄清楚了诸子十家的主要观点，也就代表了诸子百家的观点。

《汉书·艺文志》说："诸子十家，其可观者，九家而已。"

所谓诸子是指先秦各学派；所谓十家，则是指先秦诸子中的十个派别，即是儒家、道家、阴阳家、法家、名家、墨家、纵横家、农家、杂家、小说家。而诸子十家中最有影响的又数儒家、墨家、道家、法家。

前面我们说过了儒家对尧舜的推崇，那么。墨家对尧舜的评价又如何呢？

墨家是战国时的重要学派，是儒家的反对派，他的创始人是墨子。墨子（约前 468～376 年），是春秋战国时期的思想家，政治家。在其所著的《墨子》一书中，涉及舜的有多处。在《尚贤·上》中说："故昔者尧举舜于服泽之阳，授之政，天下平。"在《尚贤·中》中说："古者舜耕历山，陶河滨，渔雷泽。尧得之服泽之阳，举以为天子，与天下之政，治天下之民。"在《节葬·下》中说："舜西教乎七戎，道死葬南己之市，衣衾三领，谷木之棺，葛以缄之。"在《天志·中》中说："尧舜禹汤文武，焉所从事？曰：从事兼，不从事别。兼者，处大国不攻小国，处大家不乱，强不劫弱，众不暴寡"。墨子主张"兼相爱，交相利"，不应有亲疏贵贱之别，他的"非攻"思想，体现了当时的人民反对掠夺战争的意向。因此，墨子极力推崇舜帝"处大国不攻小国，处大家不乱小家，强不劫弱，众不暴寡"的"仁德"。墨子提出"尚贤"、"尚同"的政治主张，认为"官无常贵，民无终贱"，"必使饥者得食，寒者得衣，劳者得息，乱则得治"，墨家"尚贤""尚同"的目的在于建立一个尊贤用能，兼爱、非攻、节用的政治制度。因此，他赞赏尧举舜，"授之政，天下平"和"与天下之政，治天下之民"。墨子"非乐""节葬""节用"等主张，是对当权贵族"繁饰礼乐"的奢侈享乐生活的抗议。墨家对舜死后"衣衾三领，谷木之棺，葛以缄之，已葬而市人乘之"的行为和社会效果大加赞赏。

墨子：公元前468年—公元前376年

道家即是"道德家"，以先秦老子、庄子为首，以关于"道"的学说为中心。老子是道家的创始人，庄子则继承和发展了老子的思想。道家学说的内容以庄子的自然天道观为主，强调人们在思想、行为上应效法"道"的"生而不有，为而不恃，长而不宰"。政治上主张"无为而治"。庄子在《德充符》中说："受命于天，唯尧舜独也正，幸能正生以正众生。"在《田子方》中说："有虞氏生死不入于心，故足以动人。"在《天道》中说："夫虚静恬淡，寂寞无为者，万物之本也。明此以南向，尧之为君也；明此以北向，舜之为臣也。""昔者尧问于舜曰：'天王之用心何如？'尧曰：'吾不敖无告，不废穷民，苦死者，嘉孺子而哀妇人。此吾之所以用心已。'……舜曰：'天德而出宁，日月照而四时行，若昼夜之有经，云行而雨施矣。'尧曰：'胶胶扰扰乎！子，天之合也；我，人之合也。'"

孔子拜见老子

庄子：约前 369 年 – 前 286 年

生于公元前 369—286 年战国时的哲学家庄子，对于舜帝"幸能正生以正众生"以及"足以动人"大加肯定，予以歌颂，赞扬舜帝能顺应自然天道、"无为而治"。

法家眼里的舜帝是个什么概念呢？

法家起源于春秋时的管仲、子产，发展于战国时的李悝、商鞅、申不害等人，到战国末期，由韩非综合，集法家之大成。

集法家之大成的《韩非子》一书，其中论及舜的很多，将舜帝作为治国方略的正面形象。

韩非子：【前281年－前233年】

《韩非子·难一》说："历山之农者皆侵畔，舜往耕焉，期年甽亩正；河滨之渔者争坻，舜往渔焉，期年而让长；东夷之陶者器苦窳，舜往陶焉，期年而器牢。仲尼叹曰：'耕、渔与陶，非舜官也，而舜往为之者，所以救败也。舜其信仁乎！乃躬籍处苦而民从之，故曰：圣人之德化乎！'"《韩非子·五蠹》说："当舜之时，有苗不服。禹将攻之，舜曰：'不可！上德不厚而行武，非道也。'乃修教三年，执干戚舞，有苗乃服。"

法家代表人物管仲所处的时代为公元前645年以前的春秋时期，是春秋时期的政治家，齐国的名相；而集法学之大成者韩非（约前281～233年），是战国末期的哲学家。法家对虞舜以自己的才能服人，以自己的德行化人，天下悦之，民众从之，以及德化三苗，"无为而治"，赞誉有加。

纵横家则常以舜帝事迹来阐述自己的观点。例如《赵策》说："舜无咫尺之地，以有天下……诚得其道也。"

杂家与诸子应和，引用舜帝事迹很多。例如《吕氏春秋》《淮南子》等。

诸子十家中的墨家、道家、法家、儒家的哲学观、思想观、认识观各有不同，自成体系，有的观点相左相反。但是，对于虞舜，却都从不同侧面作了肯定，为后来司马迁《史记》中"德化"的舜奠定了思想理论基础。到了南宋哲学家、教育家朱熹（公元1130～1200年）时，舜的道德形象更是完美无缺。

孔子授业解惑，授什么内容？孔子自己已有定评——子曰："述而不作，信而好古，窃比于我老彭。"孔子为什么好古且信？原因还在于他的经历。在汉代列为学宫的五部经典"五经"中，《尚书》《诗经》《春秋》三部，孔子都整编过。以《尚书》为例，据汉代的方士说，总共有 3 千余篇，可落到孔子手里，孔子以"可以为世法者"为原则筛选，最后锐减到 102 篇。《尚书》是唐尧、虞舜、夏、商、周王室和各诸侯国的文献档卷，《春秋说题辞》云："尚者，上也。上世帝王之遗书也。"《论衡·正说篇》云："《尚书》者，以为上古帝王之书，或以为上所为，下所书。"【注释：王宝琳《尚书·现代版》】【《春秋说题辞》《论衡·正说篇》】经孔子整编的《尚书》所保留的 102 篇史籍中，保留了《尧典》《虞书》《商书》《周书》，孔子也就认定了虞、夏、商、周四个朝代中的尧舜与文武周公的孝、德、和、礼，因此就有了《礼记·中庸》"仲尼祖述尧舜，宪章文武"之定评，也就有了孔子"述而不作，信而好古"的自我评说。

儒家文化在国人的意识中的主导地位与在传统文化中的核心地位难以改变。既然舜帝是儒学开山鼻祖孔老夫子心中的老师，既然诸子百家都对舜帝推崇备至，我们将舜帝称之为民师就是理所当然的了。

舜帝在为政以德方面是历朝帝王的光辉典范。舜帝从被尧举用到 61 岁的 31 年中，官阶逐级高升，他为官公正清廉众口皆碑。

他廉洁用权——举"八恺"、用"八贤"，启用有"杀父之仇"的禹治水，从真正意义上做到了外举不避仇，内举不避亲。

他廉洁从政，廉洁奉公——践帝位后，他选定大禹做百揆率领百官；委任稷做司农主管司农；委任契做司徒，主管天下教化；委任皋陶担任法官，负责刑法；委任垂担任百工，负责国家工程；委任益做虞官，负责管理高原湿地、山林湖泽、草木鸟兽鱼鳖；委任伯夷出任礼官，主持帝国最高礼仪；委任龙负责纳言上传下达；委任夔作乐官，负责礼乐教育。被重用的 22 位大臣中，既有黄帝后裔，也有东夷族群人，正如《尚书·尧典》所记载的："舜曰：'咨！汝二十有二人，钦哉！惟时亮天功，三载考绩，三考黜陟幽明。'庶绩咸熙，分北三苗。"意思是，舜帝说：你这 22 位负责各方政务的官员，一定要谨慎呀！要随时想到这顺应天意的事业，努力去创造丰功伟绩！今后朝廷每隔三年要对所有官员考核一次政绩，经过三次考核以后，就要对昏暗无能的官员降职，对明智有功的官员升级。使被流放到了边远的三苗，不会有什么后患。

他毕生廉洁修身——家庭中"以孝立家",职业生涯中与人为善,诚信为本,助人为乐,睦邻敦族,是天下老百姓的光辉典范。

"仲尼祖述尧舜,宪章文武"《礼记·中庸》、"人皆可以为尧舜"《孟子·告子章句下》、"六亿神州尽舜尧"《毛诗·送瘟神》,圣人与伟人对舜帝的态度,就是舜帝是"民师"的最好注脚。

值得特别指出的是:我们所说的"民师"泛指帝王、为官者、老百姓所共同顶礼膜拜的老师。

(五)福星

人类在由野蛮走向文明的进程中,对社会的每个成员来说,"幸福"是人生追求的所有目标中的终极目标。美国哈佛大学心理学硕士、哲学和组织行为学博士、多家著名跨国公司的心理咨询师和培训师泰勒·本·沙哈尔,在其风靡全世界的著作《幸福的方法》中说:幸福感是衡量人生的唯一目标。

1."福"的含义是什么?

中华文化中的"福"字,较之通常理念中的"幸福"二字,内容更丰富具体,思想内涵更为深刻,表达更准确。

传统文化中所谓福,是针对人间的富贵寿考、子孙繁衍、身体健康而言。韩非子云:"全寿富贵之谓福。"

始于黄帝时代的汉字,是象形字。东汉许慎《说文解字》说:"福,佑也"。"福"是形声字,从字形看,从"礻"从"畐"。将"畐"字拆开是一口田,寓意有田种,有饭吃,有屋住。同时,"口"就是添丁进口,象征着人丁兴旺。甲骨文中,"畐"像长颈鼓腹的酒瓶,"福"字就像双手捧着酒祭祀于神明之前。福字从示,与祈祷相关。

福字左边的"示"的意思我们可以结合《易经》来理解。《易·系辞上》"天垂象，见吉凶，圣人象之"，即是上天利用日月星辰的变化，显示出或吉或凶的征兆，让我们知微见著，防范于未然。示，从一，表示天，从二，表示在上者天；三竖画，表示日、月、星。意思是观察天象的变化，就可以推知时势的变化，不失神明主宰一切的意思。

中华民族是一个崇尚美好与和谐、极为善良的民族，不但习惯于为自己和家人祈福，也时刻不忘为所有人祝福。人们毕生无论在哪里奋斗，最期待的就是"五福临门"。中华民族对"福"字的理解和追求，形成了一种深入人心的文化——福文化。

2. 什么是五福？

现实生活中，我们常常听到说福星、福力、福气、福地、福堂、福泽、福慧等词汇。所谓福星即是福神，就是能给予人福气者；所谓福力，就是神灵福佑之力；所谓福气，就是享福的运气；所谓福地，就是安乐之地；所谓福堂，就是幸福之所；所谓福泽，就是福利恩泽；所谓福慧，就是福德智慧。

这福那福，归结起来可以用"五福"囊括。那么，什么是中华民族从古至今所期待的五福呢？

《尚书·洪范》对"五福"定义说："一曰寿，二曰富，三曰康宁，四曰攸好德，五曰考终命。""攸好德"的意思是遵行好德的原则；"考终命"的意思就是年老善终。

《尚书》是上世帝王经营世宇留下的遗书，全书以《尧典》开篇，以《秦誓》殿军，上起唐虞，下迄春秋前期，中间是夏、商、周三代，跨越1600年（约前2200~前630年）时空，是一部地地道道的上古奇书。按照《尚书·洪范》的记载，"五福临门"中的五福，是指"长寿、富贵、康宁、好德、善终"。

长寿、富贵、安康、德名、善终五个方面都得到了，才叫五福归堂，或说五福临门。

与五福相反的是"六极"。《尚书·洪范》对"六极"记载说："一曰凶短折，二曰疾，三曰忧，四曰贫，五曰恶，六曰弱。"可见，所谓"六极"，也就是六种不幸。亦即早夭，多病，忧愁，贫穷，丑恶，愚怯。

3. 关于福星崇拜

福星也就是福神。

由于人们有信仰，由于没有人不希望风调雨顺、地杰人灵、人寿年丰，因此，都期望着福神庇佑，就有了福星崇拜。

人们通过各种形式供奉皇天后土，供奉神灵，祈福纳福，期待福报。冥冥之中的天地神灵其实就是一种信仰。

现实生活中，三皇五帝时代的舜帝就是值得崇拜和尊敬乃至追随的真正意义上的福星（福神）。我们可以对照"五福"的内涵，从五个方面进行比较。

一是百岁南巡，寿比南山——长寿

今文尚书》曰："舜生三十征，庸二十，在位五十载，陟方乃死。"

依照《今文尚书》所说的，舜在30岁的时候被帝尧举用，后做司徒、司马、司空等，为朝廷服务20年，在帝位50年，后"陟方"——南巡而死。那么，舜在位50年，应该是从舜50岁时做摄政帝算起的，这样，舜"陟方乃死"时正好100岁。而《史记·五帝本纪》所说"舜年二十而以孝闻，年三十尧举之，年五十摄行天子事，年五十八尧崩，年六十一代尧践帝位，践帝位三十九年南巡狩，崩于苍梧之野，葬于江南九疑"，显然，《史记》之说依据是《尚书》。

除《今文尚书》与《史记》外，《大戴礼·五帝德》《论衡·气寿篇》《太平御览》《帝王世纪》等史籍，均认为舜帝圣寿为100岁。

司马迁说舜寿诞百年，既源于《尚书·尧典》，又十分符合中国国情。中国古代百年曰期颐，意思是长寿。所谓黄帝"在位百年而崩"，所谓帝尧"一百年帝陟于陶"，以及舜、禹"年百岁"，不一定都是实指。《竹书纪年》以及一些野史中或传说中也有舜帝110岁、80岁等说法，其实，我们没有必要讨论舜帝的具体年龄，舜帝的年岁很大、很长寿这是无可非议的。这是舜帝的得到的第一福——长寿。

二是孝感天地，庶民而帝——富贵

虞舜父亲眼瞽，年少丧母，后母生下弟弟象后，虞舜饱受父亲和后母的打骂虐待，吃尽了苦头。舜年少离家，妫汭搭棚，历山开荒、雷泽捕鱼，河滨制陶，受尽磨砺，孝心不减。被帝尧举用后娶了帝尧的女儿娥皇、女英，仍然遭遇"修廪被焚""掘井下石""酒中下鸩"的陷害，但是，虞舜反躬自省，不计前嫌，以德报怨，孝敬父母如初，友爱兄弟如初。做了大官后，对父亲瞽叟舐目复明，满足弟弟象的愿望派到南蛮之地经受磨砺。虞舜出生平民，后来得以被四岳举荐，被帝尧举用，以至于成为虞国帝王，可谓大富大贵。富，是针对财富而言，贵，是就精神层面而言。舜帝由一介庶民称帝，"屌丝"逆袭，不能说不富；

舜治家以孝，"孝感动天"，成为古代二十四孝之首，不能说不贵。从一定意义上说，心理满足就是福，被别人需要就是富。舜帝既贵且富，这是舜帝得到的第二福——富贵。

三是无为而治，尧天舜日——康宁

在"修身、齐家、治国、平天下"的过程中，舜帝紧紧地把握了一个"和"字。

在家庭生活中"和"为本，争取了家庭和睦。舜在家庭中尽管受尽苛刻虐待，但舜不记前隙，一如继往地对父母尽孝，对弟弟友善，与他们和谐相处，并以孝行和美德感化他们，从而争取了家庭的和睦。与此同时，力推"五典"之教，促使家家和谐。

在社会行为中"和"当先，促进了社会和谐。在社会活动的人际交往中，舜"和"以处众，得到了人们的普遍信赖，人人择舜而居，使得"一年所居成聚，二年成邑，三年成都"，促进了社会的和谐。做官以后，力举大禹治水，委任皋陶改革刑法，施行"象"刑，以仁德治理国家，促进社会和谐。

在民族关系中，以"和"为贵，赢得了国家和平。尧时，活跃在洞庭湖和鄱阳湖一带以及江南广大地区的三苗逼进中原腹地，尧战于丹水，然而，三苗并未被征服。舜"迁三苗于三危"，说服大禹改变武力征伐的主张，行德喻教三年，三苗训服，使老百姓免遭战争之苦，实现了北方华夏集团、东夷集团与南方苗蛮集团的大融合，为古国大一统做出了卓越贡献。

在宇宙道德中以"和"为规尺，实现人与自然的和谐。舜帝认为天、地、人相互融通就是最大的"和"。舜帝力举"天人和一"，以自身的音乐特质创《韶》乐，歌《南风》，以诱导人与人之间的和谐；舜帝崇拜瑞鸟凤凰而以凤凰为图腾，以启示人们重视人与自然的和谐；舜的道德达到了"神人以合"境界，亦即人的肉与灵与自然宇宙大法则的融合。此外，舜帝老来没有把帝位传给儿子商均，而是禅位于贤，让位大禹，以"公天下"精神，规避杀伐争战。

舜帝坚持以和为贵的精神特质，无为而治，营建起和谐的家庭和社会环境，天下凤凰来仪，人人歌舞升平，可谓家国康宁。这是舜帝通过努力得到的第三福——家康国宁。

四是为政以德，德行天下——好德

《尚书》载："德自舜明。"《史记》载："天下明德皆自虞帝始。"

"明德"——指人的完美德性。

舜帝最重视德行操守，历来被推崇为道德最完美的帝王而被百姓敬仰，被哲人墨客方家颂扬。舜帝的一生，身体力行地创造了原生态的道德文化。在家庭伦理道德、职业道德、政治道德、宇宙道德诸方面均为典范，令人敬服。诚如湖北荆门郭店出土的竹简所说：舜帝是天地道德和宇宙道德的典范。舜帝的丰功伟绩众口皆碑，人皆效仿，影响了中华民族数千年。

舜帝德治天下，身体力行创造了原生态的道德文化，成为中华民族道德文化的始祖，被称为"德圣"，这是舜帝得到的第四福——好德。

五是勤民而死，万古流芳——善终

孝、德、和三个字，构成了舜文化的核心内涵，其中"孝"是舜得以立身的前提，"德"是舜得以服众的根本，"和"则是舜济世治国的方略。舜帝将虞舜古国治理得国泰民安，正是佛家以大爱为核心的诸恶莫做众善奉行思想的基础，也是道家"道法自然""无为而治"理念的体现，也是儒家奉行"仁礼安邦"的天地道德和宇宙道德的思想内核。

舜帝毕生"勤民事""苦忧人""只为苍生不为身"。禅位给大禹后，南巡南疆。他下黄河，漂长江，入洞庭，溯湘江，览韶山，过崀山，经红云山，游虞山，抵达九嶷山。在湖南境内的洞庭湖小洲教洲人制茶，从此有了君山茶；去常德枉山走访善卷不遇，有缘在枉山讲学传播道德文化，从此枉山改名德山；二入当年演奏《韶》乐抚服苗民，已经叫了韶山的小山冲再度箫韶引凤；夸风景独好的崀山"山之良也"；经过东安境内的红云山，该山后来被叫舜皇山；路过桂林虞山时，感念南疆人的恩怨分明而在虞山自祭，反躬自省之余，勤民之志弥坚；最终抵达九嶷山。在九嶷山，舜帝教稼穑，治洪流，歌南风，斩孽龙，忘却岁月沧桑，忘却年近期颐，最终"勤民而死"，永远地长眠在九嶷山中。

舜帝死后，万家如丧考妣，人人心里高筑祭坛。从夏禹开始，至秦皇汉武，至唐、宋、元、明、清，历朝历代，无不遣官到九嶷山祭舜。史料记载，明朝时期在九嶷山祭祀舜帝 15 次，清朝时期在九嶷山祭祀舜帝 44 次。至今，九嶷山留有历代祭文数十篇，清代御祭碑数十块。科举制度结束后，民国时期在九嶷山祭祀舜帝 9 次。中华人民共和国成立后，20 世纪 90 年代初启动九嶷山舜帝陵修复工程，至今一、二、三期工程完工，九嶷山官方和民间祭祀舜帝活动连年不断，单单由湖南省人民政府代表全省人民举行的九嶷山大型祭舜活动就已经有 5 次。从 2005 年开始，历任省长周伯华、周强、徐守盛、杜家毫、许达哲都曾代表全省社会各界在九嶷山主祭舜帝，并有毛致用、张梅颖等多位国家级官员参加祭祀活动。

因为舜帝崩葬在九嶷山，九嶷山从此成了名扬天下的圣山，成了历史山。一年四季，舜帝陵里香烟缭绕，国家元首、政府官员、文人墨客、平民百姓无不顶礼膜拜。屈原、蔡邕、司马迁、徐霞客、李白、杜甫、刘长卿、柳宗元、陆游。李贺、苏轼以及当代伟人毛泽东、国家领导人江泽民等，都在九嶷山留下了诗文。

老子有言：以德延年，死而不亡者寿。舜帝得到的礼赞，是舜帝的第五福——善终。

由以上分析可知，舜帝的毕生努力创造着，实践着，他并不知道如何巧言令色地说，由于文字流通的局限，除了"上世帝王之遗书"《尚书》中的《尧典》中对于舜帝的记述和后来的《山海经》等，并没有哪位史官刻意地给他树碑立传，他的长寿、富贵、康宁、好德、善终，完完全全是他身体力行地做到了，正因为有了他的实践和实践的结果，才有了箕子在《尚书·洪范九畴》中关于"五福"的表述。

第四篇章：儒释道文化

一、佛教文化

（一）佛教的传播与发展

佛教起源于公元前 10 世纪的古印度（天竺），由北天竺迦毗罗卫国（今尼泊尔境内）净饭王的长子悉达多·乔答摩所创立，距今已有两千五百多年的历史。悉达多生于公元前 565 年，20 岁时离家成道，此后被尊称"佛陀"，意思是觉悟者，简称"佛"，所传宗教被称为"佛教"；死于公元 485 年，活了大约八十岁，大致与我国的孔子同时。因他是释迦族人，所以后来他的弟子又尊称他为释迦牟尼，意为释迦的圣人。悉达多·乔达摩佛陀示现涅槃后的数百年间，佛教传遍印度次大陆。原始佛教内部由于对教义的理解不同，发生分裂，进入部派佛教时期，主要分为上座部和大众部。南传佛教主要是上座部诸派，盛行于斯里兰卡，并传遍东南亚地区，后传入中国云南。佛教传入中国的确切年代尚无定论，多说在两汉之际。主要有汉传、藏传和南传佛教三大派别。

从南北朝开始，中国佛教进入兴盛发展阶段。南北朝时佛教已遍布全国，出家、在家修行的佛教徒数量增加很快，据记载，当时北方的长安僧尼过万，南方的建业（今南京）有佛寺数百座。隋唐时期是中国佛教鼎盛之时。隋朝皇室崇信佛教，唐朝皇帝崇信道教，但对佛教等其他诸多宗教都采取宽容、保护政策，这样，中国佛学逐步发展成熟。封建社会后期，汉地佛教衰落，戒律废弛，丛林破败，僧人并不真懂佛教，导致迷信盛行。近代以来，在一批佛教界有识之士的带动下，佛教在各个方面得到一定的发展。中华人民共和国成立后，1953 年（癸巳年）中国佛教协会在北京成立，圆瑛法师当选会长。改革开放以来，宗教信仰自由政策得到恢复和落实，使中国佛教获得新的发展。

（二）佛教对中国文化的影响

中国与印度的文化传统不同。佛教一传入中国即开始的佛典翻译事业，是以皇室官方组织高僧，在严谨制度下的书面系统翻译。随着汉明帝打开官方迎请佛教的大门，随后数百年间，天竺西域与中原两地传经、取经之高僧络绎不绝，如鸠摩罗什、真谛、法显等祖师菩萨。到了唐朝的玄奘法师遍参天竺数十国取经，并在大小乘各派均取得最高成就圆满归唐后，印度佛教大小乘各部派的主要经典之后都渐翻译到了汉地。此时的东土，各大宗派纷纷成熟，高僧辈出，证者无数，从教理研释证悟到民间百姓的广泛传弘，大乘佛教在中国的辉煌实践与隋唐盛世交相辉映。世界佛教的中心也渐转移到了中国，并进而传播影响到日本、韩国、越南、新加坡及我国的西藏等地，佛教至此成为世界性宗教，而印度佛教此后则日趋没落而消亡了。

南华寺

　　佛教对中国文化产生过很大影响和作用，在中国历史上留下了灿烂辉煌的佛教文化遗产。例如，我国古代建筑保存最多的是佛教寺塔，现存的河南嵩山嵩岳寺砖塔，山西五台山南禅寺、佛光寺的唐代木构建筑，应县大木塔，福建泉州开元寺的石造东、西塔等，都是研究我国古代建筑史的宝贵实物。许多佛教建筑已成为我国各地风景轮廓线突出的标志。在一片郁郁葱葱之中，掩映着红墙青瓦、宝殿琼阁。精巧的佛教建筑为万里锦绣江山平添了无限春色。敦煌、云冈、龙门等石窟则作为古代雕刻美术的宝库举世闻名，它吸收了键陀罗和印度的特点而发展成为具有中国民族风格的造像艺术，是我国伟大的文化遗产。

嵩山少林寺佛塔

兰州敦煌石窟

龙门石窟

　　佛教还为中国文化带来了新的意境、新的文体、新的命意遣词方法。数千卷由梵文翻译过来的经典本身就是伟大富丽的文学作品。马鸣的《佛所行赞》带来了长篇叙事诗的典范；《法华》《维摩》《百喻》诸经鼓舞了晋唐小说的创作；般若和禅宗思想影响了陶渊明、王维、白居易、苏轼的诗歌。变文、俗讲和禅师的语录体都和中国俗文学有着很深的关系。佛经中的动人故事常常成为艺术家们绘画的题材，曹不兴、顾恺之、张僧繇、展子虔、阎立本、吴道子等历代名画家皆以擅长佛画而传世。中国画学中由王维一派的文人画而发展到宋元以后盛行的写意画，则与禅宗思想有关。由此可见佛教对绘画艺术所起的作用。音乐方面，公元 3 世纪，中国已有梵呗的流行。唐代音乐又吸收了天竺乐、龟兹乐、安国乐等来自佛教国家的音乐，唐代音乐至今还有少部分保存在某些佛教寺庙中。

梵呗

壁画【观世音】

佛教是世界三大宗教之中历史最悠久的。佛教自东汉传入中国以后，千余年来一直是中国人民的主要信仰之一，其间经历代高僧大德的弘扬提倡，许多帝王卿相、饱学之士也都加入这个行列。佛教的哲理部分则与儒、道等相结合、相融会、相激荡，然后汇入了中华文化源远流长的大海里，形成了中华文化的主流之一，为中华文化放射出灿烂辉煌的光芒。赵朴初说，胡适当年写《中国哲学史》半途辍笔，就是因为当时不懂佛学写不下去了。我国当代著名的史学家范文澜到了晚年开始系统地钻研佛经，表示自己需要补课。这位史学家对人说，在中国历史上，佛教和文化关系如此之深，不懂佛学就不懂中国文化。梁启超先生曾统计日本人所编的《佛教大辞典》，共收有"三万五千余语"汉语佛教词汇，佛教词汇不仅占据汉语词汇一大部分，还包括了大量高端的行而上的词汇，从广度和深度上大大拓展了中国文化。可以说，没有博大精深、灿烂缤纷的佛教词汇充实，就没有中国汉语文化的成熟。因此，今天在制定文化发展战略时应该提出认真研究佛学。

（三）佛教的教义

佛教的教义是一个相当庞大、精细的体系。

"四谛"是佛教的基本教义之一。据称是释迦牟尼最初说教的内容。四谛即苦谛、集谛、灭谛、道谛。"谛"是真理的意思，四谛就是佛教的"四大真理"。所谓"苦谛"，就是说人世间一切都是苦的，人生一世会遇到生、老、病、死……十六苦（或说八苦）。所谓"集谛"，指造成世间人生及其苦痛的原因（"集"是"原因"的意思），找来找去，佛教徒找到了两条原因：一条叫"业"（干事情），这是致苦的正因；一条是"惑（烦恼）"，这是致苦的助因。业和惑产生出无数苦果，如果断绝业和惑，苦果自然随之断绝，就可以达到"寂灭为乐"的境界，这就叫"灭谛"。要达到这种理想的境界，就必须修道，这就是"道谛"。佛教所说的"道"就是涅槃之道。所谓"涅槃"译义为灭、灭度、寂灭、圆寂、不生、无为、安乐、解脱，等等，实际就是死的化名。佛教修行，以涅槃为终极目的。四谛之中，苦、灭二谛尤为重要。人生最苦，涅槃最乐，这就是佛教的基本思想。

九嶷山永福寺

　　佛教在进一步分析苦难和造成苦难的原因时，提出了"十二因缘"说。认为世界上各种现象的存在都是依赖于某种条件的，离开了条件，也就无所谓存在。人生命的起源和过程也是依赖于条件的，这就是十二因缘。即无知（"无明"）引起意志（"行"），由意志引起了精神统一体的"识"，由识引起身体的精神和肉体（"名色"），有了名和色，就形成了眼、耳、鼻、舌、身、意（心）等感觉器官的"六处"，六处引起和外界接触（"触"），由触引起感受（"受"），由受引起贪爱（"爱"），由爱引起对外界事物的追求索取（"取"），由取引起生存的环境（"有"），由有引起"生"，再由生引起了"老死"。所以说到底，人生的痛苦是由无明引起的，只有消除了无明，才能获得解脱。佛教经典又把十二因缘说解释为"三世因果报应"说。即：无明、行是过去因，感现在果；识、名色、六处、触、受是现在果；爱、取、有是现在因，感未来果；生、老死是未来果。宣扬人们在社会中所处的地位和各种遭遇，都是自己前世所作"善业"或"恶业"的结果，是早就注定了的，无法改变的。

生死轮回图

　　根据"因果报应"，佛教又提出"轮回"的说教。"轮回"的原意是"流转"的意思。佛教沿袭婆罗门教的说法而加以发扬，宣称一切有生命的东西，会永远在所谓"六道"中生死相续，有如车轮的旋转不停。根据佛教经典，所谓

"六道"是指：天、人、阿修罗（一种鬼怪恶神）、地狱、饿鬼、畜生。人若做了善事，死后就可升入天界。人若做了坏事，死后就会变成畜生，变成饿鬼，或堕入地狱。

（四）中国佛教在现实生活中的真谛

佛教在现实生活中的真谛可以用两句话来概括：在生活中修行，在修行中生活，这是学习一切佛法的法门。

人生面对的实相就是生活，在生活中如何处理人生中的困惑，是一个至关紧要的问题。草堂寺鸠摩罗什的舍利塔上刻着五个字：烦恼即菩提。也就是说，烦恼就是生活，烦恼就是禅。"烦恼"和禅的转化，就在一个"即"字上，"即"相当于一个等号，"即"得了，两者就能转化。"菩提"就是觉悟，智慧。

生活禅就是去掉烦恼。

人生中的烦恼都是自己找的。当心灵变得博大，空灵无物，犹如空杯子，便能恬淡安静。人的心灵，若能如莲花与日月，超然平淡，无分别心、取舍心、爱憎心、得失心，便能获得快乐与祥和。水往低处流，云在天上飘，一切都自然和谐地发生，这就是平常心。拥有一颗平常心，人生如行云流水，宁静的心，质朴无瑕，回归本真，这便参透了人生，便是禅。

禅的意义就是在定中产生无上的智慧。以无上的智慧来印证，证明一切事物的真如实相，这种智慧叫作禅。

禅学，是佛教的一种思想，有印度禅与中国禅之分，其大意是放弃用已有的知识、逻辑来解决问题，认为真正最为容易且最为有效的方法是直接用源于自我内心的感悟来解决问题，寻回并证入自性。其理论认为这种方法不受任何知识、任何逻辑、任何常理所束缚，是真正源自于自我的，所以也是最适合解决自我的问题的。也就是说可以把禅理解为是一种最为简单也是最为有效的解决问题的方法。

这种方法有四句话：第一，将信仰落实于生活——理想和信仰只有落实到生活，才能得到彻底的实现。第二，将修行落实于当下——烦恼即菩提，要当下解决烦恼。"即"是一个等号，但这个等号并不好画，它要求修行的人立刻去解决烦恼，成就菩提。第三，将佛法融化于世间。六祖惠能曾说："佛法在世间，不离世间觉，离世求菩提，恰如求兔角"。如果不能做到这一点，佛法永远只能存在于藏经阁中，佛法永远不能实现。第四，将个人融化于大众。

什么叫"菩提"？菩提的意思是觉悟、智慧，用以指人忽如睡醒，豁然开悟，顿悟真理，达到超凡脱俗的境界。

菩提的智慧讲究觉悟人生与奉献人生。觉悟人生：讲的是如何做人；奉献人生：讲的是如何做事。做人要把握八个字：信仰，因果，良心，道德；做事也要把握八个字：感恩，包容，分享，结缘。一朵花之所以能够鲜艳地开放，是整个宇宙的成就，故而要用感恩的心面对整个世界；同时，世界之所以多姿多彩，正是因为有不同颜色的花朵同时存在世间，要有包容，世间才能呈现出美丽的色彩。人的一切成就，都不是他个人的，要与大众分享，要回到大众中去，以分享的心态回报大众。

二、道文化

（一）什么是道文化？

"道"，最早由老子在《道德经》里提出"道可道，非常道；名可名，非常名"。随后，孔子在《周易·系辞传》里有句非常有名的话来诠释"道"：形而上者谓之道，形而下者谓之器。"形而上"出自于《易经·系辞》，儒家哲学中指无形的或未成形的东西，与表示有形或已成形的东西的"形而下"对应，用来说明形而上——道与形而下——器之间的关系。"道"是抽象的规律，不以人的意志为转移；器是有形的存在，文字、文理、公理、真理属于器。器是道的载体。"道"由此成为中国古典哲学里最重要的范畴之一。由"道"而衍生出的"形而上"与"形而下"的哲学概念。

老子的《道德经》，孔子的《周易·系辞传》，都源出《周易》。

《说文解字》说：道，所行道也，从辶从首，一达谓之道。丁金山先生在《天道演化哲学》中认为："道"字从首从之。"首"字从古字形上看，字的下部象古"直"，而"直"是古代部落首领观测天文的活动；"首"字上部象戴在头上象征地位的装饰品。因此，首字的本义是指古代部落首领，"道"的本义就是跟随部落首领走。

成书于2500年前的老子所著《道德经》较早对"道"进行了全方位论述。研究者认为《道德经》中的"道"有下面几种含义：一是世界的本原；二是规律；三是方法；四是道路；五引申为策略、技术、途径，等等。末学认为，"道"还有一个共同的意义，就是指代能帮助人更好地达到目的的方式方法。

人类在改造自然和社会的实践中发现，要更好地实现一定的目的，就必须遵循一定的原则和方法，而这种原则和方法又是由事物的运行演化规律决定的，因此，"道"又被引申为规律及做人做事应该遵循的原则和途径等。

"朝闻道，夕死可也"，明道之重要无与伦比。"道"不只是道文化的核心，也是神文化、德文化、法文化，乃至多种以文化冠之的这文化那文化的灵魂。缺乏"道"，文化就缺了灵魂，此文化必短命，不可能久远，甚至算不上文化。

天道盈而不溢，盛而不骄，劳而不矜其功。积极进取，胜而不骄，败而不馁，道便无处不在。

所谓明道，就是把客观规律内化成个体知识。道内化就形成"德"，德外化则成为"德行"，"德行"造福自己和他人则是"惠"，"惠"及众人就会赢得人心，赢得人心则是领导力量和领导地位形成的重要基础。这样，在一定的历史阶段被认定是合乎道义的文化形态，才可能深入人心，才可能成为人人自觉遵守的行为准则；如果被社会认定为不合道义则寸步难行。

在中国长达2000多年的皇权统治下，对道研究的主要功用集中于两个方面：一是处理社会伦理关系，维持社会秩序；二是用于延长寿命。这样就形成了儒、道两大学派。儒家重视伦理之德；道家重道主要用于养生。

1. 什么是道文化？

所谓道文化就是按照客观规律的要求进行行为抉择和确定相互关系的社会文

化。其中所谓"道"，既包括自然规律，也包括社会规律。道文化也分为两个方面：有关自然领域的道文化，如现代自然科学；有关社会领域的道文化，如现代社会科学。

中世纪的欧洲，神学在社会意识形态方面居于统治地位，道文化包含在神文化之中。直到文艺复兴之后，对自然科学和社会科学的研究逐步深入，才使道文化从神文化的桎梏中解脱出来，促进了西方工商经济社会的兴起。

2. "道"与"名"

子曰："吾道一以贯之"，这句话是孔子所首创的春秋笔法，意思是孔子直截了当地承认：我孔子的学说来源于《易》。

"道"是什么？这是理解道家思想的关键所在，只有在准确理解"道"的基础上，慢慢体会，才能悟"道"。

老子在《道德经》中说："道可道，非常道；名可名，非常名。"这句话最初原文是"道可道，非恒道。名可名，非恒名"。在汉代，为避汉文帝刘恒的讳，才改为"常"。"道可道，非常道"，整句话的意思是：万事万物其真理是可以探索并说得出来的，但这些真理并非是永恒的，天道轮转，没有永恒不变的真理。

"道"的概念代表两种性质：第一叫做内存性；第二叫做超越性。"道"的内存性，是指没有任何东西可以离开"道"而存在，世界离开"道"，任何事物都不会存在，更不要说维持了，因为"道生万物"，无一例外；另一方面，万物再如何变化，或消失或增加，"道"全不变，不会受到影响，这就是"道"的超越性。

"道可道，非常道；名可名，非常名"可以有三种理解：其一，圣人之道是可以行走的，但并非是唯一不变的道路；真正的名声是可以去求得的，但并非一般人一直追求的名声。其二，道是可以被说出来的，说出来的却不是永恒的道，万物是可以去命名的，但却不是万物永恒的名。其三，道本身也遵循着一定的"道"，但这个"道"并不是平时可以观测到的最基本的道，虽然这个"道"也确实存在着，但不是以现有的道的维度所能解释的。

"道"是《老子》的核心概念，也是老子哲学的专用名词和中心范畴，在不同场合有不同含义，主要体现三种意思：一是指形而上的实存者，即构成宇宙万物的最初本原，可感而不可道和不可见；二是指宇宙万物发生、存在、发展、运动的规律；三是指人类社会的一种准则、标准。

老子体验到"道"之后，发现"道"不能说，就像《老子》第二十五章提到，"道"根本就没有名字，今天读"道"读得容易，这其实是老子勉强说的，他认为"究竟真实"没有名字，但是要体验"道"时却不能不说，不然无法学到东西。老子所强调的"道"即是"究竟真实"，宇宙万物与人合起来看就是真实，这也是道家所要强调的。一切的背后都是变化的，人生的遭遇也是充满变化的，只有"真实"的原则是永远不变的。这一切来自于"道"，又回归于"道"。因此"永恒的道"是可以觉悟的，但不能说"永恒的名"，只能说"恒久的名"，但一经界定落实，就成为"相对的名"。所谓的"名"都是相对的，绝对的"名"不能称为"名"，所以"名"只能说是恒久的名，落入相对的世界。"道"其实不是一个名字，这就是说，我们称"道"为道，和我们称一张桌子为桌子(zhuo zi)是不同的。

（二）道家

道家以"道"为核心理念而得名，从广义上来说，主要分为黄老派、老庄派、杨朱派三派。

黄老派以虚无为本，以因循为用，采儒墨之善，撮名法之要，主张因俗简礼、兼容并包、与时迁移、应物变化、依道生法、依法治国、删繁就简、休养生息，其政治理想是大一统，体现了"离体为用"的特点，成为了历次大乱之后政府治世的急救包。

老庄派以大道为根，以自然为伍，以天地为师，以天性为尊，以无为为本，主张清虚自守、无为自化、万物齐同、道法自然、远离政治、逍遥自在，政治理想是桃花源和至德之世，体现了"离用为体"的特点，因此成为了历代文人雅士远离残酷现实的精神家园。

杨朱派主张全生避害、为我贵己，重视个人生命的保存，反对他人对自己的侵夺，也反对自己对他人的侵夺。杨朱派属于道家的别支，代表人物杨朱、告子、子华子。春秋战国后，因不容于世，后湮灭不存。但其全生保性的思想被道教全盘继承。

道家哲学不同于儒家社会哲学的进路，直接从天道运行的原理侧面切入，开展了以自然义、中性义为主的"道"的哲学。天道运行有其自然而然的原理在，道的哲学即是解释此原理的内涵，从而得以提出一个活泼自在的世界空间。透过对此一世界运行秩序之无定限、无执着的认识，道家哲学发展出迥然不同于儒家的社会哲学，社会只是一方存在的客体，在其中生存的人们，应有其独立自存的自由性，而不受任何意识形态的束缚。所以对于社会责任的态度并不先存立场，而能有更尊重人类自主性的态度与存在定位。由此道家黄老派积极参与社会政治活动，并提出了因循天性、顺势而为、宽刑简政、休养生息等一系列政治经济军事主张，而老庄派认为现实中充满了束缚和限制，大至鲲鹏，小至蜩鸠，都需要凭借一定的外部条件才能活动，即它们都是"有所恃"的。为了摆脱所有的束缚，达到完全"无所恃"的精神自由，就需要"齐物""逍遥"的生活态度。另外，老庄派还提出了"为学日益、为道日损""此亦一是非彼亦一是非"的认识原理，以实现人的知识能力的解放；提出了"谦""弱""柔""心斋""坐忘""化蝶"等的生活功夫来面对世界，以实现人的生活心境的解放。同时，老庄派还讲究"人天合一""人天相应""为而不争、利而不害""修之于身，其德乃真""虚心实腹""乘天地之正，而御六气之辩，以游无穷""法于阴阳，以朴应冗，以简应繁"，等等。而杨朱派认为所有的人都一毛不拔，同时互不侵害，就可天下大治。

黄老与老庄两派在政治观、人生观上是有区别的。

老庄派在政治上追求桃花源和至德之世，主张无为自化清静自正；黄老道家追求大一统，主张因俗简礼、宽刑简政，依道生法，依法治国。但是两者都主张无为而治。黄老道家在人生观上主张因循万物，身国同治；老庄派主张万物都有对立面，物极必反，因此，人们必须"知足寡欲""柔弱不争""顺应自然"，只有抛弃一切礼教的枷锁，才能避免灾祸。

（三）《老子》中的"道"与"德"

道家的主要代表人物是老子、庄子、列子。

老子姓李，名耳，字伯阳，楚苦县历乡曲仁里（今河南省周口市鹿邑县太清宫镇）人，生卒年不详，一说生于公元前604年，谥聘。有人叫他李耳，也有人叫他老聃。老子修道德，其学主无为之说，以自隐无名为务。老子应该是春秋时代的人。道家的理论奠定于老子，老子《道德经》一书上下五千言，书中广论道的形上学义、人生智慧义，提出一种有物混成且独立自存之自然宇宙起源论，也提出世界存在与运行原理是"反者道之动"的本体论思想。对于存活于其中的人类而言，其应学习的就是处世的智慧。老子也提出了众多的政治、社会与人生哲学观点出来，主张"无为而治"。

老子（约公元前 571-471 年）

《老子》又名《道德经》，上篇三十七章叫做"道经"，下篇第三十八章到八十一章，叫做"德经"。"上德不德，是以有德；下德不失德，是以无德"是"德经"的开头，意思是具备上德的人，因任自然，不表现为形式上的德；下德的人恪守形式上的"德"，不失德即形式上不离开德。

老子谈"道"谈"德"，就变成《道德经》。《道德经》的"道德"跟我们一般所指的仁义道德不同，我们常说"修养很好，常做善事，很有道德"，这与《道德经》所说的道与德关系不大。当然也不能说一点关系都没有，因为老子认为德与善接近，即是说"德"毕竟是好事，而"道"与一般常说的"道德"却毫无关系。

《老子》以智慧取胜。智慧是一道门坎，无所谓高低，只看能不能跨过去。如果不懂《老子》，就等同在门槛的这一边，尚未跨越，如果懂了《老子》，就说明已跨过智慧的门槛了，从此豁然开朗。

《老子》这本书有两个关键词，一个是"道"，一个是"圣人"。《老子》书中所说的"圣人"，与儒家孔子谈的"圣人"不一样。道家的"圣人"是指悟"道"者，既能够体会"知"，又能够"行"，即是以"道"作为立身处世的原则。儒家则将身先天下者，为百姓谋福利者，皆称之为圣人。

那么，"道"有什么样的作用呢？"道"的作用就是不断回到它的本身。宇宙万物有"道"，"道"孕育万物，万物不能离开"道"，这就叫做"返"——回到它自己本身。"道"是最根本的，人类里面有圣人，圣人作为示范，《老子》里的圣人即是"有道者","有道者"就是有道有德之人。

《老子》喜欢讲相对论观点。譬如,谈善,不能不知道恶;谈高,就要知道低,没有低哪来的高?说长,就不能不知道短,没有短何来的长?所有观念都因为相对,才能被人们了解、掌握,这种相对是相反相成的,每样东西都会回到它的根源去,像四季轮转一般,春夏秋冬之后,接着又是春夏秋冬,不断循环,最后再回到"道"里面去。从"道"而来,又回归于"道"。

从伏羲发明八卦到《易经》,经历了一个漫长的过程。孔子和老子的学问,都来源于老祖宗的创造与实践。孔子的儒学、老子的道学,各自表达了对易理的独特理解,从一定意义上说,《道德经》《论语》《诗经》《周礼》都是《易》的另类表达形式。孔子说"吾道一以贯之",表明孔子的概括能力,高于老子的"道可道,非常道;名可名,非常名"。

"非常道"用于哲学概念,所指的就是解《易》之道;"非常道"用于执政,指的是天下为公之道;"非常道"用于读书,指的是解读"春秋笔法"之道。《诗经·卷耳》是一首非常重要的文章,起首的一章说:"采采卷耳,不盈倾筐。嗟我怀人,置彼周行。"这里有个重要概念"周行"。"周"指《周易》,孔子说过"吾从周";"行"的理解较为复杂,主要有两种理解,读 hang音,理解为含意;读 xing音,理解为人性、信仰。尤其值得注意的是人性、信仰,合成则成为"仁、信"。而仁与信是儒学的两个重要哲学概念,《论语》在谈"仁"的概念时有"里仁为美",在谈"信"的时候有"民无信不立"。《诗经·鹊巢》说:"之子于归,百两御之;之子于归,百两将之;之子于归,百两成之。"这个"两",从大的方面来讲,说的就是"春秋笔法"和"易理";就《易》理上说,说的是刚与柔、阴与阳、吉与凶、学与习、道与德等两两之易。

《老子》一书在当前存在着两种版本系统:一种是《道经》在前《德经》在后的《道德经》系统,即唐宋以来流传下来的通行本;另一种是《德经》在前《道经》在后的《德道经》系统,即以 1970 年代长沙马王堆西汉古墓出土的文物帛书《老子》为依据的帛简本。老子《德道经》"德""道"二字的顺序排列,除了有道德本身的内涵之外,还喻意着明德归道、以德养道的深刻意境。至于宋代以来的《老子》刻本,诸多学者都认为是沿袭王弼注本而改名为《道德经》,是符合道家的需要的,因此恢复以《老子·德道经》命名,才符合老子淳德归道、全德复道的创作本意,这与法家代表韩非子注本的观点一致。

三、儒文化

（一）儒文化的基本内容

儒文化是以儒家思想为指导的文化流派，倡导孝悌忠信、礼义廉耻、血亲人伦、仁者爱人，与人为善、现世事功、修身存养、天人合一、道法自然、自强不息等。

儒家经典先时为四书五经。四书之名始于宋朝，五经之名始于汉武帝。四书指《大学》《中庸》《论语》《孟子》；五经指《诗经》、《尚书》《礼记》《周易》《春秋》。

四书为儒家传道授业的基本教材。几百年来，"四书"在我国广泛流传，其中许多语句已成为脍炙人口的格言警句。《论语》《孟子》分别是孔子、孟子及其学生的言论集，《大学》《中庸》则是《礼记》中的两篇。《大学》经孔子的学生曾参整理成文，是孔子讲授"初学入德之门"的要籍；《中庸》是"孔门传授心法"之书，是孔子的孙子子思传授给孟子的书。《大学》《中庸》与《论语》《孟子》一起，表达了儒学的基本思想体系，是研治儒学最重要的文献。正是根据这样的观点，程颐、程颢、朱熹把《论语》《孟子》《大学》《中庸》这四部书编在一起。因为它们分别出于早期儒家的四位代表性人物孔子、曾参、子思、孟子，所以称为"四子书"，简称即为"四书"。朱熹分别为这四部书做了注释，其中，《大学》《中庸》的注释称为"章句"，《论语》《孟子》的注释因为引用他人的说法较多，所以称为"集注"。值得注意的是，朱熹所编定的《四书》次序本来是《大学》《论语》《孟子》《中庸》，是按照由浅入深进修的顺序排列的。后人因为《大学》《中庸》的篇幅较短，为了刻写出版的方便，而把《中庸》提到《论语》之前，成了现在通行的《大学》《中庸》《论语》《孟子》顺序。

宋代理学家们都自认为是孔孟的真正传人，但他们也从佛家、道家那里吸收了很多东西。朱熹死后，朝廷便将他所编定注释的《四书》审定为官书，到元代延祐年间（1314—1320）科举考试，正式把出题范围限制在朱注《四书》之内，明、清沿袭而衍出"八股文"考试制度，题目也都是在朱注《四书》里。由于这些因素，使《四书》不仅成为了儒学的重要经典，而且也成了每个读书人的必读书，认为它是东方的"圣经"，成了直到近代全国统一标准的小学教科书。四书流传广泛，对于中国人人格心理铸造影响极为深刻。

1. 四书的内容

（1）《大学》

四书中的《大学》是孔子及其门徒留下来的遗书，是儒家学派的入门读物。所以，朱熹把它列为"四书"之首 。《大学》对"三纲""八目"做了详细的阐述。

（2）《中庸》

《中庸》在南宋前从未单独刊印，朱熹继承二程思想，把《中庸》从《礼记》中抽出来，与《论语》《孟子》《大学》并列，到朱熹撰《四书章句集注》时，便成了《四书》之一。从《中庸》和《孟子》的基本观点来看，也大体上相同。不过，现存的《中庸》，已经经过秦代儒者的修改，大致写定于秦统一全国后不久。

（3）《论语》

《论语》是记载孔子及其学生言行的一部书，成书于春秋战国之际，是孔子的学生及其再传学生所记录整理。《论语》涉及哲学、政治、经济，教育、文艺等诸多方面，内容非常丰富，是儒学最主要的经典。在表达上，《论语》语言精炼而形象生动，是语录体散文的典范。在编排上，《论语》没有严格的编纂体例，每一条就是一章，集章为篇，篇、章之间并无紧密联系，只是大致归类，并有重复章节出现。到汉代时，有《鲁论语》（20篇）、《齐论语》（22篇）、《古文论语》（21篇）三种《论语》版本流传。东汉末年，郑玄以《鲁论语》为底本，参考《齐论语》和《古文论语》编校成一个新的本子，并加以注释。郑玄的注本流传后，《齐论语》和《古文论语》便逐渐亡佚了。以后各代注释《论语》的版本主要有：三国时魏国何晏《论语集解》、南北朝梁代皇侃《论语义疏》、宋代邢昺《论语注疏》、朱熹《论语集注》、清代刘宝楠《论语正义》等。宋代赵普有"半部论语治天下"之说，可见论语的贡献很大。

（4）《孟子》

《孟子》是记载孟子及其学生言行的一部书。孟子（约前372—前289年），名轲，字子舆，战国中期邹国（今山东邹城东南人），离孔子的故乡曲阜不远。是著名的思想家、政治家、教育家，孔子学说的继承者。和孔子一样，孟子也曾带领学生游历魏、齐、宋、鲁、滕、薛等国，并一度担任过齐宣王的客卿。由于他的政治主张也与孔子的一样不被重用，所以便回到家乡聚徒讲学，与学生万章等人著书立说，"序《诗》《书》，述仲尼之意，作《孟子》七篇"（《史记·孟子荀卿列传》）。赵岐在《孟子题辞》中把《孟子》与《论语》相比，认为《孟子》是"拟圣而作"。所以，尽管《汉书·艺文志》仅仅把《孟子》放在诸子略中，视为子书，但实际上在汉代人的心目中已经把它看作辅助"经书"的"传"书了。汉文帝把《论语》《孝经》《孟子》《尔雅》各置博士，便叫"传记博士"。到五代后蜀时，后蜀主孟昶命令人楷书十一经刻石，其中包括了《孟子》，这是《孟子》列入"经书"的开始。到南宋孝宗时，朱熹编《四书》列入了《孟子》，正式把《孟子》提到了非常高的地位。元、明以后又成为科举考试的内容，更是读书人的必读书了。

2. 五经的内容

五经为《诗经》《尚书》《礼记》《周易》和《春秋》。

五经是儒家作为研究基础的古代五本经典书籍的合称，相传《诗经》《尚书》《春秋》都经过儒家创始人之一的孔子的删减、编辑、修改。

四书五经

（1）《诗经》

《诗经》是我国最早的一部诗歌总集，共收录周代诗歌305篇。原称"诗"或"诗三百"，汉代儒生始称《诗经》。现存的《诗经》是汉朝毛亨所传下来的，所以又叫"毛诗"。据说《诗经》中的诗，当时都是能演唱的歌词。按所配乐曲的性质，可分成风、雅、颂类。"风"包括周南、召南、邶风、鄘风、卫风、王风、齐风、魏风、唐风、秦风、陈风、桧风、曹风、豳风组成，称为十五国风，大部分是黄河流域的民歌，小部分是贵族加工的作品，共160篇。"雅"包括小雅和大雅，共105篇。"雅"基本上是贵族的作品，只有小雅的一部分来自民间。"颂"包括周颂、鲁颂和商颂，共40篇。颂是宫廷用于祭祀的歌词。

清代古籍《诗经》

一般来说，来自民间的歌谣生动活泼，而宫廷贵族的诗作相形见绌，诗味不多。《诗经》是中国韵文的源头，是中国诗史的光辉起点。它形式多样：史诗、讽刺诗、叙事诗、恋歌、战歌、颂歌、节令歌以及劳动歌谣样样都有。它内容丰富，对周代社会生活的各个方面，如劳动与爱情、战争与徭役、压迫与反抗、风俗与婚姻、祭祖与宴会，甚至天象、地貌、动物、植物等各个方面都有所反映。可以说，《诗经》是周代社会的一面镜子。而《诗经》的语言是研究公元前11世纪到公元前6世纪汉语概貌的最重要的资料。

2）《尚书》

尚书

《尚书》古时称《书》《书经》，至汉称《尚书》。"尚"便是指"上""上古"，该书是古代最早的一部历史文献汇编。记载上起尧舜时代，下至东周（春秋中期），约1500多年。基本内容是古代帝王的文告和君臣谈话内容的记录，这说明作者应是史官。《史记·孔子世家》称孔子"序《书传》，上纪唐虞之际，下至秦缪，编次其事"，相传为孔子编定。《尚书》有两种传本，一种是《今文尚书》，一种是《古文尚书》，现通行的《十三经注疏》本，是今文尚书和伪古文尚书的合编。古时称赞人"饱读诗书"，"诗书"便是分别指《诗经》与《尚书》。

《尚书》意为"上古之书"，是中国上古历史文件和部分追述古代事迹作品的汇编。儒家尊之为经典，故又称《书经》。《尚书》据说原有一百篇，秦代焚书后，汉初仅搜集到二十九篇，用当时通行的隶书写定，称今文《尚书》。汉武帝时，从孔子故宅中发现用古文字写的《尚书》，比今文《尚书》多十六篇，称为古文《尚书》，这十六篇不久亡佚。晋人伪造古文《尚书》二十五篇，又从今文《尚书》中析出数篇，连同原有的今文《尚书》共为五十八篇，也称古文《尚书》。《十三经注疏》中的《尚书》，就是经过晋人手书的这种古文《尚书》。《尚书》包括虞、夏、商、周书。

现代研究证明，尧舜时代文字已经存在，虽未流传，但是，辅以文字符号供宫廷记事还是可以有作用的。完整的《虞书》《夏书》虽不是虞夏时所作，是后世儒家根据古代宫廷档案资料以及口耳相传的历史传闻编写是确定无疑的。《商书》是殷王朝史官所记的誓、命、训、诰，其中《汤誓》按时代说应为最早的作品。《盘庚》三篇古奥难读，这是殷王盘庚迁都时对臣民的演讲记录，虽然语辞古奥，但盘庚讲话时充沛的感情、尖锐的谈锋，还是可以感受到的；《周书》包括周初到春秋前期的文献，其中《牧誓》是武王伐纣时的誓师之词，《多士》是周公以王命训告殷遗民之词；《无逸》是周公告诫成王不要贪图享受之词。这些作品叙事清晰，而且能表达出人物的情感口吻。写于春秋前期的《秦誓》，是秦穆公伐晋失败后的悔过自责之词，表达了愧悔、沉痛的感情。

《尚书》是我国最古老的文章汇编，《尚书》的文章，受到很高的推崇。汉代《尚书大传》引子夏语，谓之"昭昭如日月之代明，离离若参辰之错行"，用王宝琳先生的话说：《尚书》"本是唐（尧）、虞（舜）、夏、商、周王室和各国诸侯的文献档卷……"

（3）《易经》

易经

《易经》在中国传统文化的经典著作中，被誉为诸经之首，三玄之一。《易经》也叫做《周易》，就是周代之易，孔子定为五经之一，计有24070字。分本经和大传两部分.本经包括八卦、重卦、卦辞，为易之主体，故称为经；大传包括上象、下象二、上象三、下象四、上系五、下系六、文言七、说卦八、序卦九、杂卦十、此十者合称十翼.十翼为阐明《易经》而作，故曰传，它是用八卦重叠而成的六十四卦为结构框架，把中华民族在太古时代摸索总结出来的生活经验和生产经验，用抽象的符号记录下来，进一步以阴阳变化之道来分析，说明宇宙间的一切现象，通过卜卦来启示天道、地道、人道的变化规律。《易经》是我国一部最古老而深邃的经典，是华夏五千年智慧与文化的结晶，被誉为"群经之首，大道之源"。在古代是帝王之学，政治家、军事家、商家的必修之术，也是中医之子向更高层次学习的门槛。

如果从本质上来讲，《易经》是一本关于"卜筮"之书。"卜筮"就是对未来事态的发展进行预测，而《易经》便是总结这些预测的规律理论的书。

《易经》分为三部，炎帝部落所编用成为《连山易》，黄帝部落所编用成为《归藏易》，而另一部则由周文王写为《周易》。《连山易》以艮卦为首卦，流行于夏朝，《归藏易》以坤卦为首卦，盛行于商朝，现在，《连山》与《归藏》都已失传，是我国古代文学一大损失。《连山》与《归藏》是占卜之书，《周易》则是周文王以伏羲八卦为基，卦卦相合，形成了阐述宇宙一切物质事物运转消亡规律的六十四卦，又由周文王改写，孔子也曾为《易经》编写过《十翼》。

（4）《礼记》

《礼记》是孔子学生以及后人传习《礼经》的记录，内容有关礼的性质、意义和作用。

儒家把《诗》《书》《礼》《易》《乐》《春秋》作为六经（其中的《乐》在秦时由于秦始皇焚书坑儒而失佚）。孔子收徒讲学时，选用了这些典籍作为教材。不过，孔子所讲授的礼、乐和旧的礼、乐已有很大的区别。孔子认为，《乐》教，可以使人"广博易良"；《礼》教，可以使人"恭俭庄敬"（见《礼记·经解》）。孔子还说过："不学礼，无以立。"（《论语·季氏》）在孔子看来，不学礼，便没有立足社会的依据。因此，必须"立于礼"（《论语·泰伯》）。

礼所包括的范围很广，从国家的典章制度，直至个人的行为准则。现在我们所能见到的礼书有《周礼》《仪礼》和《礼记》。《周礼》是讲周朝官制的；《仪礼》是讲各种典礼节仪的——冠、婚、丧、祭等具体仪式；《礼记》是孔子学生以及后人传习《礼经》的记录。东汉学者郑玄分别给《仪礼》《礼记》做了注解之后，才有了"三礼"这一名称。"三礼"都与孔子礼的思想有关，但只有

《仪礼》（17篇）是由孔子整理编订的。《周礼》是搜集周王室官制和战国时代各国制度，添附儒家政治理想，增减排比而成的汇编。

《周礼》是中国最早和最完整的官制记录，也是世界古代一部最完整的官制记录。全书6篇，即《天官冢宰》《地官司徒》《春官宗伯》《夏官司马》《秋官司寇》《冬官司空》，各篇分为上下卷，共12卷。这6篇中的《冬官司空》早佚，到汉时补以《考工记》。《周礼》为何人所作，何时产物，历来也是有争论的。古文经学家认为，它是周公旦所作。今文经学家认为，它出于战国，也有人认为是西汉末刘歆伪造。近人从周秦铜器铭文所载官制，参证该书中的政治、经济制度和学术思想，多数人认为是战国时的作品。也有人认为，《周礼》成于汉初。

《周礼》一书，东汉郑玄撰有《周礼注》，唐朝贾公彦作《周礼正义》，清代孙诒让也撰有《周礼正义》，这些注释对后人研究《周礼》提供了参考资料。

《周礼》包含着官制、古代宗教、经济政策、哲学与伦理等诸多方面的历史资料，是一部以儒家思想为主，兼收法家和阴阳五行思想的重要文化典籍。

（5）《春秋》

孔子编修的《春秋》一书本名《麟经》，相传孔子编修此书时，有一猎户背一奇形怪兽请教孔子所猎者为何物，孔子见状大惊曰：麒麟本是太平兽，缘何生来不逢时。后人以此典故称孔子所编修的《春秋》为《麟经》，奉为四书五经之一。

《春秋》原是先秦时代各国史书的通称，后来仅有鲁国的《春秋》传世，便成为专称。这部原来由鲁国史官所编《春秋》，经过孔子整理、修订，赋予特殊的意义，因而也成为儒家重要的经典。

《春秋》是我国编年体史书之祖，它以鲁国十二公为序，起自鲁隐公元年（前722年），迄于鲁哀公十四年（前48年），记载了242年间的历史。它是纲目式的记载，文句极简短，几乎没有描写的成分。但它的语言表达，具有谨严精炼的特点，反映了文字技巧的进步。《春秋》最突出的特点就是寓褒贬于记事的"春秋笔法"。相传孔子按照自己的观点对一些历史事件和人物做了评判，并选择他认为恰当的字眼来暗寓褒贬之意，因此《春秋》被后人看作是一部具有"微言大义"的经典，是定名分、制法度的范本，在史书和文学作品的写作上，也对后人产生很大影响。史学家从中领悟到修史应该有严格而明确的倾向性，文学家往往体会了遣词造句力求简洁而意蕴深刻。

3. 十三经

儒学十三经指的是《诗经》《尚书》《周礼》《仪礼》《礼记》《周易》《春秋》《春秋公羊传》《春秋谷梁传》《论语》《尔雅》《孝经》和《孟子》，它们是儒家的主要经典，由宋代朱熹终定。

十三种儒家文献取得"经"的地位，经过了一个相当长的时期。在汉代，以《易》《诗》《书》《礼》《春秋》为"五经"，官方颇为重视，立于学官。唐代有"九经"，也立于学官，并用以取士。所谓"九经"包括《易》《诗》《书》《周礼》《仪礼》《礼记》和《春秋》三传（《左传》《春秋》《公羊传》《春秋谷梁传》）。唐文宗开成年间于国子学刻石，所镌内容除"九经"外，又益以《论语》《尔雅》《孝经》。五代时蜀主孟昶刻"十一经"，排除《孝经》《尔雅》，收入《孟子》，《孟子》首次跻入诸经之列。南宋硕儒朱熹以《礼记》中的《大学》《中庸》与《论语》《孟子》并列，形成了今天人们所熟知的《四书》，并为官方所认可，《孟子》正式成为"经"。至此，儒家的十三部文献确立了它的经典地位。清乾隆时期，镌刻《十三经》经文于石，阮元又合刻《十三经注疏》，"十三经"之称及其在儒学典籍中的尊崇地位更加深入人心。

《十三经》的内容极为宽博。《诗经》是西周初至春秋中期的诗歌集，内分"风""雅""颂"三部分，"风"为土风歌谣，"雅"为西周王畿的正声雅乐，"颂"为上层社会宗庙祭祀的舞曲歌辞；《尚书》是上古历史文件汇编，主要内容为君王的文告和君臣谈话记录；《周易》是占卜之书，其外层神秘，而内蕴哲理至深至弘；《周礼》主要汇集周王室官制和战国时期各国制度；《仪礼》主要记载春秋战国时代的礼制；《礼记》是秦汉以前有关各种礼仪的论著汇编；《春秋》三传是围绕《春秋》经形成的著作——《左传》重在史事的陈述，《公羊传》《谷梁传》重在论议；《论语》是孔子及其门徒的言行录；《孝经》为论述封建孝道的专著；《孟子》专载孟子的言论、思想和行迹；《尔雅》训解词义，诠释名物，经学家多据以解经。

儒学十三经作为儒家文化的根本经典，其地位之尊崇，影响之深广，是其他任何典籍所无法比拟的。儒家经典施于社会的影响无时不在，无处不在，经久不退！了解和研究中国封建社会的方方面面，不能不阅读《十三经》。这十三种文献，"经"的地位最高，"传""记"次之，《尔雅》又次之。儒家文化在封建时代居于主导地位，最高统治者不但从中寻找治国平天下的方针大计，而且对臣民思想的规范，伦理道德的确立，民风民俗的导向，无一不依从儒家经典。

儒家的代表人物是孔子、孟子、荀卿、董仲舒、周敦颐、程颐、程颢、张载、邵雍、朱熹、陆九渊、王阳明等。

（二）儒文化的发展

1. 主要派别

《韩非子·显学》曰："自孔子之死也，有子张之儒，有子思之儒，有颜氏之儒，有孟氏之儒，有漆雕氏之儒，有仲良氏之儒，有孙氏之儒，有乐正式之儒。"可见战国时期儒家内部分化形成的八个学派。从《论语》看，孔子思想具有博大而多面性的特点，孔门弟子对孔子言论的理解难免各执一端，而儒家和墨家同是当世之显学，所以，韩非认为："故孔墨之后，儒分为八，墨离为三，取舍相反、不同，而皆自谓真孔墨。"据《荀子·非十二子》记载，在战国百家争鸣中，儒家一方面同其他学派激烈论争，另一方面自己内部各派争论也十分尖锐，"孙氏之儒"的荀子，甚至批评子思和孟子"略法先王而不知其统，然而犹材剧志大，闻见杂博"。儒家八派正是儒家内、外论争发展的结果。

孟子（公元前 372 年—约公元前 289 年）

除了儒家内部之争，外部学派也对儒学颇有微词。墨家对于儒家学说子思——孔子之孙（公元前 483—402 年）非议就颇多，批评孔子"述而不作"，主张"述而且作"，批评孔子和儒家的繁琐礼仪；道家以自然无为为宗旨，蔑视礼法，对于儒家的礼仪道德持否定态度；先秦法家学说思想上与儒家对立，早

期法家代表人物商鞅则认为孔子学说与法家农战思想对立，致使国家"必贫而削"。法家的集大成者韩非对孔子个人颇为尊重，但他认为孔子学说不合时宜。

儒家派系之中，以思孟学派影响较大。

思孟学派指以子思与孟子为代表的儒家学派。孟子曾受业于子思之门人，与子思确有一定的师承关系，学术界根据《荀子·非十二子》的说法，"案往旧造说，谓之五行。子思唱之，孟轲和之"，认为思孟学派的思想核心为五行说。有的根据宋儒的说法，认为《中庸》为子思所作，其中"天命之谓性，率性之谓道"等观点，为孟子所继承，发展为一种以道德修养为中心的心性之学。也有些学者则根据史料考辨，认为荀子所说的五行难以确指，《中庸》与《孟子》书中并无五行思想，加上《中庸》是否为子思所作，疑难多而论据少，从而断言先秦不存在有所谓思孟学派。

正因各派学说各有所长，各有所短，才有了董仲舒、北宋五子以及朱熹等对儒释道的整合；才有了儒释道三家对中国发展贡献的评论："治世道，乱世佛，由治入乱是儒家"以及"佛家修心，儒家做事，道家做人"的评介。

2.儒文化特征与文化影响

（1）儒文化有五个特征：

其一，以孔子为先师，为思想领袖；其二，以《周易》《尚书》《诗经》《礼记》《春秋》等书为经典；其三，在思想上形成了"仁"与"礼"的一种张力结构；其四，内圣外王——主张具有圣人的才德，对外施行王道的方法论；其五，尤注重人与人之间伦理关系，并将之运用到政治实践中，成为指导性的原则。

儒家所拥有的地位是汉代独占大一统思想地位后而形成的。儒家主张礼治，强调传统的伦常关系，尤注重人与人之间伦理关系等，能绵延至今，其原因是因为儒学植根于中国固有的价值系统而又能随时自我调整，适应了时代和社会的变化。而且相当大的程度上是由于它是东方最有价值的知识系统，以至于今天在某种意义上说它是国学（传统文化）的代名词，是国学的核心与主体。

（2）儒家思想对东南亚政治、经济的影响

儒学在中国存在二千多年，对于中国的政治、经济、文化等各个方面存在的潜在影响是巨大的。儒家经典不仅是思想统治工具，同时也是中国封建文化的主体，保存了丰富的民族文化遗产。二千多年的封建社会，所传授的不外《四书》《五经》，传统的责任感思想，节制思想，忠孝思想，都是它和封建统治结合的结果。就教育而言，孔子门下弟子三千，总结出很多行之有效的教育方法，比如"温故而知新""三人行必有我师""学而不思则罔，思而不学则怠"等。孔子更被后世尊称为"万世师表"；台湾将"孔圣诞"定为"教师节"。"崇文"、注重教育是儒家思想也是华人的基本价值观之一。可以说，儒家思想是中华民族两千多年来包括当代在内的主流思想。

儒文化对与东亚的影响也甚大。儒学和汉字、律令以及佛教一样，很早就传播到周围国家，并对那里的思想和文化产生了重要影响。在韩国和日本，伦理和礼仪都受到了儒家仁、义、礼等观点的影响，至今都还很明显的。

在韩国，信奉各种宗教的人很多，但是在伦理道德上却以儒家为主。在西方文明侵入韩国社会后，各种社会问题有所增加，但是韩国政府以儒家思想的伦理道德作为维护社会的稳定的制约力量，在教育中深化儒家思想。

在朝鲜，早在公元 1 世纪初，就有一些人能背诵《诗经》和《春秋》等儒家典籍。三国时期的朝鲜，统治阶级非常重视儒学，把它视为维护秩序、加强王权的思想武器，采取各种措施加以引进和推广。高句丽于 372 年设立太学，传授儒家学说。百济于 4 世纪建立儒学教育制度。儒学在新罗传播，大约在 6 世纪，进一步发展儒学教育，在中央设立国学，置博士、助教，招收贵族子弟传授儒家经典，国王甚至亲幸国学听讲。与此同时，还向中国派遣留学生，其中一些人考中状元，出现了一些著名儒学者，如强首、薛聪、金大向、金云卿、金可纪、崔致远等。高丽王朝建立后，在首都开城设立国家最高学府国子监，在地方十二州设立乡校，广泛推行儒学教育。公元 958 年，高丽开始举行科举，把儒家经典列为主要考试科目，从而推动了儒学迅速发展。12 世纪初，出使高丽的徐兢称赞朝鲜儒学之盛说：临川阁藏书至数万卷，国子监里"选择儒官甚备"。大街小巷上经馆和书社三三两两相望。少年们聚集在一起，跟随老师学习经书。年岁稍长者，便自己找志趣相投的朋友，借寺观之类的地方讲习切磋。社会各阶层的子弟，都"从乡先生学"。李朝时期，为了加强封建专制统治，十分重视儒学教育，尤其推崇程朱理学，把它视为维护封建统治的舆论工具，极力加以推广。李朝的儒学教育有官学和私学两种形式。官学系统，中央设成均馆，是为国家最高学府，地方设立四学。成均馆和四学是中央直接管辖的教育机关。地方各道和邑设有乡校，与此同时，私学日益发展，成为李朝教育的重要组成部分。李朝分文、武两科通过科举选拔人才，任用官吏，考试科目主要有儒家经典以及有关现行政策和各种形式的汉诗。除文科外，武科也进行三次考试，考试科目除兵学外，也考部分儒家典籍。程朱理学作为统治思想，维护和巩固李朝封建制度的500年。

儒学传入日本，大约是在5世纪以前。据《古事记》所载，百济的阿直岐、王仁是最早到日本的儒学者，并且带了《论语》和《千字文》等儒家典籍，他们还都曾作为皇太子菟道稚郎子的老师，讲授儒家学说。继体天皇时期（507—531）曾要求百济国王定期向日本派遣五经博士，传授儒家思想，于是儒家迅速发展。圣德太子制定的"冠位十二阶"和"十七条宪法"，主要体现了儒家思想，甚至所用的词汇和资料亦大多是取自儒家典籍。"冠位十二阶"是以德、仁、礼、信、义、智为基本位阶，再各分大小两等，如大德、小德，共成十二阶。"十七条宪法"的宗旨是强调"君主至上"。如"国无二君，民无二主，率土兆民，以王为主""群臣百僚，以礼为本""承诏必谨"等，均反映了儒家的政治思想。圣德太子还多次向中国派遣使节和留学生，积极摄取中国文化，于是儒学迅速发展，并逐渐成为贵族官僚必修的教养。在日本历史上具有划时代意义的大化改新，也是在儒家思想的深刻影响下而发生的。701年制定的基本法典《大宝律令》对教育设专章（"学令"），规定中央设太学，地方设国学，各置博士、助教，招贵族子弟，授以儒家经典，其中《论语》和《孝经》为必修科目。757年，孝谦天皇下诏，令全国每家必备一本《孝经》，奖励"孝子""贞妇"。701年，日本开始祀孔。768年，称德天皇敕称孔子为"文宣王"。藤原基经当摄政时（877—890年），"敦崇儒术，释奠之日，率公卿拜先圣，使明经博士讲周易"。由于统治阶级的积极扶持和奖励，这时儒学在日本已经超出贵族官僚上层社会范围而普及到各个阶层。南北朝时代，程朱理学传入日本，受到统治阶级的重视。但由于佛教的影响，儒学未能取得优势地位。到了德川时代，适应封建专制统治的需要，儒学（朱子学）才摆脱了佛教的压制，达到空前繁荣的极盛时代。儒学（朱子说）被规定为官方哲学，成为德川幕府的正统思想体系。藤原惺窝于1590年著《假名性理》，是最早用日文宣传宋儒"理性"的著作。后来受德川家康的召见，并为其讲授《大学》等儒经。1599年著《四书五经倭训》，使他成为日本第一个根据朱注而用日文字母训读《四书五经》的儒学家，被认为是日本"朱子学之祖"。藤原惺窝有门徒150余人，其中林罗山、松永尺五等都是日本著名朱子学家。林罗山历任儒官，作过将军的侍讲、顾问，参与幕政。他提出了一整套的思想理论，以维护封建秩序。他在《经典题说》中写道："天自在上，地自在下，上下之位既定，则上者贵下者贱。自然之理所以有序，视此上下可知矣，人心亦然。上下不违，贵贱不乱，则人伦正，人伦正则国家治，国家治则王道成，此礼之盛也。"林罗山以"天人相关""天人合一"的说教，把自然界和人类社会合而为一，从自然界法则引伸出人类社会的现存秩序，从而把社会的"上下贵贱之别"说成是合理的、永恒的。林罗山以儒学理论维护德川幕府的封建统治，发挥了巨大作用。

儒学在越南文化中也产生了很大影响。东汉末年，广西人士燮游学洛阳，研究左传、尚书等典籍，后来任交趾太守 40 余年。据《越南四字经》说："三国吴时，士王为牧，教以诗书，熏陶美俗。"说明早在三国时期越南人就受到了儒学教育。10 世纪，越南独立以后，各王朝的典章制度大都取法于中国，政府选拔人才也采取科举制度，以诗、赋、经义等为考试内容。13—14 世纪之交，越南人以汉字为素材，运用形声、会意、假借等造字方式，创制了越南民族文字，称为"字喃"。此后，中国儒家典籍大量传入越南。宋元时期，越南刊刻过不少儒家经典和汉译佛经。出现了不少明经的儒家学者。15 世纪初，明成祖曾下诏，以礼敦致越南各方面人才到中国来，其中包括明经博学的儒学者。可见儒学在越南的影响之深。

3. 儒文化的发展历程

儒家在产生以后，在从古到今，历经二千多年的漫长历史，经历了产生——低落——强大——稳定——创新——低落的历程。

儒文化由春秋时期的孔子创立，后经战国时期的孟子继承发展，先秦遭墨、法、道等派的激烈批判，秦代遭受秦始皇焚书坑儒的致命打击，汉初，遭统治者排斥，在六朝先后受玄学、佛学的挑战，后由汉董仲舒促成"罢黜百家，独尊儒术"而大一统，隋唐较为稳定，宋代周敦颐等北宋五子创立理学，经程朱发展整理确定十三经，明陆九渊、王阳明创立心学，在五四反孔非儒高潮下历空前之厄。

儒学的发展轨迹可以归纳为：

（1）春秋时候的孔子创立了儒家学派，他提出的"仁"，具有古典人道主义的性质；主张"礼"，维护周礼是孔子政治思想中的保守部分。

（2）战国时期的孟子主张施行仁政，并提出"民贵君轻"思想；主张"政在得民"，反对苛政。

（3）西汉的董仲舒以儒学为基础，以阴阳五行为框架，兼采诸子百家，建立起新儒学。其核心是"天人感应"，"君权神授"。

（4）魏晋之际出现的玄学（《周易》《老子》《庄子》称之为"三玄"）用老庄思想解释儒家的易经，主张君主无为、门阀专政。

（5）唐朝中期的儒学大师韩愈，从维护封建统治出发，用儒家的天命论和封建纲常来反对佛道的观点。

（6）理学是以儒家思想为基础，吸收佛教和道教思想形成的新儒学。周敦颐是理学鼻祖，加上张载、邵雍、程颐程颢的北宋五子，对理学的产生与发展有重大贡献，朱熹是理学发展的集大成者。朱熹继承了北宋程颢、程颐的思想，进一步完善和发展了客观唯心主义的理学体系，后人称之为程朱理学。其核心内容为："理"是宇宙万物的本源，是第一性的；"气"是构成宇宙万物的材料，是第二性的。把"天理"和"人欲"对立起来，认为人欲是一切罪恶的根源，因此他提出"存天理，灭人欲"。这实际上是为封建等级秩序辩护。

（7）明中叶的王阳明反对朱熹把心与理视为两种事物的观点，创立与朱熹相对立的主观唯心主义理论——心学，提出"知"与"行"，"知行合一""致良知"等观点。理学由客观唯心主义向主观唯心主义演变。

（8）元朝的邓牧：自称"三教外人"，著书否定封建君主专制统治，提出其非君思想。

（9）明朝李贽指责儒家经典并非"万世之至论"，指责道学虚伪，带有资本主义萌芽时代的民主性色彩。

（10）明末清初，黄宗羲在明亡后，隐居著述，提倡"法治"反对"人治"。明末清初顾炎武强调"经世致用"的实际学问，主张把学术研究与解决社会问题结合起来，提倡"实学"以批判理学，反对君主专制政治。王夫之认为"气"是物质实体，"理"是客观规律；提出"气者，理之依也"和"天下惟器"的唯物主义观点，否定理学家主静的形而上学思想；提出在政治上要"趋时更新"。

汉朝以后，历朝历代四书五经被无数次修订，孔子原作已面目全非。儒学在魏晋时期演变成玄学。唐代政权基本上以儒家思想为主导，但是也渗透了道教和佛教。宋代时发展为理学，尊周敦颐为鼻祖，程颢、程颐、朱熹为集大成者。后取得官方地位。现在所说的儒家思想，绝大部分来自宋朝的文献。元明清时期，科举考试都以朱熹的理学内容为考试题目，对思想产生了很大的束缚。五四运动后，取消了儒学的统治地位。

我们必须强调：传统文化与国学的概念必定会随着历史研究的进程和深入而不会永久停留在"传统文化就等同于儒学"的认知上。

（三）儒文化的核心与真谛

儒学的核心是仁和礼。

仁，就是爱人，就是以"爱人"之心，推行仁政，使社会各阶层的人们都享有生存和幸福的权利。礼，就是社会的道德秩序，就是用"正名"即道德教化的方法，使社会各阶层的人们对自身社会地位有稳定的道德认可和道德定位。

仁的作用是告诉老百姓没有造反的必要；礼的作用是告诉老百姓不要有造反之意识。即是说人们普遍享有生存和幸福的权利，就没有造反作乱的必要；人们普遍认可社会的道德秩序，普遍遵守符合自身社会地位的道德规范，造反作乱就没有道德依据。人民既然没有造反作乱的必要，又没有造反作乱的意识，社会就可以长治久安。古今中外，凡是能够使国家达到太平的统治，事实上都没有违背儒学的仁和礼两大原则。

儒学的真谛是仁礼一体。统治者不讲究仁，只讲究礼，人民就会反抗其统治。统治者讲究仁，广大人民群众不讲究礼，人民群众就会轻慢其统治——即人民不受道德约束，就会由思想上的无政府状态引发现实中的无政府状态。所以，仁和礼是一刻也不可以分开的，这就叫作仁礼一体。

人类社会是不断地发展和进步的，古代人类受到自然界的威胁特别严重，每个人都必须依赖群体的力量才能生存。因为这个原故，所以每个人都习惯于遵守群体共同的道德规范，而认为群体共性对个性的约束非常合理。但是越到后世，人类受到自然界的威胁不断减弱。因此，反对共性约束追求个性自由的思潮便逐步发展起来。所以，人们的道德观念也就跟着发生相应的变化。

礼在不同的时代必须有不同的内容。完完全全拿着古代的"礼"来统治现代的社会，就会违背仁的原则。违背了仁的礼，一定会受到人民的反对和反抗。所以，礼贵在不违背仁的原则。不违背仁的原则，就必须根据不同的时代而改变礼的一些具体内容。只有根据时代变化而改变和调整礼的一些具体内容，才可以达到不违背仁的原则。这就是仁礼协调，一体不二的要点。

儒学"仁礼一体"的体系中包含了法的内容，礼和法应该很好地结合。礼的作用主要是预防犯罪，法的作用主要是惩罚犯罪。对犯罪个体的惩罚不是法的全部意义，惩罚所能产生的社会影响才是惩罚的主要目的。建立分层践行的"以礼为体，以法为用"的礼法体系，是实现社会长治久安的重要保障。

新的社会形态也只有在推行仁政的基础上，建立健全新的社会道德秩序，才能得到最后稳定并实现长治久安。

第五篇章：舜福文化

一、舜文化

什么是舜文化呢？

舜文化是我国上古舜帝时期所产生的人们社会生活中精神行为的规范，是舜帝身体力行所创造的道德本体文化。

舜文化的突出特征是它的原创性和正统性。

（一）舜文化的内涵

《尚书》载："德自舜明"。

司马迁在《史记》中说："天下明德皆自虞帝始。"

一个"德"字，概括了舜帝毕生功绩；

一个"皆"字，概括了舜帝对黄帝以来事业的全面完成；

一个"自"字和"始"字，概括了舜帝的开创性贡献以及对后代的深远影响。

《尚书》与《史记》告诉我们，舜帝是中国道德文化的集大成者，是鼻祖，是"德"的化身。

任何文化的产生都离不开当时的历史环境和社会发展状况。舜所处的时代，是中国社会发展的转折时期。在这个时期，代表中华民族的东夷集团与华夏集团的融合已经完成，亦即炎、黄民族的融合已经完成，部落联盟的体制在沿袭了数千年后，国家已经初步形成；生产关系和生产力都有了一定的变化和发展。受农耕之益，人们的物质生活逐渐丰富了。作为个体的人，也已经走出了以氏族公社为单位的小社会，进入了由部落联盟——诸侯国组合起来的"古国"大社会。因此，在社会生活之中，个人与家庭成员之间，个人与社会成员之间，个人与所从事的职业之间，诸侯国与诸侯国之间，都需要有一种不同于以往的关系，都需要有一种双方都能接受和遵守的准则，才能使社会稳定，才能维护"诸侯国"之间的团结。作为"诸侯国"联盟——虞舜国的首领的舜，正是适应了这一社会发展的需要，在自己的一生中，身体力行地创造，想方设法地推行了这些准则，并使整个社会都遵守这个"道德"规范。它是人类由文明产生过程进入文明发展阶段的重要标志。

电视剧《大舜》剧照

舜帝一生的社会行为，就是对舜文化的实践和创造过程。舜文化是舜帝毕生身体力行创造的道德本体文化。舜文化的突出特征是它的原创性和正统性。

中国一向来被称之为礼仪之邦，道德则是中华传统文化最核心的内容。孔子在《论语·为政》中说："为政以德，譬如星辰，居其所而众星拱之。"意思是说通过道德的办法来治理和统治国家，这样的君主就会像北极星一样，群星都环绕在它周围，拱护着它。

（二）舜文化的核心内容

舜文化的核心内涵可以用孝、德、和三个字概括。

1.孝

舜出生于平民，却能被尧举用而成为"帝"，凭的究竟是什么？

《尚书·尧典》记载说，帝尧举政七十年的时候，四岳即向帝尧推荐了舜。

然而，舜当时只是个在历山开荒耕作的平头百姓。四岳推荐舜的理由是："瞽子，父顽，母嚚，象傲，克谐以孝，烝烝乂，不格奸。"仅仅因为舜的"克谐以孝"，尧帝便接受了四岳的意见，亲自造访面试后，将两个女儿娥皇和女英嫁给舜以作进一步考察。

《史记·五帝本纪》则更详细记载了舜的父母和弟弟设计谋害舜，舜不死，对父母弟弟一如既往地孝悌的情景。

《孟子·万章上》则记载了舜怨恨自己、思慕父母、面对父亲瞽叟和后娘壬女处心积虑的加害，非但不计较，倒反检查自己的言行有哪些地方不如父母意的情景。在舜看来，天下百错，错的只有子女，没有做父母的错。思来想去，只怨恨自己孝顺不够，导致父母憎恨，于是对父母的思念尤甚，情到深处，悲恸难忍，号啕着大声呼喊苍天。

《孟子·万章上》告诉人们：舜处处受人欢迎和赞颂，娶了好妻子，贵为天子，富有天下，却仍然很忧愁，这是由于得不到父母欢心的缘故。舜看来，唯有顺从父母的意愿，使父母欢欣和喜悦，才能真正化解他心中的苦闷。因此，孟子发表感慨说：人们少年的时候敬爱父母，青年时喜爱活泼美貌的异性，娶妻后疼爱妻子，出仕为官以后则忠君爱国。而大孝之人则一辈子孝敬父母。直到五十岁以后仍然那么孝顺父母，这样的典型人物只有大舜。

孔子的学生曾子问老师：老师，请允许我冒昧地提一个问题，什么才是圣人的德行？在人类所有的德行中，难道就没有比孝道更为重要的东西了吗？孔子说：在宇宙万物之中，唯有人类最为尊贵。而作为人，他最高的品行便是孝道，没有任何品行可以超越他。

羊羔跪乳，乌鸦反哺，家犬有义，雁飞有序，从古自今，莫不如是。对内能孝顺父母者，对外则能淳化风俗。以致"舜耕历山，历山之人皆让畔，渔雷泽，雷泽之人皆让居；陶河滨，河滨器皆不苦窳。一年而所居成聚，二年成邑，三年成都"。故尔《山海经》中说舜耕历山，"象为之耕，鸟为之耘"。

因为舜"二十而以孝闻"，孝心感天动地，所以舜能被世人尊敬、拥戴、效仿，所以得以被尧看重。由此我们可以得出结论：虞舜之所以能由一个普通山野村夫成为"帝"，其根本原因在于他的"孝感动天"。

元代郭居正将虞舜都列于二十四孝之首。

舜帝在自己家庭中对待愚顽暴虐的父亲和后母以及骄横的弟弟的行为，就是舜帝对孝的践行过程；舜帝根据自己求得家庭和睦的体会所总结出来的"父义，母慈，兄友，帝恭，子孝"的"五典"，为后来的《孝经》的写作以及"孝文化"理念的形成，奠定了核心基础。中华民族从尧舜开始，治国以德，治家以孝。孝生礼，孝生忠，孝生博爱，孝生顺从，孝才能得福。孝，千百年来成为华夏大地"天之经""地之义""民之行"。

人之孝重在养。曾子将孝分为三个层次："孝有三，大孝尊亲，其次弗辱，其下能养。"那么，如何才能做到"尊亲"？如何才能使父母"弗辱"呢？儒家提出的办法是：守身，修身，友悌，行仁。

《孝经》认为："身体发肤，受之父母，不敢毁伤，孝之始也。"《论语》载，孟武伯问孝，孔子回答说："父母唯其疾之忧。"因此，为了解除父母之忧，不使父母为儿女担惊受怕，就必须守身，这是每一个人起码的孝心。

孔子的学生曾子在《大孝篇》中说："……居处不庄，非孝也；事君不忠，非孝也；莅官不敬，非孝也；朋友不信，非孝也；战阵无勇，非孝也；五者不遂，灾及自身，敢不敬乎？"意思是说如因行为不端而招至灾祸，致使父母忧虑，这是不孝；不忠诚于国家是大不孝；做了官而不忠于职守，同样是不孝的行为；对朋友不讲诚信，这是不孝的行为，国家遭受外侮而上了战场，但是贪生怕死，这是不孝的行为；这五个方面如果做得不好，就会招来灾祸，危及自身，因此每个人都必须对行孝的五个方面有敬畏之心。曾子将人生中不好的品行全归于不孝之列，所以，我们必须修身，这比守身更为重要。

与兄弟相友爱，是家庭和睦的一个重要内容。孝行不仅仅是对父母，还必须做到兄友弟悌。

"友悌"是齐家，"行仁"则是治国平天下。因此，行仁是最大的孝。《孝经》说："立身行道，扬名于后世，以显父母，孝之终也。"《孝经》又说："夫孝，始于事亲，中于事君，终于立身。"要和睦社会乃至治国平天下，就必须行仁。

舜毕生都在践行孝道。因舜对"孝"的践行，后来对"孝"的行为就定义为"善事父母者"，可见，由此衍生出的孝文化，其源头是舜文化，这是无可置疑的。

2. 德

道德是用以调节人与人的关系的一种行为准则。舜以天、地、人为根本为出发点，营构起天道、地道、人道的道德规范，从而确定了包括伦理道德、职业道德、政治道德、宇宙道德为内涵的道德理念。

《尚书·尧典》说："克明俊德，以亲九族。九族既睦，平章百姓；百姓昭明，协和万邦。"意思是能够具有聪明才智和美德，才能够亲和九族。家庭九族之间和睦相处了，才能分辨是非，彰明百生；老百姓明白事理，才能团结众民族。意思很明白，他告诉我们家庭九族内部人们之间的和睦相处非常重要，这是伦理道德表现的基础。只有在这个基础之上，才能达到"协和万邦"的目的。虞舜在极为恶劣的家庭环境之中，十分完美地表现了孝顺父母友爱兄弟的美德，而这种美德，是积极向上的，主动的，以致于尽管父之顽、母之嚚、弟之傲，但是由于舜"孝"的感化，终不得作奸犯科。虞舜的行为既影响了家庭，也给九族做了榜样，进而影响了社会，使得众民族都能够和平相处。

舜的一生中从事过多种职业，做过农，制过陶，捕过鱼，经过商。

无论从事什么职业，舜都能勤劳发奋，诚实守信，与人为善，乐于助人，从不欺行霸市。

《白虎通义》说："舜者乐也，言天下有道，人皆乐也。"舜帝治国以德，他选贤用能，行厚德，远佞人；他纳言从谏、广开言路，"立诽谤之木"；他精于管理，定官员考核制度、定五年巡狩之制、拓疆分区；他以民为本，"无为而治"，勤政爱民——定"象"刑，重教化，少铢杀；在解决民族矛盾时，"舞干戚于三苗"、"以德化之"，求得"九族亲睦"与"合和万邦"；最后，他从"利天下，而不利一人"的大义出发，将与自己有"杀父之仇"但是治水功不可没的禹"荐之于天"，作为帝位继承人。

在人与自然的关系上，舜帝既顺应自然而又不屈服于自然，一方面他祭祀天地神祇，祭祀日月星辰，名山大川，一方面统一历法，统一度量衡。《尚书·尧典》说："在璇玑玉衡，以齐七政"。即是通过观察天象使朝廷的行政举措与璇玑玉衡的变化密合对应。才高博洽，为世通儒的汉人马融说："日月星皆以璇玑玉衡度知其盈缩进退失政所在。圣人谦让犹不自安，视璇玑玉衡以日月五星行度，知其政是与否，重审己之事也。"可知，舜帝毕生所追求的是"神人以和""天人合一"的理想境界，在对大自然认识不清的时代，采用信奉天地神祇的方法，以求天地人和，其出发点是积极的，目的是善良的。

在营造和睦家庭方面，舜以"孝"为基，致力于创造和睦的家庭，推传"五典之教"，完成了由爱父母、爱兄弟到爱所有人的实践；在职业生涯中，舜以极为高尚的职业道德感化、教化人，以致于人们都愿意与舜作为邻居，因而"一年所居成聚，二年成邑，三年成都"；在政治生涯中，舜为政以德，使政治清明，社会安定，民族团结，国家统一；其宇宙道德的境界则达到了人与自然和谐相处。正如湖北荆门郭店出土的竹简所说：舜帝是天地道德和宇宙道德的典范。

舜身体力行地践行，创造了原生态的道德文化，给后人留下了一笔拿钱买不到的精神财富，也为老子的《德道经》的写作，奠定了思想基础、理论基础以及实质性的内涵。"德"是舜文化中的核心内容。

3、和

"和"是舜帝毕生所追求的崇高目标。舜帝的"和合"的思想，主要体现在四个方面。

（1）在家庭生活中"和"为本，争取了家庭和睦。

舜的父亲、后母、同父异母的弟弟采用焚廪、实井、劝酒的手段多次欲置他于死地，舜却不记前隙，一如继往地对父母尽孝，对弟弟友善，与他们和谐相处，并以孝行和美德感化他们，从而争取了家庭的和睦。

（2）在社会行为中"和"当先，促进了社会和谐。

《尸子辑本》卷上载："舜兼爱百姓，务利天下。其田历山也，荷彼耒耜，耕彼南亩，与四海皆有其利。其渔雷泽也，旱则为耕者凿渎，险则为猎者丧虎。故有光如日月，天下归于若父母。"《韩非子·难一》载："历山之农者侵畔，舜往耕焉，期年甽亩正；河滨之渔者争坻，舜往渔焉，期年而让长；东夷之陶者器苦窳，舜往陶焉，期年而器牢。"《史记·五帝本纪》载："舜耕历山，历山之人皆让畔；渔雷泽，雷泽上人皆让居；陶河滨，河滨器皆不苦窳。一年而所居成聚，二年成邑，三年成都。"

九族之内讲亲，九族之外则讲和。在社会活动的人际交往中，虞舜"和"字当先，"和"以处众，得到了人们的普遍信赖，人人择舜而居，使得"一年所居成聚，二年成邑，三年成都"，促进了社会的和谐。

（3）在民族关系中，以"和"为贵，赢得了国家和平。

尧时，活跃在洞庭湖和鄱阳湖一带以及江南广大地区的三苗逼进中原腹地。于是"尧战于丹水以服南蛮"。然而，三苗并未被征服，不畏强暴，败而不绥，在江淮、荆州数为乱。《尚书·大禹谟》记载了这一史实。后来，舜辅佐尧"迁三苗于三危，以变西戎"，才获得了南方的一时安宁。舜为天子以后，残存的三苗仍不服，舜制止了禹等"请伐之"的请求，正如《吕氏春秋·尚德》所载："三苗不服，禹请攻之。舜曰：'以德可也。'行德三年，而三苗服。"

武力征伐不能服众，行德喻教终以化民。舜帝以"和"为贵，使百姓免遭战争之苦，实现了北方华夏集团东夷集团与南方苗蛮集团的大融合，为古国大一统做出了卓越贡献。

（4）在宇宙道德中以"和"为规尺，实现人与自然的和美。

儒家把舜当成天地道德和宇宙道德的典范，其理由是舜毕生注重道德修养，以至达到"天人合一"境界。

《尚书·尧典》记载：舜帝对夔说："……诗言志，歌永言。声依永，律和声。八音克谐，无相夺伦，神人以和"；《史记·夏本纪》记载："于是夔行乐，祖考至，群后相让，鸟兽翔舞，《箫韶》九成，凤凰来临，百兽率舞，百官信谐"。

古人认为天、地、人相互融通就是最大的"和"，人与社会、人与自然的和谐发展，也就做到了我们常说的"天地人和"。舜帝以自身的音乐特质创《韶》乐，歌《南风》，以诱导人与人之间的和谐；舜帝崇拜瑞鸟凤凰而以凤凰为图腾，以启示人们重视人与自然的和谐。舜的道德达到了"神人以合"境界。这里所说的"神"，是指自然宇宙大法则，这里所说的"人"，则包括了人的肉与灵。

舜帝"和"的思想行为以及理念，使得国家与国家、民族与民族、人与人、人与自然之间，都能和谐相处，实现了真正意义上的灵与肉的统一，正如《尚书·尧典》开篇开宗明义所说："克明俊德，以亲九族。九族既睦，平章百姓。百姓昭明，协和万邦，黎民与、于变时雍。"

孝、德、和三个字，构成了舜文化的核心内涵，其中"孝"是舜得以立身的前提，"德"是舜得以服众的根本，"和"则最终成为了他最突出的思想精神特质。

为人在世，行孝则懂礼，有德则能行仁，懂礼则能讲理，以理服人则和，和则万事顺，就会"洪福齐天"。所以我们说：以孝、德、和为核心的舜文化，最终落地在一个"福"字上。

二、舜文化与儒文化的源流关系

树有根，水有源，孔子创立儒家文化，决不可能空穴来风，无风起浪。那么儒文化的源头在哪里？

研究表明：舜文化是儒文化之源。

（一）儒文化与舜文化本源相同。

1. 从孔子自身的定位，看儒文化的本源

《论语·学而》有言，"子曰：'述而不作，信而好古，窃比于我老彭。'"孔子说，他只阐述前人的学说，将古人的智慧和心得加以陈述，并没有加入自己的思想，并没有去创作，去改变。他相信和爱好古人传下来的东西，自己只做殷商初期热心社会教育的贤大夫老彭那样的人。

孔子说这话是实事求是的。学生们在《论语》中原原本本记录下孔子的自我评价，当然是建立在认同老师的自我评价的基础上的。我们不妨从四书中引述几段，看看孔子是怎样"述"的。

在四书中，孔子赞赏舜帝的地方比比皆是。

孔子夸舜帝大知大觉，大聪大慧。"子曰：舜其大知也与！舜好问而好察迩言，隐恶而扬善，执其两端，用其中于民，其斯以为舜乎！"这段话引自《礼记·中庸》。孔子说：舜真是具有大智能啊！他喜欢征询别人的意见，向人提问题，又善于分析浅显的话里的含意。他把别人的错误和不好的意见隐藏起来，同时又褒扬别人正确的好意见，宣扬人家的好处。最后再将众人的意见，所有过与不及之处都加以折衷，采纳适中的，施行于老百姓，这就是舜之所以为天下百姓拥戴与津津乐道的缘故吧！

孔子对舜帝大德大孝极尽褒扬。"子曰：'舜其大孝也与！德为圣人，尊为天子，富有四海之内，宗庙飨之，子孙保之。故大德必得其位，必得其禄，必得其名，必得其寿。故天生万物，必因其才而笃焉。故栽者培之，倾者覆之。《诗》曰："嘉乐君子，宪宪令德，宜民宜人，受禄于天。保佑命之，自天申之。'故大德者必受命。'"这段文字仍然引自《中庸》。孔子说："舜该是个最孝顺的人了吧？德行方面是圣人，地位上是尊贵的天子，财富方面拥有整个天下，宗庙里祭祀他，子子孙孙都保持他的功业。所以，有大德的人必定得到他应得的地位，必定得到他应得的财富，必定得到他应得的名声，必定得到他应得的长寿。所以，上天生养万物，必定根据它们的资质而厚待它们。能成材的得到培育，不能成材的就遭到淘汰。《诗经》说：'高尚优雅的君子，有光明美好的德行，让人民安居乐业，享受上天赐予的福禄。上天保佑他，任用他，给他以重大的使命。'所以，有大德的人必定会承受天命。"

孔子赞赏舜帝为政以德。"子曰：巍巍乎，舜、禹之有天下者也，而不与焉！"这段文字引自《论语·泰伯》。孔子说："舜和禹真是崇高啊！贵为天子，富有四海，一点也不为自己。"

孔子对舜帝重视人才评价颇高。"舜有臣五人而天下治。武王曰：'予有乱臣十人。'孔子曰：'才难，不其然乎？唐虞之际，于斯为盛……'"这段文字引自《论语·泰伯篇第二十》，说舜依靠禹、稷、契、皋陶、伯益五位贤臣，就能治理好天下。周武王说，我有十个帮助我治理国家的臣子。孔子说，人才难得，难道不是这样吗？唐尧和虞舜之间，人才是最盛的了。

孔子对舜帝治理国家的能力予以肯定。"子曰：无为而治者，其舜也与！夫何为哉？恭己正南面而已矣。"这段文字引自《论语·卫灵公》）。孔子说："能够无为——以高尚的德操，偶像魅力，就能治理天下的人，大概只有舜吧。他做了些什么呢？只是庄严端正地坐在朝廷的王位上，用端正自己来端正天下罢了。"

由上可知，孔子对舜帝的大德大孝、大聪大慧、与人为善、忠君敬主、行仁取义、从善如流、无为而治等人伦道德、社会道德、政治道德，都作了充分的肯定，推崇至极，因而就有"子在齐闻《韶》，三月不知肉味"的评介，才有听了歌颂舜帝的《韶》乐后"不图为乐之至于斯也"的发自肺腑的感叹，也就有了"唐虞之际，于斯为盛"的定评。

孔子"言必称尧舜"，此言不虚。孔子无论是教育学生还是与帝王论及国家大事，都是用舜帝的言行为例证，正应了他"述而不作，信而好古"的自我总结式的评介。

2. 从《礼记·中庸》"仲尼祖述尧舜，宪章文武"的记载，看儒文化的本源

《礼记·中庸》说："仲尼祖述尧舜，宪章文武，上律天时，下袭水土。辟如天地之无不持载，无不覆帱，辟如四时之错行，如日月之代明。万物并育而不相害，道并行而不相悖。小德川流，大德敦化，此天地之所以为大也！"大意是：孔子继承尧的思想、传承舜帝身体力行创建起来的文化，以文王、武王为典范，上遵循天时，下符合地理。就像天地那样没有什么不承载，没有什么不覆盖。又好像四季的交错运行，日月的交替光明。万物一起生长而互不妨害，道路同时并行而互不冲突。小的德行如河水一样长流不息，大的德行使万物敦厚纯朴。这就是天地的伟大之处。

尧是中国历史上的第一位贤君，聪颖仁爱，光明磊落，生长在帝王之家，却谦逊节俭，宽容礼让。尧帝年老的时候，寻找继承人，召集各地部落首领来商议，尧的弟弟放齐推荐尧的儿子丹朱，尧帝苦笑着怪怨儿子丹朱顽劣、凶蛮、不学无术，表明不要丹朱即位，以免百姓遭殃。四岳趁机推荐虞舜，说民间有一位贤士，名叫虞舜，母亲死得很早，父亲眼睛看不见，但性子却很顽固，继母刁蛮奸诈，异母弟弟象，常恃母自傲，对虞舜很无礼。但是，虞舜始终敬父孝母，爱护弟弟，把快要分裂的家治理得和和睦睦。尧帝听后很高兴，便亲自访贤，将虞舜请到朝廷，委以重任，又将两个女儿都嫁给了他，以借助女儿暗中考察他的品行。虞舜始终平静地面对了种种变化，行事深谋远虑，仁义礼让，讲话诚实守信，和蔼可亲，默默地接受了各个不同岗位的考验，50岁做了摄政帝，58岁尧崩，虞舜为之守孝三年，61岁践帝位，直到勤民而死。司马迁在《史记·五帝本纪》说："天下明德皆自虞帝始"，即是明白无误地告诉我们，舜帝是集三皇五帝文化之大成者。

尧帝举用舜帝，舜帝以孝立家，孝感动天，礼让、诚信。后来的周文王礼贤下士，周武王治国有方，文武周公对先贤尧舜，尊崇有加，曾有追记先贤，将舜帝后裔妫胡满封到陈地成为陈国之王之举。因此，孔子所创立的儒学遵循尧舜之道，效法周文王、周武王之制。可见《礼记·中庸》所言"仲尼祖述尧舜，宪章文武"有根有据，我们说孔子所创立的儒家文化的源头是舜文化符合实情。

3. 从儒家经典四书五经对孝的论述，看儒文化的本源

《尚书》云："克谐以孝。"

《左传》云："颍考叔，纯孝也，爱其母，施及庄公。"

《诗经》云："孝子不匮，永锡尔类。"

《论语》提到孝子的句子很多，如："其为人也孝弟，而好犯上者，鲜矣；不好犯上，而好作乱者，未之有也。君子务本，本立而道生。孝弟也者，其为仁之本与！"

"子夏问孝，子曰：色难，有事，弟子服其劳；有酒食，先生馔，曾以为孝乎。"

"父在，观其志；父没，观其行，三年无改于父之道，可谓孝矣。""生，事之以礼；死，葬之以礼，祭之以礼。"

"弟子入则孝，出则弟，谨而信，泛爱众，而亲仁。行有余力，则以学文。"

"子游问孝，子曰：今之孝者，是谓能养。至于犬马，皆能有养，不敬，何以别乎？"

"孟懿子问孝，子曰：'无违。'樊迟御，子告之曰：'孟孙问孝于我，我对曰无违。'樊迟曰：'何谓也。'子曰：'生，事之以礼；死，葬之以礼，祭之以礼。'"

孟武伯问孝，子曰："父母唯其疾之忧。"

《中庸·达孝章》则说，子曰："武王、周公，其达孝矣夫！夫孝者，善继人之志，善述人之事者也。"孔子说，周武王和周公，是真正做到孝的人了吧。这样的孝，指的是善于继承先人的遗志，善于继承先人未尽的事业。

《中庸·达孝章》所说的孝，有别于大舜的孝。舜帝的孝，叫做至孝，因为舜帝的孝是发乎内心的、达到了极致的孝，一般人难以做到。周武王和周公被天下人认为是孝道，他们不仅完成了祖先的遗志，而且承续了祖先的事业。

《大学》是儒家的重要经典，开宗明义说，"大学之道，在明明德"。《大学》论孝云："孝者，所以事君也。"

《孟子》对孝的论述也很到位。例举如下。

"世俗所谓不孝者五：惰其四支，不顾父母之养，一不孝也；博弈好饮酒，不顾父母之养，二不孝也；好货财，私妻子，不顾父母之养，三不孝也；从耳目之欲，以为父母戮，四不孝也；好勇斗很，以危父母，五不孝也。"孟子说：一般人所谓不孝的事情有五件：四肢懒惰，不管父母的生活，一不孝；好下棋喝酒，不管父母的生活，二不孝；贪钱财，偏爱妻室儿女，不管父母的生活，三不孝；放纵耳目的欲望，使父母因此蒙受耻辱，四不孝；逞勇好斗，危及父母，五不孝。

4. 从文字训诂学角度看儒文化的本源

我们之所以称舜帝是孝祖，是因为中国传统文化中"孝"的理念是舜帝"干"出来的。虞舜之前，没有"孝"的定义。在家庭环境十分恶劣的情况下，虞舜始终以"孝"的行为面对顽父、嚚母、傲弟，后就有了《尚书·尧典》记载的："瞽子，父顽，母嚚，弟傲，克谐以孝，烝烝乂，不格奸"中"孝"的理念。兴许"父义，母慈，兄友，弟恭，子孝"的"五典"，是后人归纳总结出来的，但是，倘若没有舜帝身体力行地践行，就不会有《尚书》中"克谐以孝"的说辞。

从文字学的角度看，"孝"字出现在3300多年前的殷墟甲骨文中，孝的写法在甲骨文中是 ⚘ ⚘ ⚘，⚘ 是"老"字 ⚘ 的省略，⚘ 表示长发长者，⚘ ⚘

。甲骨文𡥀字后来演变为金文𡥀、𡥀，将甲骨文的𡈼明确为𡥀或𡥀，再演变为小篆𡥀。再后来，隶书出现，隶书的**孝**将篆体的𡖡（老）简化为𡈼，将𡥀（子）写成**子**。**孝**字老人在上，小子在下，表示儿孙搀扶老人，寓意是孩子小的时候，父母在上面为孩子遮风挡雨；孩子长大了，父母老了，孩子在下面背着父母——服从和奉养父母，这就是"孝"。

《说文解字》解释"孝"字云："善事父母者。从老省，从子，子承老也。"至于甲骨文发现之前，是否有更早的象形字，尚不得而知。但是，"孝"的理念和含义由来已久，这是确定无疑的。若问久到什么时候？始于舜帝，这是毋庸置疑的。

5. 从《孝经》看儒文化的本源

孝文化是中华民族传统文化的重要组成部分，是儒学的核心与根本，它与孔子提出的礼是一体的。孝者必懂礼讲礼。《孝经》以孝为中心，比较集中地阐发了儒家的伦理思想。它肯定"孝"是上天所定的规范："夫孝，天之经也，地之义也，人之行也。"孝是诸德之本："人之行，莫大于孝。"国君可以用孝治理国家，臣民能够用孝立身理家，保持爵禄。《孝经》在中国伦理思想中，首次将孝亲与忠君联系起来，认为"忠"是"孝"的发展和扩大，并把"孝"的社会作用推而广之，认为"孝悌之至"就能够"通于神明，光于四海，无所不通"。《孝经》对实行"孝"的要求和方法也作了系统而详细的规定，它主张把"孝"贯串于人的一切行为之中。"身体发肤，受之父母，不敢毁伤"是孝之始；"立身行道，扬名于后世，以显父母"是孝之终。它把维护宗法等级关系与为君主服务联系起来，主张"孝"要"始于事亲，中于事君，终于立身"，并按照父亲的生老病死等生命过程，提出"孝"的具体要求："居则致其敬，养则致其乐，病则致其忧，丧则致其哀，祭则致其严。"《孝经》还根据不同人的等级差别规定了行"孝"的不同内容：天子之"孝"要求"爱敬尽于其事亲，而德教加于百姓，刑于四海"；诸侯之"孝"要求"在上不骄，高而不危，制节谨度，满而不溢"；卿大夫之"孝"则一切按先王之道而行，"非法不言，非道不行，口无择言，身无择行"；士阶层的"孝"是忠顺事上，保禄位，守祭祀；庶人之"孝"应"用天之道，分地之利，谨身节用，以养父母"。《孝经》还把道德规范与法律（刑律）联系起来，认为"五刑之属三千，而罪莫大于不孝"；提出要借用国家法律的权威，维护其宗法等级关系和道德秩序。

《孝经》在中国古代影响很大，历代王朝无不标榜"以孝治天下"，在唐代被尊为经书，唐玄宗曾亲自为《孝经》作注，南宋以后被列为《十三经》之一。自汉代至清代的漫长社会历史进程中，《孝经》被看作是垂范将来的经典，对传播和维护社会纲常、社会太平起了很大作用。

《孝经》的作者是谁？自古有多种说法。《孝经》有《今文孝经》和《古文孝经》两个版本。《古文孝经》是汉武帝时期在孔子旧宅的墙壁里发现的蝌蚪文版本，除了各别篇章有删减外，大意与《今文孝经》并无不同。传说是孔子自作，但南宋时就有人怀疑是出于后人附会。清代纪昀（纪晓岚）在《四库全书总目》中指出，该书是孔子"七十子之徒之遗言"，成书于秦汉之际。自西汉至魏晋南北朝，注解者及百家。古文本为孔安国注，现在流行的版本是唐玄宗李隆基注，宋代邢昺疏。

《论语》《孟子》与《孝经》，是儒家论孝的三部重要典籍。其所论述的观点，代表着各个不同时期的发展情况。就《论语》写作背景来看，春秋时期，周王室已经衰落，礼崩乐坏，社会秩序混乱。为此，孔子提出"仁"与"礼"以提振人心。"仁"的意旨是爱人，"礼"的意旨是爱君，合起来是互爱。而"仁"与"礼"的具象与内核就是"孝"。到战国中期的孟子，战争频繁，各雄称霸，周王室的影响荡然无存，社会无论是政治和经济剧烈变动。在这种社会环境下，孟子继承了孔子的思想，提出了行仁治国的理念与人性本善的观点，亦即"仁政"，强调"仁、义、礼、智"与生俱来，而仁义的具体表现就是孝悌，进一步地完成了儒家孝道观念的哲学论证。到了先秦后期，纷乱的局面行将来临，大一统局面即将到来，这时候，《孝经》问世了，孝道观念再度提出与完善发展，国就是家、君就是父的忠孝观念形成，起到了稳定社会的作用。同时，对孝道观念有了系统的阐述，因此，《孝经》是儒家孝道思想之集大成者。

《孝经》作者是谁，我们可以不论，但是，《孝经》是对舜帝身体力行所创造的"孝文化"与"五典之教"内容的发散与具体化，是儒家孝道思想的集大成者，这是不容置疑的。完全可以说，因为有舜帝"孝"的践行，才有象形文字中𡥂的出现，才有《尚书》舜"克谐以孝"和《诗经》"孝子不匮，永锡尔类"的说辞，才有《孝经》这部关于孝道的儒家经典著作的面世。

由以上例证可知，"孝"的理念由舜帝身体力行创造，由象形文字率先意表由《尚书》《左传》《诗经》率先书表由孔子率先传授由《孝经》全面总结和阐述的中华民族永不衰竭的伦理道德概念。由此我们得出结论：作为儒文化核心的孝文化起源于舜文化。

（二）儒文化与舜文化同源探因

由前文可知，儒文化与舜文化有着千丝万缕的关联。

1.儒文化首当其冲的特质是：以孔子为先师和精神领袖。

孔子是儒学的开山鼻祖，孔子"仁者爱人"与"克己复礼"等主张，要求统治阶级体察民情，反对苛政，遵循"忠恕"之道，按照"己所不欲，勿施于人"的要求，克制自己，使自己符合"礼"制要求，达到"爱人"的目的。儒文化乃至国学的发展进程中，始终把孔子奉为先师和精神领袖。

2.儒文化的第二大特质是：闪耀着舜帝的思想和行为的光辉。

孔子在删改、编注《尚书》的过程中，吸取了书中的思想和文化精华，并以其为基石，在舜帝的思想和行为中"德"与"孝"的光环下，提出了"仁"和"礼"的主张。孔文化中的"仁"和"礼"与舜文化中的"德"和"孝"，都具有古典人道主义的性质。"仁"与"德"，"礼"与"孝"，有着"剪不断理还乱"的千丝万缕的联系，几乎是同一内容的不同表达。

3.儒文化的第三大特质是：孟子在对孔文化全面继承和发展中，确立了"亚圣"地位。

生于公元前372—289年的战国时期的邹人（今山东邹县）孟子，继承和发挥了孔子的思想，把孔子的"仁"的观念发展为"仁政"。孟子对儒文化在中华民族文化中的地位的确立起了关键的作用。

4.儒文化的第四大特质是：在发展过程中万变不离其宗——以孔子为至圣先师的宗旨没有变。

西汉的董仲舒以孔孟思想为基础，以阴阳五行为框架，兼采诸子百家，建立起新"天人感应","君权神授"为核心的新儒学；唐朝中期的儒学大师韩愈，则从维护封建统治出发，参以儒家的天命论和封建纲常，使儒文化发展成为中国古代的正统文化；宋代理学大师周敦颐、二程以及朱熹，以儒家思想为基础，吸收佛教和道教思想，提出"存天理，灭人欲"的主张，完善和发展了客观唯心主义的理学体系——程朱理学；明中叶的王阳明则创立了主观唯心主义理论——心学。在不同时代，儒学虽然经历过为我所用的丰富和发展，但是万变不离其宗——以孔子为先师，为思想和精神领袖的宗旨没有变。

孟子承袭发展孔子学说。孔孟齐心注重人与人之间伦理关系，组成仁与礼的张力结构，并将之运用到政治实践中，成为指导性的原则。尽管儒家在先秦曾遭墨、法、道等派的激烈批判，在秦代和汉初曾遭统治者排斥，在六朝曾先后受玄学、佛学的挑战，在"五四"反孔非儒高潮下经历空前之厄，但是，几千年来，《四书》《五经》的传统思想、节制思想、忠孝思想，都从来没有停止过传播，还是绵延至今。

儒文化作为中华民族宝贵的文化遗产，作为国学的核心与精髓，对当代中国文化、中国政治、中国经济影响都很深，对东、南亚各国也有广泛的影响。儒家思想是中国漫长历史长河中包括当代在内的主流思想。其中，孔孟思想始终是儒文化的源头与灵魂，是儒文化的核心与主体。但是，在中华文化史中，必须肯定的是，儒文化与舜文化本源相同！换句话说，儒文化的源头是舜文化。

我们不妨将前文中说过的儒文化的内涵、核心内容和舜文化的内涵与核心内容两相比较一下。

儒学的核心一是"仁"，一是"礼"。

许慎《说文》说"仁，亲也。从二人"意思是人与人的关系要友善亲爱，互相帮扶。孔子主张"道之以德"，儒家以"修身、齐家、治国、平天下"为己任。帝尧不把"帝位"传给丹朱和共工，而禅位给舜帝，就是因为舜帝注重道德修养，以孝德为本，在家庭中友善亲和，在外则以德化人，践帝位后则广施德政，亲睦九族。被称之为"孝祖""德圣"的舜帝，给儒文化注入了灵魂。儒家以"仁"为核心的人生观，孕育出了范仲淹、文天祥、顾炎武等民族精英。"孔曰成仁，孟曰取义"，这种理念恰恰发轫于舜文化。

孔子重礼，提出"齐之以礼"，孟子发展成孔孟之道，衍生出了"废黜百家，独尊儒术"的董仲舒，衍生出了"圣希天，贤希圣，士希贤"的"天人合一"思想的周敦颐、二程以及朱熹。舜帝修正吉、凶、宾、军、嘉五礼，首开三年守孝之礼，设定五年巡狩之礼，创造了"父义、母慈、兄友、弟恭、子孝"的五伦，践帝位后专设了执掌五典教化和祭祀礼仪的职官。诚如《尚书》所说：舜"慎徽五典，五典克从"。可知，孔子"礼"的内容，无一不是舜文化的滥觞和发展。

中华民族的文明史与文化史，是一部道德文化史，而不是单纯的儒文化史。老子在《德道经》中说到的德，它是一种生活态度。所谓有"德"，就是不管有没有人看着你，有没有法律追究，你的行为都得符合天理，这样的"德"才是真正的"德"。德是道之基，无德不足以问道。

"德"即得，有德之人，就能有所得，就能修成正果。《太上老君清静经》说："上德不德，下德执德。执著执者，不名道德"，上德为先天，与身俱来，不待外求，因而不表现为形式上的德。

舜帝的"德"属于"上德"。

逐一将舜文化与儒文化比较我们可以发现：舜帝身体力行所创造的道德文化，是货真价实的文化形态。由于历史的局限，虽然没有能够像儒文化一样有极为完整的表述与记载，但是，舜文化涵盖了儒学中"仁、义、理、智、信、孝、悌、忠、廉、耻"的全部内容是毋庸置疑的。

儒文化与舜文化之所以同源，主要原因有三：

1. 孔子在批注《尚书》中，认知认同了舜帝和舜文化。这是儒文化与舜文化同源的内因。

《尚书》可说是上古帝王治世的档卷。无论是汉代立在学宫的五部经典，或是通行于唐文宗以后的十二部经典，或者是南宋理学大师朱熹手定，最高统治者首肯、成为儒学精髓的十三部经典，其间都离不开《尚书》。《淮南子》《论衡》《拾遗记》都说大约在5000年前的黄帝时期，中华民族就已经开始创造和应用文字。《尚书》其实就是一部官方文件的汇编，是唐尧、虞舜、夏、商、周王室以及诸侯国的文献档卷。据汉朝方士说，档卷本来有三千多篇，后经孔子"断远取近"，只剩了一百零二篇。《汉书·艺文志》记载："《书》之所起远矣，至孔子纂焉。上断于尧，下迄于秦，凡百篇而为之序，言其作意。"

《春秋说题辞》云："尚者，上也。上世帝王之遗书也。"《论衡·正说篇》认为：《尚书》者，以为上古帝王之书，或以为上所为下所书。

孔子本着"可以为世法者"的原则整理《尚书》，进行筛选，最后留下的文件中，保留下《尧典》与《舜典》，其反应出的文化信息是孔子对尧、舜德行的肯定和认可。正因为孔子认同舜帝道德文化，才有了孔子在后来讲学中"言必称尧舜"的做法与诠释；才创造出了以舜文化中"孝""德""和"为根基、以"仁""礼"为形式的儒文化。

2.孟子对孔子思想的继承发展，是建立在对舜文化认同与尊崇基础之上的，这是儒文化与舜文化同源的客因。

孔子、孟子都认为舜的政治主张就是实行仁政，对于舜的"无为而治"也做了充分肯定。孟子曰："尧以不得舜为己忧，舜以不得禹、皋陶为己忧。"孟子曰："大舜有大焉，善于人同，舍己从人，乐取于人以为善。自耕稼、陶、渔以至为帝，无非取于人者。取诸人以为善，是与人为善者也。故君子莫大于与人为善。"又曰："规矩，方圆之至也；圣人，人伦之至也。欲为君尽君道；欲为臣尽臣道。二者皆法尧舜而已矣。不以舜之所以事尧事君，不敬其君也；不以尧之所以治民治民，贼其民也。"

在肯定舜帝是中国贤明圣君、道德典范、智慧化身的前提下，孟子号召人们向舜帝学习，曰："舜人也，我亦人也，舜为法于天下，可传于后世，我由未免为乡人也，是则可忧，忧之如何，如舜而已。"

孟子期待"人皆可以为尧舜"。

孔子文化的古典人道主义与舜帝的道德文化的原创性是互通的。作为被人称之为"亚圣"的孟子，把孔子的"仁"的观念发展为"仁政"学说，主张"法先王"，提出"民贵君轻"说，劝告统治者实行仁政。孟子发展与完善儒家文化的思想基础，表面看起来是以孔子思想为依据，实则舜帝和舜文化才是真正的原始根基。

3.地望渊源是儒文化与舜文化同源的外因。

舜，上古时期山东诸冯人；孔子，春秋时山东曲阜人；孟子，战国时期山东邹城人。山东上古时候隶属东夷。上古时期，交通不便，信息闭塞，人与人之间离得近些，对历史遗留下来口耳相传的文化自然就接触得多些，人与人之间的感情也就走得近些。因此地望渊源客观上也给文化的了解、关注和沿袭提供了方便。

将儒文化与舜文化的核心内容——比较可知，儒文化是中华民族人文始祖舜帝身体力行所创造的舜文化孕育繁衍出来的，换句话说舜文化是儒文化的母源。

三 、舜文化与各种文化形态的关系

我们有必要了解一下什么叫文化。

"文化"是"人文化成"一语的缩写。这话出自《易经·贲卦象辞》："刚柔交错，天文也；文明以止，人文也。观夫天文，以察时变，观夫人文，以化成天下。"

文化是一个非常广泛和最具人文意义的概念。对文化这个概念的解读，有史以来众说纷纭。尽管这样，东、西方的百科全书或者文化辞书却有一个基本共同的解释与理解：文化是相对于政治、经济而言的人类全部精神活动及其活动产品。

广义文化指人类在社会历史发展过程中所创造的物质财富和精神财富的总和。狭义的文化是指人们普遍的社会习惯，如衣食住行、风俗习惯、生活方式、行为规范等。

文化是生命衍生的具有人文意味的现象，是与生俱来的，来源于人，也服务于人。它包括精神文化与物质文化两方面。精神文化又包括制度文化和心理文化两个方面。制度文化指生活制度、家庭制度、社会制度；心理文化指思维方式、宗教信仰、审美情趣、风俗习惯、道德情操、学术思想、文学艺术、科学技术、哲学、法律、政治等方面内容，属于不可见的隐性文化。物质文化是指人类创造的种种物质文明，包括交通工具、服饰、日常用品等，是一种可见的显性文化；

文化的两大要素是语言(声音)和文字(符号)。它是人类在不断认识自我、改造自我的过程中，在不断认识自然、改造自然的过程中所创造的，并获得人们共同认可和使用的符号（以文字为主，以图像为辅）与声音（语言为主，音韵、音符为辅）的体系总和。从一定意义上说，文化是语言和文字的总和。

据考证，"文化"是中国语言系统中古已有之的词汇。《易·系辞下》《礼记·乐记》《说文解字》都有记载。《说文解字》称："文，错画也，象交叉。"在这个基础上，"文"又有若干引申出来的含义。其一，"文"为包括语言文字内的各种象征符号，进而具体化为文物典籍、礼乐制度。《尚书·序》所载伏羲画八卦，造书契，"由是文籍生焉"，《论语·子罕》所载孔子说："文王既没，文不在兹乎"。其二，由伦理之说导出彩画、装饰、人为修养的含义，与"质""实"对称，所以《尚书·舜典》疏曰"经纬天地曰文"；《论语·雍也》称"质胜文则野，文胜质则史，文质彬彬，然后君子"。其三，在前

两层意义之上，更导出美、善、德行的含义，这便是《礼记·乐记》所谓"礼减而进，以进为文"以及《尚书·大禹谟》所谓"文命敷于四海，祗承于帝"。

"化"，本义为改易、生成、造化。"文"与"化"并联使用，较早见之于战国末年儒生编辑的《易·贲卦·象传》："（刚柔交错），天文也。文明以止，人文也。观乎天文，以察时变；观乎人文，以化成天下。"西汉以后，"文"与"化"方合成一个整词，如《说苑·指武》所说："圣人之治天下也，先文德而后武力。凡武之兴，为不服也。文化不改，然后加诛。"

人类由于共同生活的需要才创造出文化，文化在它所涵盖的范围和不同的层面发挥着主要的功能和作用。文化的主要功能与作用有四个方面。

一是整合作用——社会群体中不同的成员都是独特的行动者，文化是他们之间沟通的中介，如果他们能够共享文化，那么他们就能够有效地沟通，消除隔阂、促成合作；二是导向作用——文化的导向功能是指文化可以为人们的行动提供方向和可供选择的方式，通过共享文化，行动者就可以选择适宜有效的行动；三是维持秩序——某种文化的形成和确立，就意味着某种价值观和行为规范的被认可和被遵从，这也意味着某种秩序的形成，四是传续——从历史的角度看，文化能向新的时代流传，即传给下一代、共享上一代的文化。

（一）舜文化与孝文化

1. 什么是孝文化？

19世纪德国唯心论哲学代表人物黑格尔曾说过一句话："中国纯粹建筑在

这一种道德的结合上，国家的特性便是客观的家庭孝敬。"

孝文化是一个复杂的文化现象，对其内涵的认同，站在不同的角度，会有不同的结论。我们要从孝文化的历史与内涵中审视，发现和挖掘其当代价值。通常我们所指的孝文化是中国人的孝意识、孝行为的内容、孝行为的方式、历史性过程、政治性归属、社会性衍伸的总和，它包括人文景观、历史史实、传说故事、民间风俗、文学艺术、文化教育、道德修养、审美情趣等方面，是中华民族重要而悠久的传统文化。

2. 孝文化的变迁

中国孝文化源远流长。孝作为一种社会意志和行为，是随着人类社会的产生而产生的。孝文化是在华夏数千年历史中孕育、诞生和发展起来的，它在漫长的中国文明史上，发挥的作用举足轻重。

中国优秀传统文化中的孝文化，经过了长期的历史积淀，萌发于上古时期，兴盛于西周，春秋战国时代得以升华完善，汉代变为政治化——成为统治阶级统治国家与人民的政治工具，魏晋南北朝时期得到稳定与深化，宋明时期几乎极端化，近代赋予一些符合时代需要的内涵。其发展轨迹为：

上古：虞舜身体力行践行孝

正如《尚书·尧典》所载："瞽子，父顽，母嚚，弟傲，克谐以孝，烝烝乂，不格奸。"

先秦：形成与确立孝道

《尚书》有"克谐以孝"之说；《诗经》孝论随处可见。

《楚茨》："孝孙有庆，报以介福，万寿无疆。"译文：孝子孝孙的善行，会得到大福和长寿的报偿。

《下武》："永言孝思，孝思维则。"译文：牢记孝道，孝道就是生活的准则。

《既醉》："孝子不匮，永锡尔类。" 译文：孝子的孝行不绝，就会得到永远的赐福。

《卷阿》："有孝有德，以引以翼。" 译文：具有孝道之美德的人，才会受到人们的尊敬。

《闵予小子》："於乎皇考，永世克孝。" 译文：对于先人，要永远尽孝。

《泮水》："靡有不孝，自求伊祜。" 译文：对列祖列宗无不孝敬，以求得他们的赐福。

《载见》中有"率见昭考，以孝以享"之语，充分说明了孝之原始意义——孝顺父母，尊祖敬宗。

殷商、西周，孝观念的确立时期——殷人把祖先奉为鬼神祭祀；西周人既对祖先虔诚而隆重祭祀，又有浓厚的敬仰、追念等血缘亲情，孝由宗教行为成为一种伦理行为。

值得注意的是，西周孝观念除了祭祀祖先这层含义之外，还增添了奉养父母的新意义。祭祀祖先是贵族特权，奉养父母作为平民义务，使孝观念向着"子德"的方向演进，并逐渐取代祖先祭祀，成为后世孝道的主要内容。

春秋战国时期，儒家文化开创者孔子在其思想理论中丰富和发展了孝文化的内涵，提出了"孝弟也者，其为仁之本与"的观点，"仁"是众德之总，而"孝弟"则又被视为众德之源、之"本"。"孝为德之本"，孝道的地位在整个传统理论中升到了核心，同时确立了"孝"对道德要求的普遍性，"孝"也从此成为协调亲子关系的伦理规范，并成为古代社会宗法道德的基础。

孟子认为尊亲、事亲是人生最大的事情，提出了"老吾老以及人之老，幼吾幼以及人之幼"的观点，并指出，"天下之本在国，国之本在家，家之本在身"，"人人亲其亲、长其长，而其天下太平"。还进一步强调"事亲，事之本也"。

孔孟对孝的论述，已经涉及到后世孝道的方方面面，从而确立了传统孝道的基本面貌。

汉魏隋唐："以孝治天下"

汉代是中国帝制社会政治、经济、文化全面定型的时期，也是孝道发展历程中极为重要的一个阶段，它建立了以孝为核心的社会统治秩序，把孝作为自己治国安民的主要精神基础。随着董仲舒"废黜百家，独尊儒术"的儒家思想的确立，孝道对于维护君主权威、稳定社会等级秩序的价值更加凸显，"孝治"思想逐渐走向理论化、系统化。

《孝经》《礼记》以及"三纲"学说集中体现了孝治理论的风貌。孝道由家庭伦理扩展为社会伦理、政治伦理。同时，孝与忠相提并论，"以孝治天下"成为帝制社会的治国纲领，延续两千余年。

西汉是中国历史上第一个"以孝治国"的王朝，在提倡和推行孝道方面力度很大。除了西汉开国皇帝刘邦和东汉开国皇帝刘秀外，汉代皇帝都以"孝"为谥号，称孝成帝、孝景帝、孝文帝、孝武帝、孝昭帝，等等，都表明了朝廷的政治追求和治国方略。此外，西汉把《孝经》列为各级各类学校必修课程，还创立了"举孝廉"的官吏选拔制度，把遵守、践行孝道与求爵取禄联系起来，这成为孝道社会化最强劲的动力。

魏晋至隋唐五代七百余年，孝道观念虽然时而淡薄时而强化，但各朝统治者都坚持汉代孝道的基本精神，其"举孝廉"方略毫不例外地为历朝所承袭沿用，直到清代，"孝廉方正"仍是进宫入仕的重要途径。

宋元明清：孝道观念进一步强化

宋元明清时期，理学成为社会正统思想，理学家认同孝道是与生俱来的伦理属性，儿子孝顺父母是天经地义、不可违抗的。当然，明清时代的孝道，很大程度上是为了强化君主独裁与父权专制，未免不有其极端与愚化成分。但是，我们不得不承认的是，"族祠""家法"等，在维护好的家风、家训与村规民约方面，不失积极作用。有了好的家训，就有好的家风和村风，社会才能和谐。

近代：孝道的变革与失落

晚清民初，西方文化的渐渐侵入，"五四"新文化运动，冲击了传统意义上的孝文化，但是，孝的意识已经深深地植于华夏子孙的血液中，想根除也根除不了。抗日战争时期，国共两党就曾以儒家忠孝道德作为动员、团结民众抗击日本帝国主义侵略。1939 年 3 月 12 日，国民党国防最高委员会颁布的《国民精神总动员纲领及实施办法》中指出"唯忠与孝，是中华民族立国之本，五千年来先民所遗留于后代子孙之宝，当今国家危机之时，全国同胞务必竭忠尽孝，对国家尽其至忠，对民族行其大孝。" 1939 年 4 月 26 日，中国共产党发表《为开展国民精神总动员告全党同志书》指出："一个真正的孝子贤孙，必然是对国家民族尽忠尽责的人……违背了大多数人的利益就不是真正的忠孝，而是忠孝的叛逆。"抗日战争时期，"孝"成为民族团结的精神基础，成为中华民族凝聚力的核心。 不少人受忠孝观念的感召，冲破家庭的牢笼和羁绊，站在时代前列，以天下和社会为己任，为民族尽其大孝。

孙中山先生曾经说过"现在世界中最文明的国家，讲到孝字，还没有像中国讲到这么完全。所以孝字更是不能不要的……要能够把忠孝二字讲到极点，国家便自然可以强盛。"

从历史的不断发展中我们可以看到，传统孝文化在促进国家和谐、人际关系和谐等方面发挥着不可替代的作用。

中国历史上流传着许多孝敬父母，尊君爱国的动人事迹，仍为人们津津乐道、传颂不休，成为培育中华传统美德的母本，成为中华民族文化基因的组成部分，承载着历史的传统。

孝道作为重要的历史文化资源，在建设社会主义现代化建设中的作用是巨大的。其一，在建设社会主义精神文明的过程中，孝文化可以发挥道德教育与精神激励作用；其二，孝道在和睦家庭、维系社会稳定、提高国民的伦理素质等方面能够起到积极作用；其合理内核可以推进现代化社会的发展，在建设有中国特色的社会主义精神文明的过程中，孝文化也可以发挥道德教育与精神激励作用；其三，孝文化在建立社会主义新农村中具有深远的教育意义；其四，提倡孝道，普及孝文化教育，是实现家庭和谐、建设和谐社会的重要途径，对于当代社会道德建设具有深刻的实践意义。

3.舜文化与孝文化

"孝"是处于特殊家庭中的舜帝践行的结晶；"父义，母慈，兄友，弟恭，子孝"的"五典"，是舜帝毕生实践与推崇的家庭伦理道德；"孝""德""和"是舜文化的核心内涵。舜文化是孝文化的源头与母本；孝文化是舜文化的支流与茎叶

当代，加深和扩展孝文化的研究与传播，对社会道德建设有广泛的运用空间。当然，从封建社会一路走来的孝文化，毫无疑问带着封建的糟粕性，所以，和对待所有传统文化一样，对传统的孝文化，应该取其精华，去其糟粕。

（二）舜文化与道德文化

1. 道德的概念

儒文化语境下的"道德"是道和德的合成词。

什么是"德"？

"德"是人们共同生活及行为的准则和规范、素养、品行、品质，是君子所遵从的法则，也是自然所遵从的法则。意思是，遵从自然客观规律行事，就能获得所要的结果。

德字可以折成彳、心、直。心表示心境与形态，彳代表人的行为，而直与值相通，隐喻通过心来表达的行动与行为所带来的相等的价值。

"德"字也折成"彳""十""目""一""心"。《说文解字》释义：德，升也。是人的"心性"往上升华的意思，有往高层次上攀登之意，暗指修炼者修炼的精进，所以"德"字从"彳"（chì 斥）旁。"彳，小步也，象人胫三属相连也。凡彳之属皆从彳。"许慎在《说文解字》中告诉我们，"彳"就象人下肢的股、胫、足三节相连，意思是小步行走。这个小步既不是跑，也不是跳，既不是平地散步，也不是原地踏步，而是一步一个脚印地往上走，向上攀登。

德字右边的"一"这个数字很复杂，内涵很丰富。《说文解字》对"一"的解释是："惟初太极，道立于一，造分天地，化成万物。"老子在《道德经》中说："道生一，一生二、二生三，三生万物。"所谓"道"，它是宇宙的本源和普遍规律。换句话说即是宇宙和天地所遵循的法则。所以，"一"是万物之祖，是一切东西的始祖和本源。从"一"中派生出天地。这一横实际就把天地分开了，上面是天下面是地。"十"就是"十方世界，四面八方"。这个"德"在"一"的上面的"十目"就是告诉人们满天是眼；"一"的下面的心，当然就是人心。所以，"德"字所要表达的完整意思是：老天的眼睛看着人的心，看着人的心性是否能够往上升华，往高层次攀登。古话说"举头三尺有神灵""暗室亏心，神目如电"，就是说老天的眼到处都是，满天的眼看着地上的一切，正所谓"人在做，天在看"。

德是一种生活态度。所谓"德"就是不管有没有人看着你，有没有法律追究，你的行为都得符合天理才是真正的"德"。

一个德字，随自然而存在，与社会发展紧密相关，与自己的事业紧密相关，是功德、品德、德行、德性、德名、美德、公德的归纳。通常所说的"道德"中的"德"，是"道"的外在表现，是人所要遵行的基本道德规范。生活中常说的德才兼备、德高望重、厚德载物，等等，都如对德的意义的肯定与延伸。同时，德所表达的也是一种心意与信念，比如同心同德；德所表达的也是一种恩惠与德化，比如德施、德泽、德惠，感恩戴德；德也包罗了仁爱与善行，比如德馨、德操、德政、德法、德厚(仁厚)。

在西周时候，"德"是"礼乐"的核心，内涵十分丰富。勤俭质朴、诚实守信、果敢善谋、敬业善良，等等，都是德的注脚和诠释。《易经·卦辞》说："天行健，君子以自强不息；地势坤，君子以厚德载物"，充分说明"德"在我国传统文化中的重要位置，是人们构建精神文化中的道德准绳。周代礼乐"以德为先"。周朝人认为道德是与天命紧密相连的，无论是国家、民族还是个人，有"德"就会得到上天的眷顾。殷商之所以灭亡，是因为商纣王无德；周文王周武王之所以会取代殷商，是因为有德。周代的"皇天有亲，惟德是辅"，到孔子时候就变成了"道之以德，齐之以礼，有耻且格"的王道原则和孟子"民为贵，社稷次之，君为轻"的民本思想。《大学》的道德纲领则开宗明义："大学之道在明明德，在亲民，在止于至善。"可见，周代"德"的理念和思想，已经深深地植入人们心中，成为了不可动摇的精神核心。

对常人而言，"德"的大小决定了一个人能力的大小、幸福的程度。按照佛学观点，"德"也决定了轮回的方向和层次。所以，要"得"就得有"德"，要"得"就得"失"，要"得"就得"舍"，要"得"就得付出。对修炼者而言，"德"的大小决定了修炼者修炼的难易程度、"功"的高低、可能达到的层次和果位。

魏晋南北朝时代，"德"已经很好地与"道"联系在了一起，"德"成了"道"的一种载体。到唐代，则提出了人能够入道，就可以归德以及"积善阴德"的理念；宋代宋徽宗说："万物莫不由之之谓道，道之在我之谓德，道德，人所固有也。"可见道德已经成为了人们的一种禀赋，体现在人们的生活当中。清代则有"道者德之用，德者道之体，人能明乎其德，而天性自现"的见地。道家认为："不积德而欲修道，人事且不能，仙道怎得成？"

老子曰："万物莫不尊道而贵德"，万物非道不能生，非德不能成。即是说，天地人万物之所以能生存发展，皆是源于道德的养育。

什么是道？

道是方向、方法、技术的总称；是人关于世界的看法，属于世界观的范畴。《说文解字》说：道，所行道也，从辶从首，一达谓之道。丁金山先生在《天道演化哲学》中认为："道"字从首从辶。"首"字从古字形上看，字的下部像古"直"，而"直"是古代部落首领观测天文的活动；"首"字上部像戴在头上、象征地位的装饰品。因此，首字的本义是指古代部落首领，"道"的本义就是跟随部落首领走。

　　成书于 2500 年前的老子所著《道德经》较早对"道"进行了全方位论述。研究者认为《道德经》中的"道"有下面几种含义：一是世界的本原；二是规律；三是方法；四是道路；五是引申为策略、技术、途径的，等等。末学认为，"道"还有一个共同的意义，就是指代能帮助人更好地达到目的的方式方法。

　　道德双修是人生的哲学。是以文明为方向，以礼、义、廉、耻、忠、孝、节、悌为核心内容的一种社会主流价值观。是一种非强制性约束法则，是一种生活态度，是一种社会意识形态，是人们共同生活及其行为的准则与规范。道德以善恶为判断标准，不以个人的意志为转移，代表着社会的正面价值取向。即是说，道德是指以善恶为标准，通过社会舆论、内心信念和传统习惯来评价人的行为，调整人与人之间以及个人与社会之间相互关系的行动规范的总和。

　　古人把修炼功法与"德"结合起来，认为：德是道之基，无德不足以问道。道在隐态时为"道"；道在显态时为"德"。人要修炼，越是上乘功法，越注重"德性、德心、德行"的修养。不重视德，就谈不上修德；不能修德，也就不具备德。修炼一生，只能停留在"气"的层次，无法进入"道"的大门。上乘功法均将"德"列为修行中的首要，贯彻在修行的始终。"德"即得，有德之人，就能有所得，就能修成正果，无德之人就会什么也得不到。因此，古人认为"德"有三个效应。一是内在效应。人之所以没有能悟"道"，德不具足是重要原因。很多人修炼一生，总感到难入佳境，以为是功法问题，到处寻找上乘佛法，其实是德性不够，功夫就上不去。"德正则心安，心安则炁顺"。所以有"无德不担功"的道理存在。二是外在效应。修德之人并不是没有回报，其报只是无形罢了。对于一个修德明道的人来说，冥冥之中会获得隐态和显态诸多高级生命的帮助，特别是恩师的加持和帮助。三是磁场效应。明心见性的人，自性之光会自然显发出来，这是一种和谐、平衡、稳定的能量场。心越清净，自然光越强，标志道行越高。

《太上老君清静经》说："上德不德，下德执德。执著执者，不名道德。"
意思是：上德不德者，并不是上德之士反不重道德，而是上德为先天，五德俱
全。德行全备，未染后天，以为上德。后天返先天，亦是上德。上德本来自有，
不待外求，所以说"上德不德"。"下德执德"并不是下德之士反而重视他的
德，而是下德已沾染了后天的很多，渐渐失去了与生俱来的德，若不执德之道，
就难以返先天。所谓执德就是知过必改，知罪必悔。儒家以遵崇"仁义礼智信"
为德，以忠恕为行；佛家则以戒除"杀盗淫妄酒"为德，以慈悲为行；道家以修
炼"金木水火土"为德，以感应为行。佛家"五戒"就是指戒刑杀以成仁，戒巧
取以成义，戒邪淫以成礼，戒酒肉以成智，戒妄语以成信。仁、义、礼、智、信
五德是执德而来，有了勉强的成分，所以说：下德执德。

在汉语中，"道德"的语义可以追溯到先秦思想家老子所著的《道德经》一
书。老子说："道生之，德畜之，物形之，器成之。是以万物莫不尊道而贵德。
道之尊，德之贵，夫莫之命而常自然。"其中"道"指自然运行与人世共通的真
理；而"德"是指人世的德性、品行、王道。道是世界的本原，为万物之母，
"道生一，一生二，二生三，三生万物"，所以说"道生之"；能够遵循自然规
律为德，违背自然规律则生而不活，或者活而不久，所以说"德畜之"；万物既
生则以自身形态确认其本质特性；万物是否有成，是由其所处的环境即万物对环
境的适应能力决定的。道之所以尊，德之所以贵，在于道和德适应自然，不主
宰、干涉万物，而是让万物完全顺应自然规律成长壮大。

《论语》说："犯上者，鲜矣；不好犯上，而好作乱者，未之有也。君子
务本，本立而道生。"意思是，孝顺父母，友爱兄弟者，很少见喜好触犯上层统
治者的。君子专心致力于根本的事业，根本建立了，治国做人的原则也就有了。
钱穆先生的注解："本者，仁也。道者，即人道，其本在心。"可见，"道"是
人关于世界的看法，应属于世界观的范畴。在当时道与德是两个概念，并无道德
一词。"道德"二字连用，起始于荀子《劝学》篇："故学至乎礼而止矣，夫是
之谓道德之极。"在西方古代文化中，"道德"一词起源于拉丁语，意为风俗和
习惯。

2. 道德的功能

道德的功能不少，归纳起来主要有五个方面：

一是认识功能。

道德是引导人们追求至善至美的良师。它引导人们从认识自己出发，明确社

会道德生活的规律和原则，明确对家庭、对他人、对社会、对国家应负的责任和应尽的义务，从而教导人们正确地选择自己的生活道路和规范自己行为。

二是调节功能。

道德是社会矛盾的调节器。人生活在社会中，免不了要和他人发生各种关系，这就不可避免地要发生各种矛盾。有矛盾就需要以自己认定的善恶标准去调节社会上人们的行为，指导和纠正人们的行为，使人与人之间、个人与社会之间关系臻于完善与和谐。同时，道德原则是一定社会或阶级用以调整人们之间利益关系的根本指导原则。

三是教育功能。

道德是催人奋进的引路人。人们有了良好的道德意识、道德品质和道德行为，才能树立起正确的三观——人生观、价值观、世界观。人一辈子怎么活？人生什么最珍贵？对纷纷扰扰的世界应该有个什么样的看法？这取决于有什么样的道德。必须努力使受教育者成为道德纯洁、理想高尚的人。

四是评价功能。

道德是公正的法官，他是人以评价来把握现实的一种方式，道德评价是一种巨大的社会力量和人们内在的意志力量。

五是平衡功能。

道德不仅调节人与人之间的关系，而且平衡人与自然之间的关系。环境道德是当代社会公德之一，它教育人们要调节自身的行为，以造福于子孙后代的高度责任感，有节制、有选择地开发自然资源，发展社会生产，维持生态平衡，实现人与自然的和谐。

不同的国家、不同的社会制度，不同的时代，会有不同的道德标准。地处东亚的日本、越南、朝鲜、韩国等地区，道德观念和中国存在很大的共性，同时也有一些差异。东亚文化圈很大程度上就是"儒家文化圈"。正像韩国学者金日坤所说："儒学是日本、韩国最具优势的传统文化，至今仍作为秩序和原理而发展。儒家文化国家经济发展的成功，是由于儒学伦理具有经济发展的适应性。"而古罗马的道德是维护奴隶主贵族利益、欺骗和镇压奴隶的精神工具。罗马认为人类天生就被神分为统治者和被统治者，奴隶只不过是奴隶主一种有生命的财产、会说话的工具，没有任何自由和权力，主人随意杀死自己的奴隶是合乎道德的。女人是一种家庭奴隶，是替丈夫做家务和生育子女的工具，妻子与人通奸会被处死，而丈夫和妻子以外的女奴隶发生性关系则不受任何惩罚。

　　中国的传统文化在源头上，是一部道德文化而不是单纯的儒学文化，道德文化的历史远远早于儒学文化数千年，他包括伏羲的易道文化、炎帝的农耕文化、黄帝的政体文化、舜帝的德孝文化。其中舜帝身体力行所创造的道德文化是以前贤为鉴举自身之力所创造的，是后世各种新生文化的根。舜文化——道德文化，既是中华民族绵绵不绝的灵魂，同时也是后世各家学派的生命源泉；从文化的本质来讲，道德文化是修身文化，通过修身而达到天人合一，获得宇宙真知的文化；从留世的经典来讲，主要有三部：《德道经》《黄帝四经》《易经》。用德这条主线，引导人们认识大道的顺生逆返之理，德是道的功能体性，是道外在的体现。

3. 舜文化与道德文化

　　舜帝心经说："人心惟危，道心惟微，惟精唯一，允执厥中。"

　　这是舜帝禅位大禹时的"十六字心传"。

　　尧舜时代是中华民族史上的鼎盛春秋。统治者以身作则、修正心性、文明治世、以德化人，造就了尧天舜日、五风十雨、麦收双禾、麒麟在野、凤凰鸣山、夜不避户、路不拾遗的太平盛世。

　　然而，人心对声色货利的欲望与追求而产生的贪嗔痴爱念头，极大地危害着人的至善本性——道心，使人处于昧天良的昏暗之中，使道心的明度逐渐变得微小，于是如同乌云蔽日，暗淡无光，从而散失理智，一念之差，会悔恨千古。人的心理与思想是最可怕的，后天的人心是很可怕的，世界上的人心是危险的，人的心理有善恶，相对的，不善则恶，所以说"人心惟危"。

　　"道心惟微"告诉我们，中国文化的最高精神是"道"，佛家成佛是得"道"，道家成仙也是得"道"，道心精微得不得了。你做皇帝要修养自己，做家长也要先修养自己，修养自己的心性与学问太难了，你心念不要乱，万事要很精到，心性要专一，要是有丁点不小心，心性就容易向恶、向坏的路上走。治理国家、做人做事、自己的修养，都很难，所以要"惟精惟一，允执厥中"。力量均衡就是中，言行不偏不倚，把握中正之道。

乾隆御笔：允执厥中

舜帝心经启示我们：人心居高思危，道心微妙居中，真诚地保持惟精惟一的道心，不要轻易改变自己的理想和目标。

《尚书·大禹谟》中记载，当舜以及舜把帝位传给禹的时候，所托付的是天下与百姓的重任，是华夏文明的火种；而谆谆嘱咐代代相传的便是以"心"为主题的这十六个汉字。可见其中寓意深刻，意义非凡。

舜传位给禹，除了传承国家政权以外，还传心法。舜帝心经"人心惟危，道心惟微；惟精惟一，允执厥中"。这十六字，是中国文化传统中著名的"十六字心传"。

所谓"人心惟危"，意思说现在国家给你去管理了，你要注意啊，世界上的人心事很危险的，人心是相对的，有善有恶，不善则恶。

所谓"道心惟微"意思是你做了皇帝要修养自己。修养自己的心性太难了。你自己的思想情绪"微"得看不见摸不着，你要注意哦。

所谓"惟精惟一"意思是你本身内在修养时，心念不要乱，万事要很精到，修养是唯一。心性要专一，只要有一点不小心，自己的心性就容易向恶，走向坏的路。

所谓"允执厥中"意思是善与恶，是与非，好与坏，对与不对都是相对的，要惟精惟一，就要把握中道，做到中正平和。

舜告诫禹，要讲诚信；告诫禹无论什么情况下，都要"允执厥中"，亦即是守住诚信，保持中和状态不偏激。在用"惟精惟一"来解决"人心惟危"与"道心惟微"的时候，要注意自己的内心和自己的行为两相符合，不要偏激。

舜帝身体力行地创造了原生态的，以家庭伦理道德、职业道德、社会道德、政治道德、宇宙道德为内容的道德文化，形成了以"孝""德""和"为核心的舜文化。典籍言明"德自舜明"，"天下明德皆自虞帝始"。《道德经》赋予了

"道"与"德"的内涵。任何一个新的文化理念的出现，绝不会是无源之水，无根之木。因此，舜文化是道德文化之源千真万确。

（三）舜文化与和合文化

中华民族的文化是世界文化中伟大的、别具特色的文化，它对世界文明的发展与进步的贡献大不可言。

在中华民族文化发展史上，"和合"二字是中华文化人文精神的精髓，是传统文化的精华。无论任何时候，和平与发展都可说是世界的两大主题，两者相辅相成，发展需要和平的国际环境，需要调动各国内部的一切积极因素，化解矛盾，解决冲突，实现稳定，造成安定团结的政治局面，进而政通人和。研究、弘扬和推广中华和合文化，对于推动社会的长治久安和国家的安定团结，促进祖国和平统一，推动世界的和平与发展，具有重要的时代意义和现实意义。

1.中华和合文化的形成与发展

中华和合文化源远流长。和、合二字都见之于甲骨文和金文。《说文解字》说：相应也。和，从口。禾声。和是形声字，口为形符，禾为声符，指以声音相应，和谐地跟着唱。合为会意字，本义是上下嘴唇的合拢。殷周时候，和与合尚未连用。《易经》中和字出现两处，有和谐、和善的意思，合字并没有出现。《尚书》中的和是指对社会、人际关系诸多冲突的处理，合指相合、符合。到了春秋时期，和合二字连用并举，构成了和合范畴。《国语·郑语》说："商契能和合五教，以保于百者也。"韦昭注："五教，父义、母慈、兄友、弟恭、子孝。"意思是说商契能把五教加以和合，使百姓安身立命。儒学鼻祖孔子认为"和"是人文精神的核心。孔子的弟子有子曰："礼之用，和为贵。"代表了孔子的思想。子思认为治国处事、礼仪制度，必须以和为价值标准。在处理人与人之间的关系时，孔子强调："君子和而不同，小人同而不和。"既承认差异，又和合不同的事物，通过互济互补，达到统一、和谐。这与"同而不和"，取消不同事物的差异的专一观念形成鲜明对照。

道家创始人老子提出"万物负阴而抱阳，冲气以为和"的思想，认为道蕴涵着阴阳两个相反方面，万物都包含着阴阳，阴阳相互作用而构成和。和是宇宙万物的本质以及天地万物生存的基础。

春秋时期法家代表人物《管子》将和合并举，指出："畜之以道，则民和；养之以德，则民合。和合故能习，习故能偕。偕习以悉，莫之能伤也。"管子认为蓄养道德，人民就和合，和合便能和谐，和谐所以团聚；和谐团聚，就不会受到伤害。

战国初期的思想家、教育家、科学家、军事家墨子，对和合高度重视，认为和合是处理人与社会关系的根本原理。指出天下不安定的原因在于父子兄弟结怨仇而离散，或者说有因仇而产生离散之心，所以"离散不能相和合"。孟子讲"天时不如地利，地利不如人和"，把人和视为超过天时、地利的最重要的因素。《易传》提出十分重要的太和观念，讲"保合太和，乃利贞"。重视合与和的价值，认为保持完满的和谐，万物就能顺利发展。战国末期的唯物主义思想家荀子提出"天地合而万物生，阴阳接而变化起"的观点，认为万物化生、事物的运动变化、天下的治理，都是和合的结果，事物不能离"合"而存在。

足见，在先秦时期，和合文化不但已经产生，而且得以发展。

归纳起来，所谓和合，其中的和指祥和、和睦、和谐、和美、和平；合指结合、融合、合作。和合指在承认"不同"事物之矛盾、差异的前提下，把不同的事物统一于一个相互依存的和合体中，并在不同事物和合的过程中，取长补短，达到最佳组合，达到促进新事物的产生、推动事物的发展的目的。

和合文化并不否认矛盾，本身是矛盾的对立统一体，允许存在差异，也允许必要的争斗，但不允许破坏不同事物共同存在的基础——和合体，只要把矛盾、差异和斗争限定在相互依存的和合体中，不因过度的矛盾斗争造成事物发展停滞不前就行。儒家鼻祖孔子"和而不同"的思想，不仅限于人与人之间的关系，国与国、人与社会、人与自然（天人）之间，都可以用"和而不同"或"不同而和"来加以概括。

和合文化有两个基本的要素，一是客观地承认不同，比如阴阳、天人、男女、父子、上下，等等；二是把不同的事物有机地合为一体，如阴阳和合、天人合一、五教和合、五行和合，等等。中国古代先哲们，通过对天地自然、人类社会现象作大量观察、探索和研究，提出和合的概念，促进了事物的发展和新事物的产生，成为人们普遍认同的观念。秦汉以来，和合概念被普遍运用，中国文化的发展也呈现出一种融合的趋势，同时也保留各家的鲜明特色和个性。《吕氏春秋》就是融合九流百家之说的产物，思想文化的融合与统一，反映了"世界大同"这个社会发展的大趋势和人们的共同愿望。西汉董仲舒为适应"大一统"社会发展的需要，提出"罢黜百家，独尊儒术"的思想。所谓独尊儒术，其本意是以儒家思想为本，兼取道家、法家、阴阳家等各家思想，主张把礼治与法治相结合，并不等于对诸子百家绝对排斥。董仲舒其实是崇尚"和"的，他指出："和者，天地之正也，阴阳之平也，其气最良，物之所生也。诚择其和者，以为大得天地之奉也。以和作为天地间最普遍的原则。魏晋玄学则是以道为主，儒道和合的产物，同时亦受到了佛教思想的影响，使和合文化得以发展。在中国文化发展史上，不论是世俗文化还是宗教文化，各家各派都讲和合。道教《太平经》重视阴、阳、和三者和合，三分而合，指出："无阳不生，无和不成，无阴不杀，此三者相须为一家，共成万二千物。"阴、阳、和三者合一，万物得以生成。佛教则讲因缘和合，比如"五众和合因缘故名为人"，认为人是由色、受、想、行、识五众因缘和合而产生，"诸法因缘和合生，故无有法；有法无故，名有法空"。因缘和合论成为佛教的重要理论，在历史上也产生了重要影响。道、佛二教之间讲和合，宗教文化与世俗儒家文化之间也讲和合，在保持各自文化特色的同时，相互融合，相互吸取，由此促进了中国文化的持续发展。以周敦颐为鼻祖的宋明理学，其实就是儒、佛、道三家和合的产物。宋明理学家一方面批评佛、道二教忽视社会治理，有悖于儒家伦理的思想；另一方面又注意解决哲学思辨欠缺的问题，于是，他们将三教和合，以儒家伦理为本位，吸取佛、道较为精致的思辨哲学的长处，建立起完整的理学体系，由此形成并促进了中国文化继先秦以来的第二个发展高潮的到来。理学家张载提出"民胞物与的思想"，认为人与人是同胞手足的关系，人与物是一种朋友、伙伴的关系，整个宇宙如同一个和谐的大家庭。体现了中国文化的和合精神。

以上可见，和合思想自产生以来，作为对普遍的文化现象本质的概括，始终贯穿在中国文化发展史上各个时代、各家各派之中，而成为中国文化的精髓和被普遍认同的人文精神。

2. 中华和合文化在当代的研究概况

正因为和合思想是中国文化的精髓和被普遍认同的人文精神，在历史上产生了重要而深远的影响，故引起了当代学者的关注和重视。许多海内外人士对中华和合文化做了深入的研究，揭示和合文化的内涵、本质及在中国文化史上的地位，并探讨了其影响和现代意义。

中国人民大学教授、著名哲学史家、中国人民大学和合文化研究所所长、中国人民大学学术委员会主席张立文先生，多年来从事中华和合文化的研究，其研究专著《和合学概念——21世纪文化战略的构想》，在对中华和合文化的源流作了深入考察的基础上，对和、合相互关系做了明确界定，对和合学的体与用做了详尽的论述，完整地展现出对中华和合文化的理解，为当代人们了解、研究和弘扬中华和合文化提供了极大的方便。国学大师、台湾学者钱穆先生不否定文化冲突和文化变异，但他所强调的是中国文化的融和精神。他说："中国人常抱着一个天人合一的大理想，觉得外面一切异样的新鲜的所见所值，都可融会协调，和凝为一。这是中国文化精神最主要的一个特性。"并指出："文化中发生冲突，只是一时之变，要求调和，乃是万世之常。"认为西方文化似乎冲突性更大，而中国文化则调和力量更强，中国文化的伟大之处，乃在最能调和，使冲突之各方兼容并包，共存并处，相互调济。钱穆先生在论及中、西方文化时指出：西方人好分，是近他的性之所欲。中国人好合，亦是近他的性之所欲。今天我们中国分成两个，然而我们人的脑子里，天人相互协调，人与自然和谐相处，这是中华和合文化的重要内涵。

北京大学教授季羡林先生认为"天人合一"的命题不仅是中国，而且亦是东方综合思维模式的最高、最完整的体现。他指出，天人合一"这个代表中国古代哲学主要基调的思想，是一个非常伟大的、含义异常深远的思想"，并认为印度文化所说的"梵我一如"，也就是天人合一，因此，中印两国的思想基本上是一致的。换句话说，"天人合一"的思想是东方思想的普遍而又基本的表露。季羡林先生认为："天人合一"思想关系到人类发展的前途，是东方的主导思想，主张人与自然浑然一体，同大自然交朋友，了解自然，认识自然及其规律，在这个基础上再向自然有所索取，体现了中国及东方文化的和谐精神。这与西方主张征服自然的指导思想不同。面对地球上存在的生态危机，季先生提出要按照中国人、东方人的哲学思维——天人合一思想，同大自然交朋友，彻底改恶向善，彻底改弦更张，只有这样，人类才能继续幸福地生存下去。以"天人合一"思想来挽救人类面临的危机的见解，正是中华和合文化在化解人与自然冲突中无穷魅力的体现。

北京大学教授汤一介先生十分重视中华和合文化中的和谐观念，认为，在当今科技高度发展的信息时代，人类要生存和发展下去，就必须争取"和平共处"，必须实现"共同发展"。要达到此目的，就要建立起一种人与人之间的和谐关系，扩而大之，就是要调整好国家与国家之间的关系。

3. 舜文化与和合文化

历史的局限性。舜帝所处的时代是中国社会发展的转折时期，在这个时期，代表中华民族的东夷集团与华夏集团的融合已经完成，亦即炎、黄民族的融合已经完成，部落联盟的体制在沿袭了数千年后，国家已经初步形成，虽然生产关系和生产力都有了一定的变化和发展，但是，人们对大自然的认识尚不失蒙昧。伏羲的易文化、神农的农耕文化、乃至神文化，对舜帝的思想行为都会产生一定程度的影响。人们的潜意识中，把神或神灵当成了主宰世界的精神领袖，那么，神的最高代表就是"天"。所谓"天"，它包含着如下内容：

（1）天是可以与人发生感应关系的存在。

（2）天是赋予人以吉凶祸福的存在。

（3）天是人们敬畏、事奉的对象。

（4）天是主宰人、特别是主宰王朝命运的存在。

（5）是赋予人本性的存在。

"天"所宣示的内容，揭示了天与人的依存关系。

在中国思想史上，"天人合一"是一个基本的信念，是中国古典哲学的根本观念之一。马王堆出土《老子》乙本，即表明人与自然的一致与相通；《礼记·中庸》说："诚者天之道也，诚之者，人之道也。"认为人只要发扬"诚"的德性，即可与天一致。汉儒董仲舒则明确提出："天人之际，合而为一。"左传："史嚚曰：吾闻之，国将兴，听于民；将亡，听于神。神，聪明正直而壹者也，依人而行。"史嚚的观点，代表了中国古来之人文主义，即天人合一的宏旨。历代圣哲，莫不为继续弘扬此"天人合一"之道而努力。这就不难理解为什么中国古代的百科全书《山海经》中，有那么多人首兽身、人首鸟身的"神"了。

古代祭祀天地

　　4200 年前的舜帝，尽管对"和合"二字的实质与内涵尚缺乏深度的理解，但面对纷繁的现实，他凭着对社会、对所有人与生俱来的情爱，用一种执着的追求，一种朴实无华的表达，创造与实践着具有原生态性质的"和合"精神。完全可以说，"和"与"合"是舜帝毕生所追求的崇高目标中极为重要的内容。舜帝在家庭生活中"和"为本，争取了家庭和睦；在社会行为中"和"当先，促进了社会和谐；在政治生涯中"和"为前提，做到了政局稳定；在民族关系中，以"和"为贵，赢得了国家和平；在宇宙道德中以"和"为规尺，实现人与自然的和谐。

　　《尚书·尧典》记载：舜帝对夔说："……诗言志，歌永言。声依永，律和声。八音克谐，无相夺伦，神人以和。"《史记·夏本纪》记载："于是夔行乐，祖考至，群后相让，鸟兽翔舞，《箫韶》九成，凤凰来临，百兽率舞，百官信谐。"

　　舜帝认为天、地、人相互融通就是最大的"和"，人与社会、人与自然的和谐发展，也就做到了我们常说的"天地人和"。舜帝以自身的音乐特质创《韶》乐，歌《南风》，以诱导人与人之间的和谐；舜帝崇拜瑞鸟凤凰而以凤凰为图腾，以启示人们重视人与自然的和谐。舜的道德达到了"神人以合"境界。"神"，是指自然宇宙大法则；这"人"，则包括了人的肉与灵。

舜帝"和"的思想行为以及理念，使得国家与国家、民族与民族、人与人、灵与肉以及人与自然之间，都能和谐相处，正如《尚书·尧典》开篇开宗明义："克明俊德，以亲九族。九族既睦，平章百姓。百姓昭明，协和万邦，黎民与、于变时雍。"

梳理以上表述，和是舜帝的思想与精神特质；后来所产生的以"和合"为内涵的中华民族和合文化，是舜帝文化中和合思想与精神的滥觞，它与舜文化是一脉相承的。

（二）舜文化与福文化

1. 什么是福文化

韩非子云："全寿富贵之谓福。"意思是，所谓福，是针对人间富贵寿考，子孙繁盛，身体健康而言的。

"福"是形声字，从字形看，从"礻"从"畐"。将"畐"字拆开是一口田，寓意有田种，有饭吃，有屋住。同时，"口"就是添丁进口，象征着人丁兴旺。福字左边的示的寓意是，上天利用日月星辰的变化，显示出或吉或凶的征兆，展示给人看。示，从一，表示天，从二，表示在上者天；三竖画，表示日、月、星。意思是观察天象的变化，就可以推知时势的变化。因此，示字表现的是神明主宰一切的意思。甲骨文中，"畐"像长颈鼓腹的酒瓶，"福"字就像双手捧着酒祭祀于神明之前。

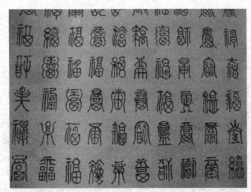

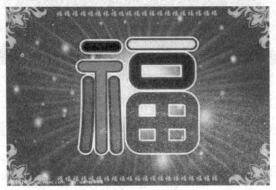

百福图局部

中华福文化历史悠久，与中华民族同生，与中华民族发展同步，是中华民族的基因文化。它源自中国的民俗文化，伴随中国几千年的历史文明的变迁与发展，渗透到了人们生活中，所折射出的是中华民族的生活观及价值观。

福文化是中华亿万人民的精神寄托，是每个中华儿女所认同并且推崇、维系各民族间手足情感、推动中华民族不断发展的最强有力的文化纽带。福文化包罗万象，在现实生活中，人们都会自觉不自觉地把"福"字与一切美好的事情联系在一起。眼睛看到美丽的东西叫有眼福；耳朵听到美妙的音乐叫有耳福；嘴巴品尝到美味佳肴叫有口福；受年轻貌美的女性青睐叫艳福；夫妻之间有和谐的性生活叫性福；过规律而与世无争的日子叫享清福；晚年德高望重、儿孙承欢生活无忧叫有晚福。"福"，是一种满足人间各种美好期冀的追求，是人生的一种生存状态，渗透于人们生产、生活、思想等方方面面，超越了民族、宗教、社会、地域、时空等范畴。可以说，福文化是对中华民族影响最远最广的民族主流文化、核心文化，它是民族文化中的明珠，是属于世界的珍贵的非质物文化遗产。

（1）天下第一福

过年贴个"福"字，是中华民族多年延续下来的传统习俗。当年康熙御笔亲题"天下第一福"的故事，颇具几分神奇。康熙十二年（公元 1673 年），孝庄太皇太后 60 岁大寿快要到来的时候，不料突染沉疴，宫廷御医想尽了办法，孝庄的病也不见好转。百般无奈之时，康熙决定"请福"，于是一气呵成写了这幅"福"字。孝庄太皇太后自此百病全消，以 75 岁高龄得以善终。事后康熙几番重提御笔，却再也写不出其间的神韵，所以民间盛传此福为"天赐鸿福"。这个被人称为"天下第一福"的福字在写法上暗含"子、田、才、寿、福"五种字形，寓意为多子、多田、多才、多寿、多福，从书法角度看，将数个字合为一体却流畅自然，已属罕见，更为珍稀的是，这也是世上唯一的"五福合一"之"福"，被称为"长寿福"和"天下第一福"。

（2）盛世平安福

抽象地说，福是人们最渴望得到的，不懈努力追求的，包括精神与物质在内的东西。中华民族流经几千年的福文化，所包含的内容多而具体，归纳起来有：

第一，"衣食是福"。从传统福字的写法看，尽管形体变化较多，但是不管是以酒祭天之说，还是求取"五福"之说，我们祖先最初的祈福意识主要目的还是为了解决"衣食住行"。

"衣食住行""代表物质层面，物质是"福"的前提，恰如马斯洛"需求层次说"的生理需求。"民以食为天""贫穷不是社会主义"，"以经济建设为中心"其实都是强调"衣食是福"。

第二，"平安是福"。庄子云"平则福"。庄子即庄周（约前369—前286年）几乎与孟子同时代，距今两千多年。是什么让古人产生"自然灾害、病魔与战争使人产生了"平安是福"的理念。"平安"是人们对平和安定生存过程的渴望。平安是"福"的基础与保障，没有平安就没有一切。我们常说的"无灾无病""健康是福""长命百岁""安度晚年""一帆风顺"等，以及当代提出的创建平安城市，都是祈求"平安福"的写照。

第三，"和谐是福"。人类对福的最高追求是精神追求，人拥有衣食物质和平安状态，还得追求"和谐"，"和合"文化是中国传统文化不可或缺的重要文化。"和谐是福"，一个"和"字，涵盖了谦和、和善、和顺、和睦、和谐、和平、和美等方面内容，和与其他字组词，在其中都可以找到幸福感的追求点。"和谐"属于精神层面，"和谐是福"是人们对福的一种精神追求与期待。

2. 什么是五福

所谓"福"，原意指"福气""福运"，而现在人对福的理解是"幸福"。无论是过去现在还是将来，中国民族炎黄子孙都有一个共同的愿望，那就是期盼福气的到来。一个"福"字，寄托了人们对幸福生活的向往，也是对美好未来的祝愿。"福"是"福、禄、寿、喜、财、吉"六大吉祥企求之首，"祈福、纳福、惜福、修福、祝福"又是各种文化现象的概括和代表。

一个人或者一个家庭，有"福"的最高境界是"五福临门"。那么，所谓"五福"是指什么呢？

《尚书·洪范》对"五福"的记载说："一曰寿，二曰富，三曰康宁，四曰攸好德，五曰考终命。""攸好德"的意思是遵行好德的原则；"考终命"的意思就是年老善终。换成白话就是：长寿、富贵、康宁、好德、善终。

《尚书》是上世帝王经营古国的典籍，是一部上古奇书。按照《尚书·洪范》的记载，"五福临门"中的五福，是指"长寿、富贵、康宁、好德、善终"。

"五福"把福的形式和内容具体化了，对于一个家庭或者某个人来说，长寿、富贵、安康、德名、善终五个方面都得到了，才叫五福归堂，或说五福临门，这是有福的完美表现，缺一都不好。你长寿了，但是十分贫穷，算有福吗？

你富贵了，但是病魔缠身，寿命短暂，算有福吗？你长寿富贵都有了，但是战争连连，家不康国不宁，算有福吗？你长寿富贵都有了，但是不积德修福，口碑极差，被唾沫喷得家不安宁，算有福吗？长寿富贵康宁好德都做到了，就会"善终"，即是流芳千古。中国传统文化中有"仁者寿""以德延年，死而不亡者寿"的说法，这是对"五福"含义的完美延扩。

与五福相反的是"六极"。《尚书·洪范》对"六极"记载说："一曰凶短折，二曰疾，三曰忧，四曰贫，五曰恶，六曰弱。"可见，所谓"六极"，也就是六种不幸，亦即早夭、多病，忧愁、贫穷、丑恶、愚怯。这是谁也不希望有的。

福在中国文化中的含义不是物质满足，主要是精神层面上的满足和对美好生活的追求。"福"将成为人类历史上一个永恒的主题。

五福的理念后来演变为福禄寿喜财，其含义明显掺入了世俗。

每逢新春佳节，家家户户都要在屋门上、墙壁上、门楣上贴上大大小小的"福"字。单从字面解释，福字是祈求一口田，衣禄全，因为以前的人认为安居乐业就是有福。

春节贴福字，有一个传说故事。姜子牙封神的时候，他的老婆也来讨封。姜太公一身正气，从不徇私舞弊，十分生气地把他老婆封了个"穷神"，并且限制她不得到有"福"字人家去串门。封穷神这一天正是旧岁除夕。老百姓知道了这事，于是家家户户在门上贴了"福"字，不让穷神走进家门。汉族民间还有将"福"字描成各种图案，如寿星、寿桃、鲤鱼跳龙门、五谷丰登、龙凤呈祥，等等。

3. 福的梯级

（1）马斯洛需求层次理论

亚伯拉罕·马斯洛 (Abraham Harold Maslow, 1908—1970)。美国社会心理学家、比较心理学家、人格理论家。

马斯洛认为，人类价值体系存在两类不同的需要，一类是人本能或冲动，称为低级需要和生理需要；一类是随生物进化而逐渐显现的潜能或需要，称为高级需要。

2）人类五种基本需求

A. 生理需求——饥、渴、衣、住、行

B. 安全需求——人生安全、事业、财产、疾病等

C. 社会需求——友爱、归属

D. 尊重需求——内部：自尊；外部：地位（尊重与信赖）

E. 自我实现需求——理想、抱负的实现

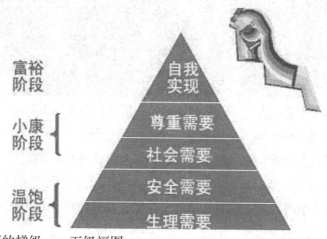

（3）福的梯级——五级福图

对社会的需求，各有不同，但是对福报的企求，却是人心与共。古往今来，无一例外。经多年研究和感悟，我们把人们对"福"字的理解和需求归纳为五个梯级（或说五个过程）：一是信福，二是祈福，三是修福，四是纳福（福报），五是造福。

信福——

所谓信福，也就是信念或信仰。

寰宇之中，存在很多不解之谜。远古时代，人们对风雨雷电现象无法解释，

就认为冥冥之中有一种力量创造出了人类、宇宙、自然。而具有这种神奇力量的就是神。于是，氏族把他们所喜欢和熟悉的动物或者植物当作自己氏族的保护神，将其作为本氏族的标志——族徽，也就是"图腾"。各氏族将自己氏族的图腾当成祖先加以崇拜，时时祭祀，这就是"图腾"崇拜。祖宗即是人们心目中的神。

《三字经》说："三才者，天地人。"古人把天、地、人称之为三才。

老子在《道德经》中说："人法地，地法天，天法道，道法自然。"老子的法度思想的意思是：人要遵循地的规律特性，地的原则是服从于天，天以道作为运行的依据，而道就是自然而然，不加造作。言外之意：谁也不必强求于谁，谁也不必拘泥于谁，冥冥之中自有所属。

"天地人合"是人生幸福美满的最理性境界。

把神或神灵当成了主宰世界的精神领袖，那么，神的最高代表就是"天"。

前文说过，在中国思想史上，"天人合一"是一个基本的信念，是中国古典哲学的根本观念之一。马王堆出土《老子》乙本、《礼记·中庸》《左传》，都有天人合一的宏旨的论述。历代圣哲，莫不为继续弘扬此"天人合一"之道而努力。所以，中国古代的百科全书《山海经》中，就有很多人首兽身、人首鸟身的"神"的表述。

"天人合一"与"神人以合"思想，并不是儒家的发明，而是数千年前的舜帝时期就已经存在。深入研究舜文化可知，舜帝就是十分敬天的主。《尚书》《竹书纪年》等史书中，对舜帝的"天""神"观念都有很详细的记载。"天人合一"观念的积极作用在于：其非但影响普通老百姓的言行，也限制了帝王的特权。

"天地人合"是人生幸福美满的最理性境界。

我们老祖宗的智慧是不能低估的。举两个小例子来说明。

筷子为什么是7寸6分？

7寸6分代表人的七情六欲，以示人与动物有本质不同。

西方人用的刀叉是十五世纪西方有了冶炼术之后才有的用具，意味着西方冶金术没出现之前，西方人是用手抓食物吃的，筷子的历史就悠久得多。

筷子明明是两根，为什么却叫一双呢？

一代表太极，二代表阴阳。"道生一，一生二，二生三，三生万物"。意思是，一就是二，二就是一；一中含二，二是阴阳，合二为一，也就是"双"；三是阴阳合和。这就是中国人的哲学。筷子在使用的时候,讲究配合和协调。一根动,一根不动,才能夹得稳。两根都不动,就夹不住。

老祖宗为什么将秤一斤定为十六两?

过去人们常用"半斤八两"来形容两个事物等价,原来我们祖先使用的秤是十六两为一斤,所以半斤和八两就是一样的。

那么老祖宗为什么定十六两为一斤呢?

这里面有大智慧!

原来我们的先人观察到了北斗七星、南斗六星,再加上旁边的福、禄、寿三星,正好是十六星。根据传统文化中的星象学,北斗七星主死,南斗六星主生,福、禄、寿三星分别主一个人一生的福、禄、寿。他们在天上看着人的一切。

这就是我们常说的:人在做,天(神)在看。

这其中的寓意明白得很,就是说做买卖的人,如果短斤少两,就要受到惩罚。你少给人一两,福星就减少你的福;少给二两,禄星就减你的禄;要少给三两,寿星就给这个人减寿。

古代人相信"人在做,天在看",所以人都不敢做昧良心的事。

中国文明和西方文明都从神话发源。西方后来人神分家了,中国人与神合在一起:何仙姑、铁拐李、吕洞宾、孙悟空、猪八戒这些神仙也是人,他们就在茫茫人海中;中国人的理想和现实、灵魂与肉体也是合二为一的,每天用的筷子中有太极,有阴阳,讲究阴阳和合;生活中用的秤里面就有生,有死,有对福、禄、寿的信仰,举手投足都是理念。这是一种通达和智慧。

今天,中国社会的症结在于丢掉了老祖宗的智慧。在中西方文明全面接触、交流和碰撞的过程中,有很多人云亦云的东西在干扰我们的价值判断。自私、自我、娱乐死，西方的奶头文化侵蚀我们的灵魂，以致乱花渐欲迷人眼，导致我们三观不正，五心不定，六神无主。

我们是中国人，表达信仰的方式和人家不同。我们生活在自己的信仰里。

一双筷子一杆秤，不仅仅是饮食餐具、生活用品，它更承载了许多中国传统文化，凝结了许多前人智慧。筷子可以变短，秤可以一斤变为十两，可以用板秤、电子秤代替，但是，人的良心不能变，短斤少两要不得，传统美德丢不得。

寰宇之中存在很多不解之谜。古代人类认为冥冥之中，存在着一种神奇的力量，它创造出了人类、宇宙，而具有这种神奇力量的就是神。

与《黄帝内经》《周易》并称为上古三大奇书的《山海经》，是一部对神谱有较完整记载的上古宝典，他对神、仙、鬼、怪、山、川、天、地，都有精彩描述。

中华文化之所以十分神圣，就是因为有"神"有圣。

今天，科学已经发现了宇宙的多维次，但是并没有发现宇宙为什么具有多维次。人类对 FU，对在非洲发现的 20 亿年前的原子反应堆，对中国人类的祖先的来历，对灾难的成因，对一些未知的奇异现象，仍然充满了质疑。

祈福——

有了信仰，就有了举头三尺有神明的敬畏。希望得到你所信仰的冥冥之中的神灵的庇佑，就有了善的许诺和诚的言行，就有了具有积德行善或者改恶从良动机前提下的祈福。

民间把古历十二月初八起至正月十五，乃至整个正月，都当作祈福纳福最狂热最虔诚的时间。

腊月初八日是腊祭日，要吃腊八粥，目的是庆丰收，也就是祈祷上苍保佑来年风调雨顺灾害不作。十二月二十三送灶君、大年三十夜接灶君，其目的是为了祈福灶神以保佑一家新的一年康宁。传说中的灶神是管理一家饮食的神，具有保护和监察双重身份，因此又被称之为"人间监察神"。灶神每年的腊月二十三就要升天，向天上的玉皇大地汇报工作。为了让灶君向玉皇大帝多讲点好话，以保来年全家平安，民间腊月二十三日就要祭灶：敬香、敬酒、上供品、焚像、叩头祷告。祭灶事关未来一年家庭的福祉和吉祥。大年三十要接灶——迎接带着新的一年全家吉凶祸福返回人间的灶神，家家户户要在厨房或灶龛上贴上新的灶君神像，燃香烧纸钱放鞭炮，恭迎灶君归位。除夕，家家都贴红对联，燃放爆竹，户户烛火通明守更待岁；除夕晚上给小孩压岁，年初四是诸神由天界重临人间的日子。初四子夜，家家备好祭牲、糕果、香烛等祭品，并鸣锣击鼓焚香礼拜，恭敬财神。初五日是财神诞辰，为争利市，故而初四就把财神接到家里，人们都深信只要能够得到财神显灵，便可发财致富。因此，每到过年，人们都在正月初五零时零分，打开大门和窗户，燃香放爆竹，点烟花，向财神表示欢迎，满怀发财的希望，但愿财神爷能把金银财宝带来家里，在新的一年里大发大富。 正月初六这一天，人们要"送穷"。

从腊月初八吃腊八粥开始到二十三、四祭灶，三十夜接灶、送压岁钱，到新年大年初一给长辈朋友拜年，初四迎财神，初六送穷，十五闹元宵，连头搭尾一个多月，所有的活动无一不是为了祈福。

道家有"三元"之说。"三元"，也就是天官、地官、水官。天官赐福，地官赦罪，水官解危。天官正月十五日生，为"上元"，因此元宵节就是上元节；地官七月十五日生，为"中元"，因此为中元节，佛教盛兴后，中元节成了民间说的"鬼节"，这一天，道家斋醮聚会，佛家在寺庙作"盂兰盆会"为死者超度，家家户户则烧香祭祖。农历十月十五，是"水官大帝"禹的生日，相传当天禹会下凡人间为民解厄之日，这天人们会准备香烛祭品拜祀水官大帝，以求平安。因此又称"消灾日""下元水官节"。

这节那节，九九归一，都是祈福的行为。

近年人们新年撞钟、烧头香，也都是为了祈福。

修福——

关于如何修福，我们不妨先了解几个观点。

a. 福与祸是紧相连接的。

汉代刘安在《淮南子·人间训》中说的塞翁失马的故事，就充分体现了我国"福文化"中的辩证思想。

故事说古代离边塞很近的地方有个老伯的马丢了，左邻右舍都好心地前来安慰，老伯却心胸豁达地说："此何遽不为福乎？"几个月后，原来丢失的马带着几匹好马归来。于是左邻右舍都来祝贺，老伯心情平静地说："此何遽不能为祸乎？"家里有了很多马，老伯的儿子就骑上自家的马从塞外引带回家的好马玩，却不料摔落地下，摔断了骨头，左邻右舍又前来慰问，老伯仍然平静地说："此何遽不为福乎？"一年后，边关的胡人入塞，一些精壮后生都被征兵参战，十个有九个战死。而老伯的儿子因为脚跛而没有被征去参战，于是父子二人得以保全。

这个故事被道家创始人老子用哲语概括为："祸兮福所倚，福兮祸所伏，孰知其极？"这也是佛家所说的"无常"的意思。

b. 要得到福报必须修福，修福也就是修德。

修福的过程，是一个长久的过程，在这个过程中，必须不断地对社会、对他人示爱——默默奉献，有了爱的能量，爱，就能通天下！

修福才能纳福，有福就要惜福，惜福可以增寿。相书有"相由心生""相由心改"的说法。方士看相，分"心相"和"形相"两部分。心相就是德相，是内相；形象就是貌相，是外相；心相德相比形相貌相重要。因此，看相表面看起来是信奉命相，实际上是说做人决定命运，隐藏着的深层含义就是人要修福，。

《了凡四训》说了明朝时候袁了凡自己的故事。命相学家断定袁了凡一生孤独无子、短命早死。他一度心灰意冷，听高人说积德可以改命，就每天闭门思过，时时行善积德，后来非但生了儿子，还活了七十多岁。六十九岁时候写了《了凡四训》。《了凡四训》全文分四个部分。作者以自己的亲身经历，讲述了改变命运的过程，通本都是种德立命、修身治世类的至理名言，它教育后人务必积德行善才能够得到福报，改变命运。

c. 圣人是修福修出来的。

儒家把尧舜尊为圣人，把孔子尊为圣人。圣人者，就是人格品德极高的人，也就形同如神。但是，圣人之所以高，不是天生的，是"修"出来的。

有一个三八二十三的故事，很富启发意义。是说颜回爱学习，德性又好，是孔子的得意门生。一天，颜回去街上办事，见一家布店前围满了人。他上前一问，才知道是买布的跟卖布的发生了纠纷。只听买布的大嚷大叫：三八就是二十三，你为啥要我二十四个钱？颜回走到买布的跟前，施一礼说：这位大哥，三八是二十四，怎么会是二十三呢？是你算错了，不要吵啦。买布的仍不服气，指着颜回的鼻子说：谁请你出来评理的？你算老几？要评理只有找孔夫子，错与不错只有他说了算！走，咱找他评理去！颜回说：好。孔夫子若评你错了，怎么办？买布的说：评我错了输上我的头。你错了呢？颜回说：评我错了输上我的冠。二人打着赌，找到了孔子。孔子问明了情况，对颜回笑笑说：三八就是二十三哪！颜回，你输啦，把冠取下来给人家吧！颜回从来不跟老师斗嘴。听孔子评他错了，就老老实实摘下帽子，交给了买布的。那人接过帽子，得意地走了。

对孔子的评判，颜回表面上绝对服从，心里却想不通。他认为孔子已老糊涂，便不想再跟孔子学习了。第二天，颜回就借故说家中有事，要请假回去。孔子明白颜回的心事，也不挑破，点头准了他的假。颜回临行前，去跟孔子告别。孔子要他办完事即返回，并嘱咐他两句话：千年古树莫存身，杀人不明勿动手。

颜回应声记住了，便动身往家走。路上，突然风起云涌，雷鸣电闪，眼看要下大雨。颜回就近钻进路边一棵大树的空树干里，想避避雨，猛然记起孔子"千年古树莫存身"的话，心想，师徒一场，再听他一次话吧，从空树干离开。他刚离开不远，一个炸雷，把那棵古树劈个粉碎。颜回大吃一惊：老师的第一句话应验啦！但还是质疑孔子的第二句话：难道我还会杀人吗？颜回赶到家，已是深夜。他不想惊动家人，就用随身佩带的宝剑，拨开了妻子住室的门栓。颜回到床前一摸，啊呀呀，南头睡个人，北头睡个人！他怒从心头起，举剑正要砍，又想起孔子的第二句话：杀人不明勿动手。他点灯一看，床上一头睡的是妻子，一头睡的是妹妹。

天明，颜回又返了回去，见了孔子便跪下说：老师，您那两句话，救了我、我妻和我妹妹三个人哪！您事前怎么会知道要发生的事呢？

孔子把颜回扶起来说：昨天天气燥热，估计会有雷雨，因而就提醒你千年古树莫存身。你又是带着气走的，身上还佩带着宝剑，因而我告诫你杀人不明勿动手。颜回打躬说：老师料事如神，学生十分敬佩！孔子又开导颜回说：我知道你请假回家是假的，实则以为我老糊涂了，不愿再跟我学习。你想想：我说三八二十三是对的，你输了，不过输个冠；我若说三八二十四是对的，他输了，那可是一条人命啊！你说冠重要还是人命重要？

颜回恍然大悟，"噗通"跪在孔子面前，说：老师重大义而轻小是小非，学生还以为老师因年高而欠清醒呢，学生惭愧万分。

从这以后，孔子无论去到哪里，颜回再没离开过他。

还有一个故事，说一个流浪汉，走进寺庙，看见菩萨坐在莲花台上受众人膜拜，十分羡慕，对菩萨说：我们可以换一下吗？菩萨说：只要你不开口。流浪汉坐上了莲花台，他的眼前整天嘈杂混乱，求者众多，他忍着，始终没开口。

一日，来了个富翁。富翁祷告说：求菩萨赐给我美德。磕头，起身，钱包掉在了地上。流浪汉刚想提醒，想起了菩萨的话。富翁走后，来了个穷人。穷人祈求说：求菩萨赐给我金钱，家里人病重，急需钱。磕头起身，看见了掉在地上的钱包。穷人大赞菩萨显灵了！流浪汉刚想开口告诉真相，想起了菩萨的话。这时进来一个渔民。渔民祷告说：求菩萨赐我出海安全，没有风浪。磕头，起身，刚要走，被返回来的富翁揪住了。富翁认定是渔民拣了钱包，渔民遭了冤枉无法忍受，两人扭打起来。流浪汉再也看不下去，大喊一声"住手！"把真相告诉了两人，一场纠纷平息。

菩萨问流浪汉：你觉得你这样做做得正确吗？你开口以为公道，可穷人没有得到救命钱；富人失去一个积德的机会；那渔夫结束纠纷后立马出了海，恰恰碰上了风浪而葬身海底。要是你不开口，穷人母亲的命救了，富人虽然损失了点钱，但是帮了别人积了德，而渔夫因为纠缠而耽搁就躲过了风浪，就不会死。

当然，人应该为坚持正义而敢于仗义执言，从这个意义上说，这个故事有其消极的一面，但是也有其积极的一面，它告诉我们，静观其变，是一种能力；顺其自然，是一种修炼。

因为天象信仰、大地信仰、图腾信仰，就有了"天地人合"的期盼；就有了对天地神灵的信奉。西方无神论者认为这是无知，是愚昧，是迷信。而真正研究和领会了中国传统文化真谛者，对儒家教做人，道家教做事，佛家教修心所设置的诸如仁、义、礼、智、信、天人和一、因果报应、六道轮回，等等的良苦用心就不得不拍案叫绝。

尧舜是孔孟心中的神；儒学鼻祖孔子便是儒家弟子心中的神；道家尊老子为至尊，称之为太上老君，道家鼻祖老子就是道家弟子心中的神；释迦摩尼修成"大智、大觉"，"大智、大觉"大德大福者被称之为佛，佛祖释迦摩尼就是佛家弟子心中的神。

中华民族文化之所以神圣，就是因为有神有圣。明白了中华文化的博大精深，那就好好地"修"。

纳福——

纳福也就是获得福报。在现实生活中，人们都会自觉不自觉地把"福"字与一切美好的事情联系在一起。"福"，是一种满足人间各种美好期冀的追求，是人生的一种生存状态。

信仰是一种正能量。人们祈福的目的归根到底是趋避祸端，祈求好的"福报"。要得到"福报"，最重要的前提是厚德。

《易经》说："地势坤，君子以厚德载物。"意思是：大地的气势宽厚和顺，君子应增厚美德，容载万物。厚德才能载福。孔子说："骥不称其力，称其德也"，意思是对于一匹好马来说，不称赞它的力气，要称赞它的品质——重视品质超过重视才能。孟子说："存其心，养其性"，意思是保存赤子之心，修养善良之性；

佛家则强调人要修好福田：悲田、恩田、敬田，即是要慈悲为怀，懂得感恩，要尊敬师长，感天地呵护之恩、父母养育之恩、良师培育之恩、贵人提携之恩、智者指点之恩、危难救济之恩、绿叶烘托之恩、夫妻体贴之恩、兄弟手足之恩、知己相知之恩。尊敬一切该受到尊敬的人。

道家鼻祖老子说："上善若水"，意思是一个人的行为要像水一样善于自处而甘居下地，心境要像水一样善于容纳百川，举止要像水一样助长万物生灵，言语要像海潮般准而有信，立身处世要像水一样持平正衡，做事担当要像水一样起到调剂融合作用，对待万事万物要像水一样把握机会，顺势而动。遵从水的基本原则，与物无争，与世无争，就算掌握了天地之道。

中华传统文化之中的儒、道、释思想，是世界东方最灿烂的文明。

儒家的根本是《弟子规》。《弟子规》开篇就说："弟子规，圣人训，首孝悌，次谨信。泛爱众 而亲仁，。"意思是说：《弟子规》这本书，是根据至圣先师的教诲而编成的生活规范。首先，在日常生活中，要做到孝顺父母和友爱兄弟姊妹，其次，在日常生活的言语行为中要小心谨慎，要讲信用。和大众相处的时候要平等博爱，并且亲近有仁德的人，向他们学习。《弟子规》的标准，就是天道和人道的标准。

道家的根本是《太上感应篇》。《太上感应篇》开篇说："太上曰：祸福无门，唯人自召。善恶之报，如影随形。"说的意思是人的祸福没有门路，完全是由自己招来。善有善报，恶有恶报。就像人影紧跟着形体一样，绝不差错。佛家的根本是《十善业道经》。《十善业道经》中说一切皆由修习善业福德而生。佛告诉我们：人之所以得到福报，全因为行善修德的缘故。

因此，舍己为人、为社会、为众生、为正义、为长治久安，这个功德无比殊胜，福报也就无与伦比。

儒家、道家、佛家都十分注重积德修福。

佛在《十善业道经》中开示说，人只有从方方面面去修，才可以因修福而增福而得到福报。《太上感应篇》说："一日有三善，三年天必降之福。"又说："凶人语恶、视恶、行恶，一日有三恶，三年天必降之祸，胡不勉而行之。"

你倘使能够致力为他人奉献善心，为社会造福祉，他人和社会必定会以善回报于你。

讲几个关于"天道酬勤""地道酬善""人道酬诚""商道酬信"、"业道酬精"的故事，以佐证我的观点。

"天道酬勤"取典于《周易》卦辞"天行健，君子以自强不息"和《尚书》"天道酬勤"，昭示勤奋逆转人生的真谛。故事说曾国藩是清朝中兴名臣，其思想、修为也砥砺后世，可他天赋并不高。年少时在家读书，有位梁上君子潜伏他家中，希望等曾国藩睡觉后捞点好处。可是等啊等，曾国藩还是翻来覆去读那篇文章。贼人大怒，跳出来说，"这种水平读什么书？"说罢将那文章背诵一遍，扬长而去！曾国藩并没有玻璃心，仍然勤奋好学，终成一时之伟。而那位聪明的梁上君子，却湮没在历史长河中。

"地道酬善"出自《周易》卦辞"地势坤，君子以厚德载物"，寓意助人行善，逢凶化吉。故事说春秋时，赵盾在翳桑看见一人将要饿死，赶紧给他食物。那饿汉却只吃一半，赵盾问他原由，饿汉说想把食物留给母亲。赵盾怜其孝心，让他尽情吃，另外又为他准备了一篮饭和肉。后来晋灵公袭杀赵盾，搏斗中有一名晋灵公的武士突然倒戈一击，救出赵盾。赵盾纳闷，问他为何这样做，他回答道"我就是当年翳桑的那个饿汉。"赵盾再问他的姓名时，武士不告而退。原来那名饿汉武士名叫灵辄，是春秋时代著名的侠士之一。

人道是六道轮回中其中一道。人要真诚，做事如做人，先学做人，后学做事。故事说晏殊少年时，张知白以"神童"名义把他推荐给朝廷，召至殿下，正赶上皇帝亲自考试进士，就命晏殊做试卷。晏殊见到试题，就说"臣十天前已做过这样的题目，有草稿在，请另选试题。"宋真宗非常赞赏他的诚实，便赐他"同进士出身"。晏殊入朝办事后，时时处处讲诚信，后得以大用（官至宰相）。

《论语》："民无信不立"，应用到经商上，告诉我们诚信经商，无往不利。故事说红顶商人胡雪岩因官而商，因官而盛，也因官而败。他的商业帝国遭到毁灭性打击后，他的药铺却屹立不倒，直至今日。究其原因，他在创店之初，就立下"诚信"之本，卖药货真价实。比如有一种药叫"金鹿丸"，制造这味药需取鹿的30多种器官。为了保证原料质量，胡不惜血本开辟了一个养鹿场，以保证原料品质。

"业道酬精"典出韩愈《进学解》"业精于勤，荒于嬉"。揭示勤学苦练、术业精进。故事说王献之七八岁的时候，就跟着父亲王羲之学习书法。有一次向父亲讨教书法的窍门，王羲之指着院子里的18口大水缸，郑重地说："写字的秘诀，就在这些水缸里面，你把这18缸水写完就知道了。"王献之就这样坚持不懈地勤学苦练，终于写干了18缸水，书法造诣不仅继承其父的修为，也开创了一代新气象。

"天道酬勤""地道酬善"、"人道酬诚""商道酬信""业道酬精",这是中国传统哲学的最经典表达,得其精髓者,不仅可以独善其身,定能普济天下。勤、善、诚、信、精,是人的种种美德的集合,德行好就有福报。

古人有"德配位"之说,亦有"德不配位"之说。人若无德,坐高位下人会不服,发了财会大病缠身。当今就有一个高官,利用关系将其母葬于八宝山,不久后高官就出了事,被反腐行动取缔了。

习近平同志说:未来的中国,是一群正知、正念、正能量的人的天下……谁的福报越多,谁的能量越大。

造福——

人活一世,生命的真正价值和意义还在于为社会造福,为人类造福。

福报需要奉献。在甲骨文中,福字的含义是两手捧着酒献给神明。在古代,生产水平低下,粮食是最宝贵的东西。而酒是粮食的精华,是最珍贵的东西。把最珍贵的东西献出去,其真实意思不是索取福报,而是奉献。因此,我们祈福的目的,是要奉献国家,奉献人民,回报社会。

从古至今,无论是帝王将相,还是后宫佳丽,无论是政界权谋,还是文人墨客,无论是富甲天下,还是普通百姓,唯有为国家、为人民修福谋福造福者,自身的灵魂方得安宁,方得福禄绵长,流芳千古。不为他人造福,没有奉献,就没有福报可言,这就是"天道"! 种瓜得瓜,种豆得豆,有什么因,就会有什么果。菩萨畏因,凡夫畏果。菩萨不敢种恶因,不敢结恶缘,凡夫不怕种恶因,不怕结恶缘,但害怕感受果报。要有好的果报,就必须去掉恶因、恶缘,已经种下的,要真诚忏悔,往后尽量结善缘,种善根,以改变相属,改变命运。

林则徐有言:"子孙若如我,留钱做什么,贤而多财,则损其志;子孙不如我,留钱做什么,愚而多财,益增其过。"无独有偶,曾国藩亦说:"仕宦之家,不蓄积银钱,使子弟自觉一无可恃,一日不勤则将有饥寒之患,则子弟渐渐勤劳,知谋所以自立。"作为提倡寒士之风的核心,不留财产给儿子曾被曾国藩多次提及。林则徐与曾国藩说得都非常正确,儿子若有用,没有祖上家产也会自己找饭吃;若无用,家产再多也会败光。

彭立珊又名余彭年,1923年出生于湖南省涟源市蓝田镇。余彭年是深圳彭年酒店创始人,他一生热心于社会公益事业,整幢大厦经营所得的纯利润永久地捐献给社会福利和教育事业。到2008年累计捐款已超过30亿人民币,是中国最慷慨的慈善家之一。根据余彭年生前立下的遗嘱，他去世后，所有资产，包括房地产、公司及金钱，将委托香港汇丰银行做慈善信托基金，全副身家行善，不留分毫给子孙。

由于人们有信仰，由于没有人不希望风调雨顺、地杰人灵、人寿年丰，因此，都期望着福神庇佑，就有了福星崇拜。

人们通过各种形式供奉皇天后土，供奉神灵，祈福纳福，期待福报。冥冥之中的天地神灵兴许只是一种信仰，但是，现实生活中值得崇拜和尊敬乃至追随的福星（福神）并不是没有。三皇五帝时代的舜帝，就是真正意义上的福神。

说舜帝是福星，可以从五个方面理解：

一是百岁南巡，寿比南山——长寿。

《史记》记载舜帝百岁南巡，可谓寿比南山。

二是孝感天地，富贵双全——富贵。

富，是针对财富而言，贵，是就精神层面而言。舜帝以孝立身，因孝闻名天下而由平民得以为帝，列为古二十四孝之首，称之为孝祖，可谓大富大贵。

三是无为而治，家康国宁——康宁。

舜帝坚持以和为贵的精神特质，无为而治，营建起和谐的家庭和社会环境，天下凤凰来仪，人人歌舞升平，可谓家国康宁。

四是德行天下，德昭日月——好德。

舜帝德治天下，身体力行创造了原生态的道德文化，成为中华民族道德文化的始祖，被称为"德圣"，可谓君子好德。

五是勤民而死，万古流芳——善终。

舜帝禅位给大禹后，南巡南疆。他下黄河，漂长江，入洞庭，溯湘江，览韶山，过崀山，经红云山，游虞山，抵达九嶷山。在九嶷山，舜帝教稼穑、治洪流、歌南风、斩孽龙，忘却岁月沧桑，忘却年已期颐，最终"勤民而死"，永远地长眠在九嶷山中。

舜帝死后，万家如丧考妣，人人心里高筑祭坛。从夏禹开始，至秦皇汉武，至唐、宋、元、明、清，历朝历代，无不遣官到九嶷山祭舜。明朝祭祀15次，清朝44次，民国9次。解放后，20世纪90年代初启动九嶷山舜帝陵修复工程，至今一、二、三期工程完工，九嶷山官方和民间祭祀舜帝活动连年不断，单单由湖南省人民政府代表全省人民举行的九嶷山大型祭舜活动就已经有了5次。

5. 舜文化与舜福文化

4200余年前的舜帝百岁南巡，我们且不去理论舜帝百岁是实指还是虚指，说舜帝长寿这是无可非议的。舜帝出生庶民，后来成为了虞舜古国的皇帝，论富富有四海，论贵受万人敬仰，可谓大富大贵。舜帝为政以德，以无为而治的理念，以和合精神，治理国家，使得家康国宁。舜帝身体力行地创造了以孝、德、和为内涵的舜文化，舜文化是道德文化之源。因为舜帝崩葬在九嶷山，九嶷山从此成了名扬天下的圣山，成了文化山、历史山，一年四季，舜帝陵里香烟缭绕，历经数千年，大禹、秦皇汉武，都曾望九嶷山祭舜，舜帝的精神与文化与日月同辉。

研究表明，正因为舜帝在上面五个方面都通过毕生践行做出了榜样，《尚书·洪范》的"九筹"中，才有关于五福的"一曰长寿，二曰富，三曰康宁，四曰攸好德，五曰考终命"的结论。

数千年来，中华民族文化的词汇中，有尧天舜日之说，这是对集三皇五帝文化之大成的舜帝的定评。为此，历代帝王中的大禹、秦始皇、汉武帝、文武周公、新帝王莽、齐高帝萧道成、宋太祖赵匡胤、明太祖朱元璋、明建文帝朱允炆，都对九嶷山舜帝陵有不解之缘。中华人民共和国缔造者毛泽东写下了"九嶷山上白云飞，帝子乘风下翠微"的壮丽诗篇；江泽民题写"九嶷山舜帝陵"。现代国家领导人、政府官员、文人墨客、平民百姓无不到九嶷山舜帝陵顶礼膜拜。历史上的学人孔子、孟子乃至诸子百家，无不对舜帝赞誉有加。文人屈原、蔡邕、司马迁、徐霞客、李白、杜甫、刘长卿、柳宗元、陆游、李贺、苏轼都在九嶷山留下了诗文。

舜帝是中华民族"福星崇拜"理念中道道地地的"福星""福神"。由此，我们完全可以说，舜文化是中华民族流经千百年的"福文化"之源。

所谓舜福文化，就是以舜帝身体力行创造的原生态道德文化为源，以儒释道文化的精华为脉流，内涵为孝、德、和、福的文化形态。

（五）舜文化与汉文化

1. 汉文化的定义

汉文化是一种传统文化，是中国主流文化，又叫华夏文化，汉族文化。中华文化所指，其初衷就是汉文化。某些时候也指汉朝文化。汉文化是以春秋战国诸子百家为基础不断演化、发展而成的中国特有的文化。

华夏的概念来源于三皇五帝时代。有五千多年有实物可考的历史，有四千多年文字可考的历史，考古成果及文化典籍都极其丰富。一路走来，汉族人创造了辉煌灿烂的文化艺术。几千年间，无论政治、军事、哲学、经济、史学、自然科学、文学、艺术等各个领域，都产生了众多具有深远影响的代表人物和作品。

汉文化的特征是以中华文化的诸子百家文化尤其是儒家文化与天朝思想为其骨干而发展。华夏文化可以追溯到夏商周乃至尧舜时代甚至五帝时代的文化。单独的汉文化之说，强调的是汉朝继承的华夏文化。

2. 汉文化的基础

汉文化是以诸子百家为基础不断演化、发展而成的中国特有的文化。诸子百家中对中国产生最重要影响的三大学派是法家、儒家、道家。

（1）法家

法家是战国时期的重要学派，主张"不别亲疏，不殊贵贱，一断于法"，即是以法治国，故称之为法家。春秋时期，管仲、子产即是法家的先驱。战国初期，李悝、商鞅、申不害、慎到等开创了法家学派。至战国末期，韩非综合商鞅的"法"、慎到的"势"和申不害的"术"，集法家思想学说之大成。

在中国传统法治文化中，齐国的法治思想独树一帜，被称为东方法家或齐法家。齐国是"功冠群公"的周王朝开国功臣姜子牙的封国，姜太公的祖先伯夷辅佐虞舜，制礼作教，立法设刑，创立礼法并用的制度。太公封齐，简礼从俗，法立令行，礼法并用成为齐国传承不废的治国之道。管仲辅佐齐桓公治齐，一方面将礼义廉耻作为维系国家的擎天之柱，张扬礼义廉耻道德教化的重要性；另一方面强调以法治国，君臣上下贵贱皆从法，成为中国历史上第一个提出以法治国的人。至战国时期，齐国成为中国历史上第一次思想解放运动和百家争鸣的策源地，继承弘扬管仲思想的一批稷下先生形成了管仲学派。管仲学派兼重法教的法治思想，成为先秦法家学派的最高成就。在稷下学宫"三为祭酒"、深受齐文化熏陶的荀子，还培养出韩非和李斯两位法家代表人物。先秦法家主要分为齐法家和秦晋法家两大阵营。秦晋法家主张不别亲疏，不殊贵贱，一断于法；齐法家主张以法治国，法教兼重。秦晋法家奉法、术、势为至尊与圭臬；齐法家既重术、势，又重法、教。

管仲（前719—前645年）　　　韩非（约公元前280—前233年）

春秋战国时期，法家思想作为一种主要派系，他们提出了至今仍然影响深远的以法治国的主张和观念，这就足以见得他们对法制的高度重视，以及把法律视为一种有利于社会统治的强制性工具，这些体现法制建设的思想，一直被沿用至今，成为中央集权者稳定社会动荡的主要统治手段。当代中国法律的诞生就是受到法家思想的影响，法家思想对于一个国家的政治、文化、道德方面的约束还是很强的，对现代法制的影响也很深远。

法家经济上主张废井田，重农抑商、奖励耕战；政治上主张废分封，设郡县，君主专制，仗势用术，以严刑峻法进行统治；思想和教育方面，则主张以法为教，以吏为师。法家主张"以法治国"，而且提出了一整套的理论和方法，为后来建立的中央集权的秦朝提供了有效的理论依据，后来的汉朝继承了秦朝的集权体制以及法律体制，成为中国古代封建社会的政治与法制主体。

法家重视法律，反对儒家的"礼"，反对保守的复古思想，主张锐意改革。他们认为历史是向前发展的，一切的法律和制度都要随历史的发展而发展，既不能复古倒退，也不能因循守旧。提出"不法古，不循今"的主张。韩非则集法家大成，提出"时移而治不易者乱"。

（2）儒家

儒家是战国时期重要的学派之一，代表人物有孔子、孟子、荀子。作品：《论语》《孟子》《荀子》。它是以春秋时孔子为师，以六艺为法，崇尚"礼乐"和"仁义"，提倡"忠恕"和不偏不倚的"中庸"之道，主张"德治"和"仁政"，重视道德伦理教育和人的自身修养的一个学术派别。

儒家强调教育的功能，认为重教化、轻刑罚是国家安定、人民富裕幸福的必由之路。主张"有教无类"，对统治者和被统治者都应该进行教育，使全国上下都成为道德高尚的人。在政治上，主张以礼治国，以德服人，呼吁恢复"周礼"，并认为"周礼"是实现理想政治的理想大道。至战国时，儒家分有八派，重要的有孟子和荀子两派。

孟子的思想主要是"民贵君轻"，提倡统治者实行"仁政"，在对人性的论述上，他认为人性本善，提出"性善论"，与荀子的"性恶论"截然不同，荀子之所以提出人性本恶，也是战国时期社会矛盾更加尖锐的表现。

孔子是儒家的始创人物，被后世尊为"万世师表"，也被称为"圣人"。

孔子周游列国，宣扬自己政治抱负，但皆不得要领，心灰意冷，遂返回鲁国，六十八岁始潜心讲学著书，与弟子重新编订《五经》，撰写《春秋》，政治上采取保守主义，主张恢复西周礼乐制度；但在教育上倡导"因材施教""有教无类"这些开明的启发式教育方法，以及他对于思想领域的开创性见解间接地促进了春秋战国时期诸子百家这一文化鼎盛现象的形成。

孟子是孔子的孙子子思的再传弟子，也是孔子以后的儒家大师。

孟子继承孔子之志招收弟子，游历列国，宣扬"仁政""王道"，提倡"民为贵，社稷次之，君为轻"。孟子到过齐、梁等多国，见过梁惠王，齐宣王等君主，虽然受到了尊敬跟礼遇，可是被认为思想保守，不合潮流，没有得到重用。晚年，孟子回乡讲学，和他的弟子万章，公孙丑等，写成了"孟子"七篇，全书共有十四卷。

荀子名况，字卿，赵国邹邑（今山西安泽）人，生于周郝王二年（公元前313年），卒于秦始皇九年（公元前235年），战国后期著名思想家、教育家。荀子是继孔子、孟子以后最大的儒学家。他的思想记载于《荀子》一书中，对中国两千多年的封建社会产生了广泛而深远的影响。荀子曾经游历燕、齐、楚、秦赵多国，后任兰陵令（今山东省临沂兰陵县兰陵镇），在兰陵时荀子开始教书与写书，韩非和李斯都是他的学生，他在这段时间完成他的代表作品《荀子》。荀子虽是儒家之继承人，但他并没有盲目地将儒家学说全盘接收。反之，荀子将儒家学说融会贯通加以发挥，提出了"性本恶"等影响后世深远的学说。

荀况（约公元前 313 年—公元前 238 年），

（3）道家

代表人物有老子、庄子、列子、作品有《道德经》《庄子》《黄帝四经》《列子》等。

在"道"文化一节中我们说到，道家以"道"为核心理念而得名，从广义上来说，主要分为老庄派、黄老派、杨朱派三派，其中老庄派以大道为根、以自然为伍、以天地为师、以天性为尊，以无为为本，主张清虚自守、无为自化、万物齐同、道法自然、远离政治、逍遥自在，政治理想是桃花源和至德之世，体现了"离用为体"的特点，因此成为了历代文人雅士远离残酷现实的精神家园。黄老派以虚无为本，以因循为用，采儒墨之善，撮名法之要，主张因俗简礼、兼容并包、与时迁移、应物变化、依道生法，依法治国、删繁就简、休养生息，政治理想是大一统，体现了"离体为用"的特点，成为了历次大乱之后政府治世的急救包。杨朱派主张全生避害、为我贵己、重视个人生命的保存，反对他人对自己的侵夺，也反对自己对他人的侵夺。杨朱派属于道家的别支，代表人物杨朱、子华子。春秋战国后，因不容于世，后湮灭不存。但其全生保性的思想被道教全盘继承。

道家的主要代表人物是老子、庄子、列子。

老子姓李，名耳，字伯阳，楚苦县历乡曲仁里（今河南省周口市鹿邑县太清宫镇）人，生卒年不详，一说生于公元前 604 年，谥聃。有人叫他李耳，也有人叫他老聃。老子修道德，其学主无为之说，以自隐无名为务。老子应该是春秋时代的人。道家的理论奠定于老子，老子《道德经》一书上下五千言。书中广论道的形上学义、人生智慧义，提出一种有物混成且独立自存之自然宇宙起源论，也提出世界存在与运行原理是"反者道之动"的本体论思想。对于存活于其中的人类而言，其应学习的就是处世的智慧。老子也提出了众多的政治、社会与人生哲学观点出来，主张"无为而治"。

庄子名周，字子休，宋国蒙人（今河南商丘市），生卒于约公元前369年至公元前286年，据《史记》所记载与梁惠王、齐宣王同时。

庄子早年曾在蒙作过漆园吏，后一直隐居。他生活贫困，但淡泊名利，楚王闻其贤德，曾派使者赠以千金并请他做宰相，被他拒绝，遂终身不复仕，隐居于抱犊山中。庄子学识渊博，交游很广，着有《庄子》一书，以《老子》为本，也有自己独到见解，其著书十余万言。

庄子塑像

庄周（约前369年—前286年）

列子，名寇，又名御寇，是战国前期的道家人物，郑国（今河南郑州新郑市）人，与郑缪公同时。其学本于黄帝老子，主张清静无为。《列子》一书，在先秦曾有人研习过，西汉时仍盛行，西晋遭永嘉之乱，渡江后始残缺。其后经由张湛搜罗整理加以补全。

《列子》又名《冲虚经》，是道家重要典籍，作者为列御寇，所著年代不详，大体是春秋战国时代。该书按章节分为《天瑞》《黄帝》《周穆王》《仲尼》《汤问》《力命》《杨朱》《说符》等八篇，每一篇均由多个寓言故事组成，寓道于事。

3. 汉文化的社会科学与人文

（1）语言文字

汉语以汉字书写，经过 5000 余年的演变，发展成通用简化汉字。汉族的语言通称汉语，属汉藏语系，是世界上历史最悠久最丰富的语言之一。按语言学学术界较常见的划分方法，可分官话、吴语、湘语、赣语、客家话、闽语、粤语七大方言。当然还有一些不同的划分方法。

对汉语标准语的规定，汉族人所在的不同地区各有不同，中国大陆、台湾、新加坡定为以北京话为基础发展起来标准官话，其称谓因所在地的不同，中国大陆称之为普通话，台湾地区称之为国语，新家坡等称之为华语，香港定为标准粤语，亦即广州话。中文的书写表达方式分别有繁体中文（或称正体中文）和简体中文。中国大陆法律规定，现代汉语普通话以北方方言为基础，以北京语音为标准音。汉文起源于远古，现行的方块字是从 4000 多年以前的殷商甲骨文和商周金文演变而来。汉语普通话有 4 个声调：阴平声、阳平声、去声；南方江淮官话、吴语、湘语、赣语、客家话、闽语、粤语等方言区声调可达 5~9 个，保留入声，部分地区上声，去声分阴阳。研究汉语语音系统的科学，是"汉语音韵学"，建立于公元 5 世纪，迄今已有 1000 多年的历史。

（2）社会科学与人文

汉文化在社会科学与人文方面涵盖历法、风水、发明、中医、算术、农学、百科、地理、体育、军事、文学。

历法

中国汉族从古到今使用过的历法，就有一百多种。汉代以后各历法规则基本沿袭汉代制定的称为太初历的汉历。汉历是一种阴阳历，是把太阳、月亮的运行周期调和在一起，实现了阴阳合一的历法。

随着天文学的发展，历法的内容不断充实，经历了一个相当长的历史阶段，虽多有改革，但其原则却没有大的改变。大致又可以分为三个时期，一是古历时期：汉武帝太初元年以前所采用的历法；二是汉历发展期：从汉太初元年以后，明代末年为止，这期间修制订历法者有约一百家，二十四史中的《历志》《律历志》中有记载。三是汉历完善期——明代末年至今。明末崇祯年间由徐光启、汤若望等人利用汉历规则，引进了欧洲天文学知识、计算方法和度量单位，编制完

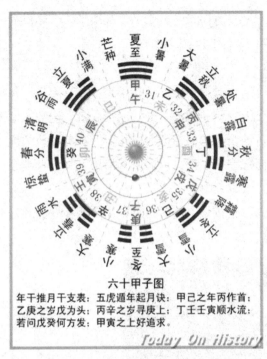

六十甲子图

年干推月干支表：五虎遁年起月诀：甲己之年丙作首；
乙庚之岁戊为头；丙辛之岁寻庚上；丁壬壬寅顺水流；
若问戊癸何方发；甲寅之上好追求。

成《崇祯历书》，于清初取名《时宪书》，开始实施的这套历法。辛亥革命之后，于西历1912年孙中山先生宣布采用格里高历（即公历，又称阳历），汉历被称为旧历、夏历、阴历，到文革时期被称为农历。

汉历，是中国与西历（公历）并行的历法，是汉文化对世界的历法文化的一大贡献。

风水堪舆

风水在中国历史悠久，古称堪舆，是人们对居住或者埋葬环境进行选择和处理，以达到趋吉避凶的目的，它的核心思想是人与大自然的和谐，主要关乎宫殿、住宅、村落、墓地的选址、座向、建设、布置等。有人将风水与迷信联系起来，其实，风水是一门发现自然、利用自然的科目。

在古代，汉族对于风水学是十分重视的。像婚丧嫁娶、易居开业都要迎请易学风水大师来进行卜卦预测，提前破灾消难。用现代人的话去理解，就是风水好的地方，人们居于此处，能助人事兴旺、发财，可令后代富贵、显达。在古代符合风水宝地标准：后有靠山、左有青龙、右有白虎、前有案山、中有明堂、水流曲折。风水告诉人们要能顺应自然规律，要优化自然环境。居所风水好，人的身体健康，心情舒畅，工作就有劲头；居住在常年见不到阳光的房间，生活质量不高、心情不舒畅，工作也会受影响。

中医

中医即以汉民族的医学实践为主体的传统医学。中医学以阴阳五行作为理论基础，将人体看成是气、形、神的统一体，通过望、闻、问、切，四诊合参的方法，探求病因、病性、病位，分析病机及人体内五脏六腑、经络关节、气血津液的变化，判断邪正消长，进而得出病名，归纳出症型，以辨证论治原则，制定"汗、吐、下、和、温、清、补、消"等治法，使用汉方、针灸、推拿、按摩、拔罐、气功、食疗、导引等多种治疗手段，使人体达到阴阳调和而康复。

狭义的中医，指的则是汉医。日本的汉方医学、韩国的"韩医学"、朝鲜的高丽医学、越南的东医学，都是以中医为基础发展起来的。

数学算术

汉族的数学的发展源远流长。夏禹治水时就用了准绳、规矩，并且用到了勾股测量。商代晚期的甲骨文表明，商代人们所使用的记数法已很完备。记数的原则是遵循十进制，这一点和巴比仑和古埃及所用的记数方法相比，有着显著的优越性。西周时期金文中的记数方法和商代完全一致，以后一直沿用下来，直到今天。之后汉族数学开始形成以《九章算术》为中心的体系。

除了整数之外，汉族对分数的认识也比较早。同时还掌握了整数和分数的四则运算。

汉族早期实际的计算是用算筹来进行的。唐代中叶开始，特别是由于宋代以来经济的迅速发展，需要对计算工具进行改进。经过长时期的演进，到了元明之际，便完成了由筹算到珠算的转变。到了明代中叶，珠算已经在全国普遍使用。在世界同类计算工具中，珠算是最好的。

农学

古代农学往往包括古代科学技术的多方面成就，据不完全统计，2000多年间，包括已经散佚与流传至今的农书达 370 余种，其中如《氾胜之书》《齐民要术》《王祯农书》《农政全书》，是古代农学著作的代表作。

百科。

有关中国百科类的图书众多，主要有《山海经》《梦溪笔谈》《天工开物》《永乐大典》等。

《山海经》是先秦古籍，它记述古代地理、物产、神话、巫术、宗教、古史、医药、民俗、民族等方面的内容，被学者称之为百科全书。

《山海经》异兽图之九尾狐

《山海经》异兽图之中山神

《梦溪笔谈》是北宋科学家沈括所著的笔记体著作，收录了沈括一生的所见所闻和见解，被西方学者称为中国古代的百科全书。

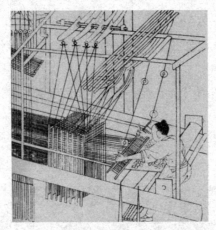

《天工开物》

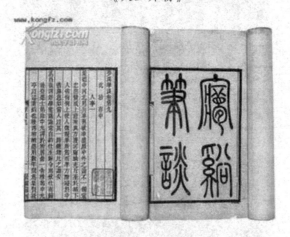

沈括《梦溪笔谈》

　　《天工开物》是中国古代一部综合性的科学技术著作，同时是世界上第一部关于农业和手工业生产的综合性著作，被欧洲学者称为"技术的百科全书"。书

中记述的许多生产技术，一直沿用到近代。

《永乐大典》是中国古代最大的一部类书，是中国古代最大的百科全书。全书共 22937 卷，约 3.7 亿字，共装成 11095 册。收录古代重要典籍至七八千种之多，上至先秦，下达明初。《永乐大典》收录内容包括经、史、子、集、释庄、道经、戏剧、平话、工技、农艺、医卜、文学等，无所不包。所辑录书籍，一字不易，悉照原著整部、整篇、或整段分别编入，提高了保存资料的文献价值。

地理。

公元前 21—22 世纪的虞夏时代，中国大地洪水滔天，到处一片汪洋。舜帝命禹疏导河流、平治水土。禹在外 13 年，三过家门而不入，终于使河流归道，天下太平。中国古代著作《尚书》中的一篇《禹贡》，是记述大禹平治水土业绩的最古老的文献。

汉朝时候中国的地理视野已相当广阔，《汉书·地理志》中记载了从广东到印尼、缅甸、印度、斯里兰卡的航线。《后汉书·东夷传》中记述了日本"依山岛为居"的情形。晋代高僧法显，65 岁时从长安出发经玉门至印度又南下锡兰、苏门答腊绕行南海回国，历经 12 年之久。唐代名僧玄奘于公元 627 年西行求法，用了 18 年的时间，经历了 110 多个国家，行程 5 万余里。回国后按其口述编成《大唐西域记》。《新唐书·地理志》记载的"广州通海夷图"，详述了从中国到波斯湾的海上航程。对北部的情况。宋代时罗盘用于航海，海上交通贸易更为发达。宋朝与日本间航行甚为频繁，几乎没有间断过一年。同时对南洋、印度以西的航行也极为发达。明代三宝太监郑和七下西洋，访问了南洋诸岛、印度、阿拉伯、东非等几十个国家，船员最多时达 27000 多人。随行的马欢、费信和巩珍记述了这七次航行盛况和见闻。马欢的《瀛涯胜览》记载了 19 国，费信的《星槎胜览》记载了 40 国（其中亲见 22 国），巩珍的《西洋番国记》记载了 20 国的风土人情。最后一次航行制作的《郑和航海图》是以南京为起点最远到达非洲东岸的蒙巴萨，图中收入 500 多个地名，在当时的世界上称得上首屈一指了。

军事

在古代军事理论方面，早在春秋末就有军事名著《孙子兵法》问世。西汉初年整理出 182 家兵法，特别是宋朝以来一直作为武学必读的军事著作《武经七书》，集中了古代军事著作的精华。

体育

汉族历史悠久，体育运动自古就有，早在黄帝之时，就以角抵、击剑、射御、蹴鞠、捶丸等体育活动来训练青年，而唐尧、虞舜、夏、商、周此五代亦以拳术、投壶、剑术、弓矢、击壤等体育活动来强健国人体魄。至隋唐之时，古代体育进入空前之状，亦有出新之事，诸如摔跤、拔河、秋千，而最为兴盛的是马球与足球，且女子亦有参加，此两者于唐时传入日本。这些体育活动到明清之际仍有所发展。然而，部分活动经过清末至民初一连串的战争与西化运动，至今多已失传。至于如拔河、秋千等活动则历久不衰，而如角抵则为日本传于今。武术是灿烂文化中的瑰宝，是传统的健身项目，几千年来源远流长，骑马、射箭、摔跤、钓鱼、龙舟、棋类等体育活动也是流传广泛。但同整个中国一样，汉族的近代体育的发展较晚，19世纪末才传入。新中国成立以后，汉族的体育运动基本与全国的体育保持一致的发展态势。

文学

汉文化的文学包含诗歌、散文、小说等。

在古代汉文学发展中，诗歌的发展占显著地位。如《诗经》《楚辞》《乐府》《唐诗》《宋词》等，都有许多艺术成就极高的作家与作品，屈原、李白、杜甫、苏轼、陆游等人的名字与作品，不仅在中国文学史上大放异彩，在世界文学史上也是公认的名家。

散文有著名的秦汉古文，至唐中晚叶，由韩愈、柳宗元等倡导恢复秦汉古文运动，到欧阳修、苏洵、曾巩、王安石、苏轼、苏辙时，古文运动大获全胜，号为"唐宋八大家"。

小说创作，到明清时获得很大发展，长篇巨著如《三国演义》《西游记》《水浒传》《儒林外史》《红楼梦》，短篇集如《聊斋志异》均素负盛名。

汉文化在绘画、书法、工艺美术、音乐、舞蹈、戏剧、曲艺等方面，都有不少蜚声中外的名家，他们获得了令人赞叹的艺术成就。在这些艺术的发展中，尤其表现了汉族人民善于学习和吸收其他各民族之长，以发展其艺术，形成了特有的风格。

《古风汉韵》（1）

《古风汉韵》（2）

汉字书法是汉族独创的表现艺术，被誉为无言的诗、无形的舞、无图的画、无声的乐。汉族传统绘画形式是用毛笔蘸水、墨、彩作画于绢或纸上，这种画种被称为中国画，简称国画。许多少数民族也擅长国画，而且不乏名家。

汉族音乐有悠久的历史和独特的创造。秦以前，汉族先民已创造了乐器和乐曲，发明了乐律。汉唐盛世，汉族音乐以歌舞音乐见长；宋元以后，则以戏曲音乐为主。元、明、清三朝，汉族音乐以戏曲音乐为主。元代戏曲称为"元曲"，有杂剧与散曲之分。元曲音乐，来源于唐宋词曲、大曲、诸宫调中名曲及北方民间流行乐曲。南方戏曲独称为"南戏"。元代中期以后，杂剧戏曲南移，南北戏曲合流。当今世界公认的音乐律制，如五度相生律（汉族称三分损益律）、纯律及平均律，皆系汉族独立发明，其成果如车条之辐辏，汇入世界音乐理论之轴心。

汉族舞蹈通常与唱歌或器乐结合，称为歌舞、乐舞。

先秦舞蹈可分为四类：

（一）表现农业生产活动的舞蹈，如《葛天氏之乐》。舞者三人，执牛尾踏舞步而歌，歌舞共八段：第一段歌民之初始，第二段歌燕子，第三段歌草木萌生，第四段歌五谷茁壮，第五段敬天行有常，第六段祈祖先佑福，第七段依靠大地赐予，第八段希望得到最多的禽兽。

（二）各时代颂扬祖先业绩的大型乐舞，如黄帝《云门大卷》、尧《大咸》、

舜《大韶》、禹《大夏》、周《大武》等。

（三）娱乐的小舞，如《羽舞》《皇舞》《旄舞》《干舞》《人舞》等。

（四）娱神的巫舞，如《代舞》和戴面具驱鬼除疫的《傩》舞。

宋元以后，舞蹈多被吸收到戏曲中，或边唱边舞，或于戏剧中插一段与情节有联系的舞蹈。

傩舞

此外，也还有专门的民间歌舞表演，以及现代还流行的《龙舞》《狮舞》《高跷》《花灯》等。

汉文化中还有姓氏文化、饮食文化、宗教文化等，不一一赘述。仅将服饰文化，做个简单介绍。

服饰文化

素有"衣冠上国"称誉的中国，服饰的发展有着悠久的历史。中国的衣冠服饰制度，大约在夏商时期已见端倪，商朝时期主要是采用上衣下裳制，衣用正色，即青、赤、黄、白、黑等五种原色。服装以小袖为主。到了周代渐趋完善，并被纳入礼制范围，成为"昭名分，辨等威"的工具，尊卑贵贱，各有分别。从此，天子后妃、公卿百官的衣冠服饰更加详备，等级制度也日益严格。春秋战国时期，中国社会发生剧烈变革，百家争鸣，出现了如同《淮南子》中所说的"各殊习俗"的现象，周代的一套服饰制度，到了战国末年已名存实亡。春秋战国之际，又出现了一种新的服饰，称作"深衣"，是一种上下连属的服装，改变了过去单一的服装式样，不仅用作常服、礼服，且作祭服。

秦始皇统一了六国，创立了各种制度，其中包括衣冠服制。这些制度的厘定，对汉代影响很大。汉代大体上保持了秦代遗制。张骞出使西域，使中华文化传遍世界各地。

汉孝明帝永平二年，确立了汉代的冠服制度。尽管在形式上与周制有较大区别，但有一个共同之处，即等级差别十分显著。汉代服饰的职别等级，主要是通过冠帽及佩绶来体现的。冠制复杂，仅收入《后汉书·舆服志》中的，就有十六种之多。

秦汉时期的男子服装以袍服为重。西汉早期流行曲裾（即深衣），到了东汉，男子一般不穿深衣，而是穿直裾。除祭祀朝会外，各种场合都可以穿着。汉代妇女礼服，仍以深衣为尚，也穿袿衣、襦裙、穷袴。

深衣1

深衣2

深衣 3　　　　　　　　　深衣 4

直裾

直裾

直裾 5

魏晋时期，大量北方人民因战乱向南方迁移，加上许多少数民族入居中原，与汉族人民相互错居，生产技术、文化思想乃至生活习俗包括衣冠服饰在内，渐趋融合。

太和十八年，北魏孝文帝推行服制改革，"群臣皆服汉魏衣冠"。汉末，幅巾逐渐取代礼冠。汉族男子服装，主要是衫，与秦汉袍服的区别在于袖口宽敞。以大袖宽衫为尚。汉族妇女衣衫以对襟为多，领、袖俱施边缘，下着长裙，腰用帛带系扎。履的颜色有一定制度：士卒百工无过绿、青、白；奴婢侍从无过红、青。

尔后，从隋唐到宋、元、明清，到民国，到现代，汉人的服饰不断随着时代的发展而改变，到中华人民共和国建立后，中山装成为汉族人的主要服饰，改革开放后，西装等西方服饰也为汉族人所接受，从 2003 年开始，中华民族优秀文化复兴的共同理想，世界各地的一些汉族人开始在日常生活中重新穿民族服饰——汉服（即华夏衣冠）。

汉族在古代创造了灿烂的文化艺术，具有鲜明的特色。汉族有五千多年有文字可考的历史，文化典籍极其丰富。几千年间，无论政治、军事、哲学、经济、史学、自然科学、文学、艺术等各个领域，都产生了众多的具有深远影响的代表人物和作品。在春秋战国时期，各种思想学术流派的成就，与同期古希腊文明相辉映。以孔子、老子、墨子为代表的三大哲学体系，形成诸子百家争鸣的繁荣局面。至汉武帝时，推行"罢黜百家，独尊儒术"的政策，于是以孔子、孟子为代表的儒家思想成为正统，统治汉族思想与文化两千余年，同时程度不同地影响其他少数民族，甚至影响到与中国相邻的国家。在军事理论方面，早在春秋末期就有军事名著《孙子兵法》问世。在自然科学方面，天文学与数学的成就，一向为世人所瞩目，如张衡、祖冲之等已被举世公认为世界文化名人。在文学方面，诗歌、散文的创作，占有显著地位，涌现了许多艺术成就极高的作家与作品，如小说创作《三国演义》《西游记》《水浒传》《红楼梦》《儒林外史》《聊斋志异》等均享有盛名。在绘画、书法、工艺美术、音乐、舞蹈、戏剧、曲艺等方面，也涌现出不少蜚声中外的名家。在长期的历史发展中，汉族人民善于学习和吸收其他各民族之长，逐渐形成了自己独特的文化艺术风格。

1. 汉文化之人生九礼

怀子礼

"人生九礼"的第一礼是怀子礼。为的"礼仪胎教，优生后代"。当母亲知道自己腹中有了宝宝后，目不视恶色，耳不闻恶声，口不出恶言，应"居洁、视美、思善"。应饮食健全，身体健康，心地平和，行为中正。不交不正之人，不做不善之事。同时做父亲的也要配合，勤奋工作，行为正派。以此种积极向上的心态，以礼期待即将来到世间的儿女。

接子礼

"人生九礼"的第二礼是接子礼。为的"礼教传家，行礼接子"。孩子降临人世时，母亲抱子端坐，父亲上前躬身一拜，欢迎宝宝来到人间；再向孩子母亲揖拜，谢谢传续家命；而后携妻抱子而归。此礼意在孩子懂事以后，会用毕生的努力感恩、回报父母。

命名礼

"人生九礼"的第三礼是命名礼。古代孩子出生后九日、十二日或百日，亲朋前来祝贺，给孩子命名。给孩子命名必告知先祖，以示庄重，以示归属。

开笔礼

"人生九礼"第四礼是开笔礼。祝福孩子"步入学堂，知聪识明的儿童到了五岁至七岁时，马上要步入学堂，变为"学生"。古人不用言教，用"开笔礼"仪式让孩子知道如何做学生。让孩子在

喜悦中诵读"聪明歌"，拜圣人为师，开笔学写"上"字，记住"上进、上升、上达"，记住"天天上进、年年上进、终生上进"。

成童礼

"人生九礼"的第五礼是成童礼。为的孩子"告别童年，感恩立志"。孩子童年最易调教，进入少年容易反叛。故要在儿童进入少年时，行成童礼以教育之。"告别童年，感恩立志"是成童礼的礼义。诵读《论语》，感恩父母，向父母行

礼明志是成童礼的内容。凡年满十二岁至十五岁的孩子均可行此礼仪。成童礼能促使学生在初中阶段树立明礼、孝义等方面的优秀传统理念，并立下报效国家的大志。

成人礼。

　　"人生九礼"的第六礼是成人礼。为的"人格独立，担负使命"。"成人礼"在古代又叫"冠礼"，是华夏青年重要的人生大礼。青年行此礼后，正式成为"成年人"，用成年人的标准要求自己。成人礼的主要内容是通过"三加"（加时服、加祖服、加公冠），表达了"三明"（明发扬时代精神、继承华夏文化、担负国家使命之志）的礼义。通过"三诵"（三次诵读经典），表达了"三成"（成人子、成国士、成君子）的礼义。成人礼寄托了父母对儿女、国家对青年的期望，也表达了青年自己的志向和抱负。

婚礼

　　"人生九礼"的第七礼是婚礼。为的"夫妻天合，白头偕老"。华夏民族的婚礼，每一个礼仪仪式，都包含着祖先教育新婚夫妇的智慧，是祖先留下来的宝贵财富。只要经历了这种婚礼仪程，一个新家庭就可以牢固建立起来了。汉唐以来在民间形成的民俗婚礼以"拜堂"为中心，通过仪式程序，表达婚礼的礼义，突出婚姻的神圣性，为夫妻百年好合奠基。

　　敬老礼

　　"人生九礼"的第八礼是敬老礼。为的"社会敬老，儿女孝亲"。古代畅行敬老风，称"乡饮酒礼"。敬老注重的是相互尊重，儿女为父母夹菜或敬酒时，父母一定要回让，体现了中国的礼仪文化"来而不往非礼也"。特别是孙辈为爷爷、奶奶献寿桃时，您的父母都会激动得热泪盈眶。

祭礼

"人生九礼"的第九礼是祭礼。为的"祖先永在，后人永志"。子孙代代祭祖，古人称之为"吉礼"。祭祀祖先，对家庭来说是"吉祥事"。先人去世后，体魄归于大地，灵魂升到天上，音容留在儿女心里，心志传于子孙后代。这种永恒与不朽，是用"祭祀祖先"的礼仪延续和贯通的。追念先人、教育后人，祭祀是祖先为后人设计的大智慧。

体验"人生九礼"意义深远。礼道是汉唐之道，是立人之道，是传家之道。走礼道，方能立己立人，兴家兴国。人、家、国只有立于礼，才能达于优秀和先进。

5. 汉文化与舜文化

前文说过，汉文化是一种传统文化，是中国主流文化，又叫华夏文化、汉族文化。华夏的概念来源于三皇五帝时代。有五千多年有实物可考的历史，有四千多年文字可考的历史，考古成果及文化典籍都极其丰富。

舜帝是道德文化的创造者，是集三皇五帝文化之大成者，舜帝身体力行创造了"孝"文化，也就衍生出了"礼"文化。懂孝者必懂礼，舜文化中的"孝"与儒文化的"礼"是一体的，是同一内容的不同表达与内涵泛化衍生。自然可以说，汉文化的源头其实就是舜文化。

（六）舜文化与君子文化

1. 何谓君子？

"君子"一词早在上古时期就已产生，西周时期广为流传，如《尚书·卷十三》说："君子勤道，不作无益害有益"。

《易经》中的名句"天行健，君子以自强不息""地势坤，君子以厚德载物"。《诗经·淇奥》"有斐君子，充耳琇莹"。《诗经·小雅》："既见君子，锡我百朋。"《诗经·关雎》"窈窕淑女 君子好逑"。

君子的含义，可以引申出多重意思。

称有才德的人为君子。《礼记·曲礼上》说："博文强识而让，敦善行而不怠，谓之君子。"《孟子·滕文公上》："无君子莫治野人，无野人莫养君子。"

泛指才德出众的人。《易经·乾》"九三，君子终日乾乾"，汉班固《白虎通·号》"或称君子何？道德之称也。君之为言羣也；子者丈夫之通称也"，宋王安石《君子斋记》"故天下之有德，通谓之君子"。

旧时妻对夫之称。《诗经·召南·草虫》："未见君子，忧心忡忡。"《后汉书·列女传·曹世叔妻》"进增父母之羞，退益君子之累"，李贤注曰："君子，谓夫也。"唐代李白《古风》之二七："焉得偶君子，共乘双飞鸾。"清孙枝蔚《采莲曲》之一："妾采莲，采莲寄君子。"

指春秋 越国的君子军。《国语·吴语》："（越王）以其私卒君子六千人为中军。"明梁辰鱼《浣纱记·被擒》："越王亲率兕甲十万，君子六千，直渡 太湖。"

对男子的尊称，犹如先生。《诗经、周南》有"关关雎鸠，在河之洲，窈窕淑女，君子好逑"句；《太平广记》卷四九引唐 李朝威《异闻录·柳毅》："夫人泣谓 毅 曰：'骨肉受君子深恩，恨不得展媿戴，遂至睽别。'"《武王伐纣平话》卷："姜尚问曰：'君子，尔何姓？'"

竹之雅号，宋苏辙《林笋复生》诗："偶然雷雨一尺深，知为南园众君子。"

梅、兰、竹、菊称四君子。

指好学者。《论语·学而》："子曰：君子食无求饱，居无求安；敏于事而慎于言，就有道而正焉，可谓好学也已矣。"

可见，君子一词非只有一种涵义，而有多种解释。在儒家文化里，君子一词具有德性上的意义。《论语·宪问》："子曰：君子之道者三，我无能焉。仁者不忧、知者不惑、勇者不惧。"

一般人的观念中，君子是具有完善的人格的人。讲礼貌、讲义气、行仁道、有修养有正气，没有人格污点，而对于行为和道德有相当高的标准。反之，则是被称为小人。唐太宗在《贞观政要·教戒太子诸王》中说："君子、小人本无常，行善事则为君子，行恶事即为小人。"这再清楚不过地表明：做君子还是做小人，与身份、地位无关。

在我们平时的生活之中，君子的观念也是非常地流行的，我们常说，某某有君子的风范，某某有失君子之风，某某是一个小人；俗语有："以小人之心，度君子之腹""君子报仇，十年不晚"、"君子一言，驷马难追""君子爱财，取之有道"，等等。在每个人的心中，似乎都会有一个明确而清晰的认知。而究竟君子是一个什么具体的概念，却是很难讲清楚的，但是心里面并不是没有清楚的判定，说明君子的观念深刻地融入到了我们的血液之中，已经是形成了深层的文化心理结构。所以，君子的观念是我们已经成为中国文化的特色。

君子的界定与小人相对而言。我国传统文化中，自春秋战国时代，就将君子与小人作为两种对立人格而沿袭至今。一方面，君子指王侯、公卿和大夫等统治阶层，所谓的"有位者"；小人指庶民和奴隶等被统治阶层，所谓的"无位者"。如《论语阳货》"君子学道则爱人，小人学道则易使也。"另一方面，君子和小人表示两种道德人格，亦即有道德的人和无道德的人。《论语·颜渊》说："君子成人之美，不成人之恶；小人反之。"《论语·为政》说："君子周而不比，小人比而不周。"《论语·里仁》说："君子喻于义，小人喻于利。"这里所说的君子与小人，显然是指有道德的人与无道德的人。

君子或小人的这种双重含义，引发我们对于"德"与"位"的思考。"以德配位"，这是人类社会特别是人治社会的基本原则。在原始社会，乃至尧、舜、禹古国时代，由于生产力落后，原始公有制的影响，氏族部落遗留的传统，大自然和其它诸侯国的生存威胁，因此存在着德位一致的政治现实。其后，随着私有制、国家组织等因素的演变，德位发生偏离，使得德位一致的状态从政治现实自然地演变成为政治理想——有德者必有位，有位者必有德。这种政治理想，既包含了对远古时期原始共产主义的残存回忆，同时也是对现实社会的无限厚望与对在位者的鼓励与期望。德位一致意味着君子既是有位者又是有德者，小人既是无位者又是无德者。这就是君子与小人既指两种道德人格又指两种社会阶层的双重含义之根源。春秋战国时期，"礼乐崩坏""人心不古"，社会现实是，有位者无德，有德者无位。德与位的分离，逐渐使君子与小人的称谓不再有社会阶层的含义，而专门指有德者和无德者，君子亦即有德者，小人亦即无德者。及至汉代，君子与小人的这种含义已成定型。所以《白虎通义》云："或称君子何？道德之称也。"

可以得出结论说：从汉代至今，君子与小人便只有一种含义：君子就是有德者，就是合乎道德的人，就是处于美德境界的人，就是善人，就是好人；反之，小人就是缺德者，就是不道德的人，是恶人，是坏人。

2. 君子的品质

孔子把人分为小人、士、善人、成人、贤人、君子、圣人等不同层次，并分别提出了不同的要求。他以君子人格为标准，认为君子中居于高位、为治国安民做出重大贡献的人就是圣人，而与君子相对，只关心一己之利，心胸狭窄，不明事理，只知道随声附和，当官时骄傲凌人，喜欢吹牛拍马，穷困时便诲淫诲盗的人就是小人。

对君子品质的界定，随着流年更替，有了很大的变化。现实中，君子的品质应该具有几个基本素质。

其一，孝是君子立身之本。

《孝经》说：子曰："'夫孝，德之本也，教之所由生也。'夫孝，天之经也，地之义也，民之行也。"《孝经》以孝为天下第一大德。相关论述很多。如"君子务本，本立而道生""孝弟也者，其为仁之本与"。一个连父母的养育之恩都不思报答，连兄弟姊妹的手足之情都不在乎的人，就根本不愿意感恩，就没有仁爱、勇义可谈，就更无礼仪、和谐之类的追求。因此，君子以孝为立身之本。

其二，信是君子立世之本。

"信"在君子人格内涵之中是立世之本。《论语·颜渊》子贡问政："自古皆有死，民无信不立。"人生在世，必须在知、言、行三个方面达到高度统一。

中华传统文化中有"商道酬信"之说。红顶商人胡雪岩因官而商，因官而盛，也因官而败。即使他的商业帝国遭到毁灭性打击后，他的药铺却屹立不倒，直至今日。究其原因，他在创店之初，就立下"诚信"之本，卖药货真价实。比如有一种药叫金鹿丸，制造这味药需取鹿的30多种器官。为了保证原料质量，胡不惜血本开辟了一个养鹿场，以保证原料品质。

孔子强调学思结合，"学而不思则罔，思而不学则殆"，认为言行一致本身就是学习求知的基本要求和内涵，强调"与朋友交，言而有信，虽曰未学，吾必谓之学矣"，"知之为知之，不知为不知，是知也"，从另一层面对君子必须以"信"为立世之本作了注脚。

其三，仁爱是君子人格特质。

基督教说"上帝是爱"，佛教有"慈悲为怀"之说，常说"我不下地狱谁下地狱"。《论语·颜渊》樊迟问仁，子曰："爱人。"孔子讲道曰："己所不欲，勿施于人。"孔子儒学所说的"仁"，是指仁爱。仁爱语出《淮南子·修务训》："尧立慈孝仁爱，使民如子弟。"所谓仁爱，就是宽仁慈爱，爱护同情。孔子创立的儒说中的"仁"，是指君王对臣子和百姓之爱，亦是上人对下人之爱。其实，"仁"是一种古老的道德范畴，既指人与人之爱，也指仁政、仁义。孟子把道德规范概括为"仁、义、礼、智"，而"仁义"是孟子道德论的核心思想。

"爱人"是现实中君子的特质，也是孔子倡导的君子人格的最高标准。儒家文化中所提倡的仁爱，爱的对象包括各色人种。正所谓"惟仁者能爱人能恶人"。爱人必须克己。《论语·颜渊》颜渊问仁，子曰："克己复礼为仁，一日克己复礼，天下归仁焉。"樊迟问仁，子曰："居处恭，执事敬，与人忠。"爱人必须身体力行。《中庸》说："好学近乎知，力行近乎仁，知耻近乎勇，知斯三者，则知所以修身。"《论语》子张问仁于孔子，孔子曰："能行五者于天下为仁矣。"所谓行五，就是处处做到五种品德，即是：恭、宽、信、敏、惠。孔子解释说：恭则不侮，宽则得众，信则人任焉，敏则有功，惠则足以使人。"《孟子》月："君子以仁存心，以礼存心，仁者爱人，礼者敬人，爱人者人恒爱之，敬人者人恒敬之。"

其四，忠恕是君子重要品格。

什么是忠恕？朱子曰："尽己之心谓之忠，推己及人谓之恕。"故尔可知，忠，指尽心为人，心无二心，意无二意；恕，指推己及人，忠诚宽恕。《大戴礼记》对忠恕做了较详细的说明："知忠必知中，知中必知恕，知恕必知外，内思毕心曰知中，中以应实曰知恕，内恕外度曰知外。"孔子在《论语·雍也》中说："己欲立而立人，己欲达而达人。"

忠是一种立足于自身内心的坚守，而恕则是推己及人、将心比心的推衍。忠恕是实现良知的前提。按照马斯洛需求层次理论，人人都有尊重需求。即是人与人的关系应当是平等的，人人有自尊，同时人人都需要相互尊重。君子应当意识到：所有的他人都与自我一样，具有各自的存在价值，享有同等的生存权利，具有同样的人格尊严，这便是忠恕之道，这也便如《中庸》所说"忠恕违道不远"的意思。

依照忠恕之道，君子为人处事、待人接物的时候，便会讲求艺术和技巧。

其五，礼是君子修身的规范。

礼有道德与秩序两个层面的意思。孔子所创立的儒学中的"礼"，对人格修养的重视是第一位的。孔子所主张的礼，是一系列自我规范与控制的规则，其目的在于去除散漫、轻薄、放纵、荡逸、昏沉、懈怠、鲁莽，等等心理与行为习惯，培养恭、宽、信、敏、惠等习惯。所谓"克己复礼"揭示了礼的本质：对礼的修养，就是要克制自己的恶习与纵欲，对非仁非爱的心理与行为必须节制。孔子告诫人们"非礼勿视，非礼勿听，非礼勿言，非礼勿动"。孔子认为，有些本来好的品格，如果没有节制也可能走向极端。所以说"恭而无礼则劳，慎而无礼则葸，勇而无礼则乱，直而无礼则绞"。

3. 君子文化的形成及其演变

君子是中华优秀传统文化的重要范畴，是数千年中国优秀传统文化塑造和推崇的人格范式，是中华民族理想而现实、尊贵而亲切、高尚而平凡的人格形象。中华传统君子文化从萌发、传承到演变，经历了三个阶段。

第一个阶段是从上古五帝时期的尧舜禹阶段到西周，这是君子文化的孕育萌发阶段。

《尚书》中"君子勤道，不作无益害有益"之说，《易经》中的名句"天行健，君子以自强不息""地势坤，君子以厚德载物"，《诗经·淇奥》"有斐君子，充耳琇莹"。《诗经·小雅》"既见君子，锡我百朋"。《诗经·关雎》"窈窕淑女 君子好逑"。从《尚书》《易经》《诗经》等典籍的有关内容看，"君之子文化"已初现端倪。其内涵主要是君子要警惕忧患，自强不息，谦逊做人，秉持中正，崇尚节俭，审时度势等，都是些对君子品质的要求，"君子"一词的指向狭小，人们的君子意识淡模，只是初期君子文化的重要内容。但它是君子文化的源点，具有重要的"源文化"意义。

第二个阶段是春秋战国"百家争鸣"时期，君子文化的成熟阶段。

这个阶段是社会大变革时期，"诸子百家"思想异常活跃，儒道法墨等各家思想相互争鸣、交流、融合，共同推动了君子文化的形成和发展；其中贡献最大的无疑是孔子。翻开《论语》，有关"君子"的论述俯拾即是："君子喻于义，小人喻于利""君子坦荡荡，小人长戚戚""君子泰而不骄，小人骄而不泰""君子和而不同，小人同而不和""君子求诸己，小人求诸人""君子周而不比，小人比而不周""君子尊贤而容众，喜善而矜不能"，等等。孔子从形式到内容，赋予了君子文化新的内涵，实现了传统君子文化的重大变革。在孔子办学的推动下，社会的君子文化的价值认知已经逐步显现，君子文化的核心要素已经形成。

第三个阶段西汉王朝开始至整个封建社会。

这个阶段的主要推手是汉武帝和董仲舒。汉武帝"罢黜百家，独尊儒术"，把君子文化的精华思想提升为国家主导的意识形态和封建社会的价值体系。从此，以孔子为代表的"诸子百家"的君子文化，从民间走向官方。西汉以后的君子文化腐朽与进步、精华与糟粕并存。

4. 舜文化与君子文化

中华传统君子文化是由君子精神、君子观念、君子境界、君子胸怀、君子修养、君子作风以及君子价值标准、君子文化认同、君子人格教育、君子治国理念等各种文化要素构成的多因素多层次的文化体系。它携带着民族文化基因，养护着民族文化血脉，在历史上发挥着重大作用。

君子的精神是什么？应该是敢担道行义，以张扬仁义为己任。所谓义，是行为的正当性，是不计后果的正义性，是无须条件的"应当"，故而要"见义勇为"。《论语·阳货》曰："君子义以为上。"《中庸》曰，"义者。宜也。"董仲舒说："义之法在正我，不在正人。"因此，君子的精神追求就是行仁行义。

君子的观念、境界与修养的含义是什么？孔子说："君子有九思：视思明，听思聪，色思温，貌思恭，言思忠，事思敬，疑思问，忿思难，见得思义。"此外，君子有四不：一是君子不妄动，动必有道。君子谨言慎行，懂礼仪，讲道理，不妄动。二是君子不徒语，语必有理。君子行为有理智，非礼勿言，不说空话，不失人也不失言。言必有礼。三是君子不苟求，求必有义。君子爱财，取之有道，爱惜名誉，节制欲望，不贪取，不苟且获利，不豪取强夺，但可为民求利。四是君子不虚行，行必有正。一言一行，深思熟虑，三思而后行，言则必正。

君子的价值标准是什么？君子追求仁义，需要知，亦需要勇。孔子将仁、知、勇当作君子之德。《论语·宪问》曰："君子道者三，我无能焉：仁者不忧，知者不惑，勇者不惧。"《论语·学而》曰："人不知而不愠，不亦君子乎。"君子还要做到中庸。所谓中庸，就是不偏不倚，无过无不及，是一种恰到好处的适中。《论语·雍也》曰："中庸之为德也，其至矣乎！民鲜久矣。"《中庸》曰："君子中庸，小人反中庸。"程颢、程颐曰："不偏之谓中，不易之谓庸。中者，天下之正道；庸者，天下之定理。"君子之交淡如水，这是君子的交友的方法。"君子一言，驷马难追"，这是君子做事情的方法；"天行健，君子以自强不息；地势坤，君子以厚德载物。"这是君子为人处世的方法。君子之乐是"先天下之忧而忧，后天下之乐而乐"，"大庇天下寒士俱欢颜""天下兴亡匹夫有责"。

君子不器，重自我修养，重义避利，追求道义，君子不党，等等，都是君子的价值标准。

君子文化是中华民族数千年发展历程中道德经验和道德情感的人格升华，其最精华的东西是自强不息、尊道崇德的人生观价值观，它是中华民族人文精神的基本传统和主要形式，以它为平台形成了独具中华特色的人文话语体系。君子文化讲究对大众予以泄导，首先是以道导之；导之不从者，则以德化之；化而不行者，则以政约之；约而不听者，则以刑制之。但是，既然"民为邦本"，"水可载舟，亦可覆舟"，大众的利益就不能不重视。这就是老子所主张、孔子所追求的顺应大众本性的无为而治。

舜帝文化与君子文化是个什么样的关系呢？

舜帝的道德经验和道德情感铸就了舜帝的人格，以孝立家，尽管遭受过"涂廪被焚""掏井下石"等陷害，仍然孝顺如初，因而孝感动天，如此故事，前文已有说明，不赘述，下文再略举几例。

敬敷"五典"之教。舜根据家庭实际体验，总结出了"父义，母慈，兄友，弟恭，子孝"的"五伦"，毕生推广。

定五年巡狩之制。舜帝践帝位后，定下每年在全国巡狩一次的规矩。二月东巡到泰山；五月南巡到衡山；八月西巡到华山；十一月北巡到恒山。每次巡狩，都必须完成三件事：一是为民祈福，祭天祭地祭高山大川，祈求天地人合；二是以民为本走访民间；三是召开地方官员会议行铨衡考核官员，诚如《尚书》所说"惟时亮天功，三载考绩，三考黜陟幽明。"

制定"象刑"。如《尚书·尧典》所说"象以典刑，流宥五刑，鞭作官刑，扑作教刑，金作赎刑。眚灾肆赦，怙终贼刑"。

"执干戚而抚三苗。"史书载："三苗不服，禹请攻之。舜曰：'以德可也。'行德三年，而三苗服。"

舜帝自强不息、尊道崇德的人生观价值观处处体现。在恶劣的家庭环境中，他坚持以孝立家，逆境成长，孝感动天，赢得"舜耕历山，象为之耕鸟为之耘"（《山海经》）的福报；舜在耕历山、渔雷泽、陶河滨、灰于常阳、贩于负夏的职业生涯中，诚信、友善、乐于助人，赢得《史记》所说的"一年所居成聚，二年成邑，三年成都"的极好口碑；舜在参与国家管理的事业中，"纳入大麓，烈风雷雨弗迷"（《尚书》），舜"纳于百揆，百揆时叙。宾于四门，四门穆穆"（《尚书·尧典》）。《尸子辑本》说："舜兼爱百姓，务利天下……故有光若日月，天下归之若父母。"

将舜帝毕生身体力行的行为与孔子所倡导的君子行为两相比较可知，舜帝具有君子所具有的孝、信、仁爱、忠恕、礼等所有品质，完全可以说，君子文化正是舜帝身体力行所创造的原生态道德文化的缩影。完全可以说：舜帝是天下第一君子。

（七）舜文化与湖湘文化

1. 什么是湖湘文化？

湖湘文化，是指一种具有鲜明特征、相对稳定并有传承关系的历史文化形态。先秦、两汉时期，湖南的文化被纳入楚文化中。屈原的诗歌艺术、马王堆的历史文物，均具有鲜明的楚文化特征。而南北朝及唐宋以来，由于历史的变迁发展，特别是经历了宋、元、明的几次大规模的移民，使湖湘士民在人口、习俗、风尚、思想观念上均发生了重要变化，先后产生了理学鼻祖周敦颐，主张经世致用而反对程朱理学的王夫之，以及"睁眼看世界"的魏源等一系列思想家，从而组合、建构出一种新的区域文化形态，称之为湖湘文化。先秦、两汉的楚文化对两宋以后建构的湖湘文化有着重要的影响，是湖湘文化的源头之一。湖湘文化在历经先秦湘楚文化的孕育，宋明中原文化等的洗练之后，在近代造就了"湖南人材半国中""中兴将相，什九湖湘""无湘不成军"等盛誉。

2.湖湘文化的特点

湖湘文化是一种地域性的文化。

在文化重心南移的大背景下，湖南成为以儒学文化为正统的省区。唐宋以前的本土文化，包括荆楚文化，分别影响着湖湘文化的两个层面。在思想学层面，中原的儒学是湖湘文化的来源之一，所代表的是儒学正统。从社会心理层面，湖湘的民风民俗、心理特征等，则主要源于本土文化传统。这两种特色鲜明的文化得以重新组合，导致一种独特的区域文化形成。所以，无论是周敦颐、张南轩，还是王船山、曾国藩，他们的学术思想、学术追求，都是以正统的孔孟之道为目标；湖南人刚烈、倔劲的个性特质，受到儒家道德精神的陶冶，表现出一种人格的魅力和精神的升华。如曾国藩在自我人格修炼时追求的"血诚""明强"的理念，均来自于儒家典籍和儒生对人格完善的追求，同时涌动着荆楚蛮民的一腔血性。

继先秦、两汉经学，魏晋玄学，隋唐佛学之后，两宋时期兴起了理学文化思潮，以复兴儒学为旗帜，重新解释儒学经典，力图使儒家文化在新的历史时期得以振兴，同时又大量吸收综合佛、道两家的宇宙哲学和思辨方法，将儒学发展为一种具有高深哲理的思想体系。由于理学能够振兴儒学，发展儒学，适应了中国封建社会后期的需要，故很快成为了一种占统治地位的意识形态，直至延续到晚清时期到两宋之时，宋代出现了儒学地域化，到北宋时期，周敦颐的濂学、张载的关学、二程兄弟的洛学，都得到了很好发展。

湖湘文化灵动多彩，蕴育着激越冲突型的文化思想。

自古湖南属楚，湘楚文化实为一体。从现存的《楚辞》中可以清楚地看出湘楚文化先人的激越、浪漫和好奇，这与湖南的自然环境有密切的关系。

湖南的地形东西南三面环山，对北敞开，冬季寒冷，夏季炎热，春秋两季，气候多变，时晴时雨，骤冷骤热。古属荒蛮之地的湖南，由于季节的变化无常，培养了湖南人认同天道变化的理念和奋斗精神。如《楚辞》中屈原的《离骚》《天问》《招魂》，湘楚巫文化中的祭祀，长沙马王堆汉墓中的漆画等，不追求对称和工稳，而已跳跃激情表现出对天道无常变化的疑问、适应和反抗精神。

移民对湖湘文化产生了巨大影响。

湖南自古为南北兵家首争之地，元代、明末、清初，湖湘大地遭受战火多次蹂躏，家家十室九空。元代和清代，曾经两次由江浙、江西和四川等地移民到湖南，致使湖南现存40多种方言。移民的进入，给湖湘文化提供出了厚实多元的基础。移民在思想上早有吃苦耐劳的心理准备和拼搏的精神，与楚文化的跳跃浪漫相融，就形成了近代湖湘文化的激越有序、笃实灵动、浪漫而实际的鲜明地域特征。

湖湘文化是格物致知和实事求是的文化形态。

近四百年中，从王船山的旁证博引、评述宏论，到魏源的洋为中用，到曾国藩的笃实学风，到毛泽东的《实践论》和《关于正确处理人民内部矛盾》，其"唯实"的思想路线是前后相继的。

汉代董仲舒尊孔，但是抽掉孔子的革新和辩证精神，留下了伦理道德。宋代的朱程理学以心学为号召，知行两端，基本上把孔子的革新和辩证精神阉割掉了。南宋的灭亡和元明两代儒学日益走向唯心的"心学"，使有远见的文人不能不从实际出发来思考当时的社会诸多问题。如近代湖湘文化的开山人王船山，以激越的人文情怀和不屈不挠的实际斗争生活体验，提出了"格物致知""实事求是"的思想，在唯物的基础上复古了孔子的革新辩证精神。船山先生所强调的经世致用，经清中叶魏源、曾国藩等人的大力推崇，遂成当世显学，它对发奋图强的清末洋务运动，对立志救国的"五四"前后大批文化青年都有深广的影响。

近代湖湘文化，无论思想哲学还是文学艺术，都遵从"格物致知"和"实事求是"的思想。

3. 湖湘文化溯源

研究表明，湖湘文化并不像原来所认为的源自千年，也并不是源自于屈原，而是源自于舜帝与舜文化。

《尚书》《山海经》《史记》等史籍，乃至中国文化史上的诸子百家对舜帝的极力推崇，都雄辩地证明舜帝是集三皇五帝文化之大成者。舜帝文化是慈孝文化之源，道德文化之源，和合文化之源，五福文化之源，君子文化之源，也是湖湘文化之源。

从大禹南巡在紫金山筑紫金台望九嶷山祭舜，到秦始皇南巡至云梦泽（洞庭湖）望九嶷山祭舜，到汉武帝南巡至霍山望九嶷山祭舜，历经千百年，历朝历代对崩葬于九嶷山的舜帝的祭祀活动从来就没有间断过。由于舜帝崩葬在九嶷山，九嶷山有幸与11个皇帝及国家主要领导人结缘。大禹、秦始皇、汉武帝望九嶷山祭舜；王莽在九嶷山修建虞帝园，齐高帝为护陵敕建永福寺，赵匡胤拨银修复舜帝陵庙，朱元璋亲写祭文祭祀舜帝，建文帝禅隐九嶷山，毛泽东《答友人》歌咏九嶷山，江泽民为九嶷山舜帝陵题字。这么壮观的历史，无一不昭示着舜帝文化的深远影响力。

公元718年唐玄宗委派张九龄遣祭，再到2004年世界舜裔宗亲联谊会在九嶷山拜祭，2005年湖南省公祭舜帝大典在宁远县九嶷山举行，时任省长周伯华代表全省社会各界在九嶷山公祭舜帝；尔后，2009年，时任省长的周强代表全省社会各界在九嶷山公祭舜帝；2012年，时任省长的徐守盛代表全省社会各界在九嶷山公祭舜帝；2015年，时任省长的杜家毫代表全省社会各界在九嶷山公祭舜帝。悠久的祭舜历史和繁多的祭文，对舜帝和舜文化"根在九嶷"做了无可争辩的证实。

4.湖湘文化十杰

湖湘大地，被称为人文荟萃之地，群杰辈出之所。历朝历代，从这里走出了许多影响国家与时代的人物，也有许多杰才俊彦曾来到此地，为湖湘文化添上自己的一道靓丽的风采。近年来，湖南曾经举办过一次"湖湘文化十杰"评选活动，该活动由千年学府岳麓书院发起主办，经过一个多月网友投票与专家评审，参与"湖湘文化十杰"投票的网友人数（次）超过670万，网友先后参与PC端与移动端投票。其中湖南省内ID占比为59.3%，广东、湖北、安徽、陕西、上海、广西、福建、北京、江西、贵州、新疆等地网友投票人数占比近32.7%，港、澳、台地区投票占比近6.9%，活动还吸引了日本、美国和澳大利亚等国的华人华侨和留学生群体参与，海外参与投票ID接近0.49%，近2万人（次）。经过广泛投票，最终确定了十位最能代表湖湘文化的杰出人物，其中古代4位，近代6位。分别是：屈原、周敦颐、张栻、王夫之、魏源、曾国藩、左宗棠、谭嗣同、黄兴、蔡锷。

屈原（前352年—前281年），战国楚国人，诗人、思想家，代表作有《离骚》《九章》《九歌》等。屈原是中国古代第一位爱国主义诗人、浪漫主义诗歌的奠基者，其"楚辞"类诗作开创中国浪漫主义诗歌先

河。他心系天下、忧国爱民精神是湖湘文化的重要源泉，对后世影响深远。

　　周敦颐（1017—1073），北宋道州人，出生于宁远县望岗。哲学家，代表作有《太极图说》《通书》。他是儒家理学派开山鼻祖，继承孔孟学说，将儒家文化与道家、佛家文化做了重新整合，引领儒家经传之学向性理之学转变，影响程朱理学的形成。

张栻（1133—1180），南宋绵竹（今四川绵竹市）人，哲学家、教育家，代表作有《论语解》《孟子说》，是"湖湘学派"重要干将，与朱熹和吕祖谦齐名，世称"东南三贤"。先后主讲岳麓书院、城南书院，培养一大批湖湘人才，使湖湘学派达到极盛。

王夫之（1619—1692），明代衡州府（今湖南衡阳）人，明末杰出的思想家、哲学家，世称船山先生。清军入主中原，王夫之投身抗清，以失败告终，于是隐居终身，以著述为业。其著作生前不显，至19世纪中叶经邓显鹤整理后公之于世。王夫之是与黄宗羲、顾炎武齐名的明末清初三大思想家之一，是对近代湖湘文化乃至中国近代文化影响极为深远的古代思想家。

魏源（1794—1857），清代金潭（今湖南邵阳）人，思想家，代表作《海国图志》。倡导新思想，近代中国"睁眼看世界"第一人，提出"师夷长技以制夷"思想，为晚清洋务派崛起奠定思想基础，对中国思想文化和湖湘学风影响深远。

曾国藩（1811—1872），清代湘乡（今湖南双峰）人，军事家、思想家，湘军主要代表人物，"晚清四大名臣"之一。程朱理学学术大师，是立德、立功、立言"三立完人"；文学成就突出，创立了晚清古文"湘乡派"。曾国藩作为湘军领袖，军功显赫，是近代湖湘文化崛起的标志性人物。

左宗棠（1812—1885），清代湘阴（今湖南湘阴）人，军事家、思想家，是湘军仅次于曾国藩的代表性人物，"晚清四大名臣"之一。平定陕甘回乱，收复新疆，为民族存亡和中国的近代化做出巨大贡献。

谭嗣同（1865—1898），清代浏阳（今湖南浏阳）人，革命家、思想家，代表作《仁说》，"湖湘三公子"之一。清末戊戌百日维新运动著名人物，"戊戌六君子"之一。主张变法维新，为近代资产阶级启蒙思想家，他的牺牲，对中国后来的改革思潮和革命运动影响深远，鼓舞一代代湖湘学子投身于救国救民运动。

黄兴（1874—1916），长沙人，革命家、政治活动家。中华民国开国元勋，与孙中山齐名，并称"孙黄"。领导并参加近代一系列中国重要革命活动，卓越的军事指挥家，为争取近代中国民主自由而奋斗终身。

蔡锷（1882—1916），邵阳人，军事家、革命家。具有卓越的军事才能，曾在云南领导推翻清朝统治的新军起义，他响应辛亥革命，反对袁世凯复辟帝制，领导二次革命、护国战争，被称为"护国大将军"，有"再造共和第一人"之美誉。

对湖湘文化十杰，存在不同观点，但是学界能够基本认同。

4. 舜文化与湖湘文化

在"湖湘文化十杰"评选活动中，屈原被列为首选。我们不妨从屈原与九嶷山的联系追根溯源，来看看湖湘文化与舜文化的关系。

屈原是我国最早的大诗人。战国时楚国人，出生在贵族家庭。初时辅佐楚怀王，做过佐徒（仅次于丞相），做过掌管昭、屈、景三姓贵族和楚国祭祀活动的三间大夫，辅佐楚怀王处理朝中大事。他学识渊博，主张彰明法度，授贤任能，东联齐国，西抗强秦。在同反动贵族子兰、靳尚等人的斗争中，遭谗去职。顷襄王时被放逐，长期流浪沅湘流域，长期接近人民生活，对黑暗现实愈为不满。后来因为无力挽救楚国的危亡，又深感政治理想无法实现，遂投汨罗江而死。

《战国策》记载："楚，天下之强国也；大王，天下之贤王也。楚地西有黔中、巫郡，东有夏州、海阳，南有洞庭、苍梧，北有汾径之塞、郇阳。地方五千里，带甲百万，车千乘，骑万匹，栗之十年。此霸王之资也！"春秋战国时期，苍梧山亦即九嶷山，属于荆楚之地。这段话中所提到的洞庭、苍梧也就是湖南境内的洞庭湖和湖南南部的苍梧九嶷山。

在对远古圣贤的追思和仰慕方面，屈原最推崇舜帝。在其诗作《离骚》《九章》《天问》《九歌》中，屈原就多处单独地提到了舜帝。在《离骚》中有"济沅湘以南征兮，就重华而陈词"句；在《涉江》中就有"驾青虬兮骖白螭，吾与重华游兮瑶之圃"。屈原对舜帝可谓是情有独钟，诗人沉醉于美妙的遐想之中，期待着与舜帝一道，"登昆仑兮食玉英，与天地兮比寿，与日月兮齐光"。

屈原在对尧、舜、禹三位上古帝王的态度方面，在《天问》中质疑过尧和禹，但是，舜帝却是他心目中的完人。正因为这种特殊的感情，才使得屈原对舜的葬地九嶷山也情有独钟，于是发自内心地在《九歌·湘夫人》中吟唱："九疑缤兮并迎，灵之来兮如云。"除此之外，屈原在"吾将往乎南疑"，"朝发轫于苍梧兮"等诗句中，所传递出的信息，仍然是一种与九嶷山密不可分的情结。

在《九歌》中，《湘君》和《湘夫人》占了很大的篇幅。关于"湘君"和"湘夫人"，虽然有不同的理解，但是都与舜帝有着密不可分的关系。在《湘君》与《湘夫人》中，屈原通过逐层深入、淋漓尽致的描写，表现了湘夫人对爱情的执着。在屈原看来，娥皇女英二妃随南巡的舜帝在洞庭湖生活了一段时间，后来舜帝要继续南巡到苍梧山，就将二妃暂时留在了洞庭湖。当听到舜帝在九嶷山勤民而死的噩耗后，二妃悲痛欲绝，循着舜帝的足迹爬山涉水历尽千辛万苦到了九嶷山，最后因为过分悲切而投江殉情。

史实证实，舜帝、娥皇、女英不是传说，是实实在在的历史人物。舜帝南巡苍梧，崩葬于九嶷山里，娥皇女英寻夫不见，投水以殉情。舜帝死在九嶷山，九嶷山是湘水的源头，二妃殉情在湘水。舜帝在楚人心目中有着至高无限的威望，于是，多情的楚人就把舜帝与二妃附会到了神话故事之中。

屈原对于舜帝的仰慕，在《离骚》里也有表露。屈原激情地吟诵："彼尧舜之耿介兮，既遵道而得路。"对这一句诗的意思，王逸这样解释："尧舜之所以光大圣明之称者，以循用天地之道，举贤任能，使得万事之正也。"屈原拿舜帝的禅位于贤以及从善如流与楚怀王的刚愎自用比较，简直是一个在天上，一个在地下，两者的反差太大了。屈原深受谗言所害，自然仰慕舜帝的"耿介"，对舜帝为了断绝谗言而设立诽谤之木和特设纳言官的行为大加褒扬。

屈原忠君爱国，品格高尚，是一位伟大的爱国主义诗人。他三次遭流放，唯一的选择就是"济沅湘以南征兮，就重华而陈词"。依屈原看来，只有舜帝才能挽救楚国的命运。对于这样一位满腹经纶满腔忠诚的爱国志士，在长达15年的江南流放的生涯中，经受着长期的精神上的煎熬，唯一的希望，就在于"济沅湘以南征"，就在于"就重华而陈词"。于是，长期滞留于沅湘一带的屈原那种对舜帝的仰慕之情崇敬之意，转化为对九嶷山的深深向往，想一想沅湘离九嶷山无论是旱路或是水路都莫过三五百里，于是，屈原行动了，架一叶扁舟溯江而上，到了朝思暮想的九嶷山。他感受着"九疑缤兮并迎，灵之来兮如云"，虔诚地祭拜舜帝，"就重华而陈词"，向舜帝倾诉着心中的忧虑和愤懑。

设身处地考虑，对于被流放日久的屈原来说，到九嶷山找心中的偶像舜帝去释放自己，一是多年梦寐以求之事，二来恐怕也是在当时背景下，对于他来说是能够做得到的最高享受了。由此可以结论，屈子诗歌中人文精神来源于舜文化。

以上分析可知，曾被一些学者认为的爱国诗人屈原的思想与文化是湖湘文化的源头有失偏颇。湖湘文化的真正源头应该是舜文化。

舜帝是集三皇五帝文化之大成者；舜文化是儒文化、道文化、佛文化、禅文化在华夏大地最早的宣示。舜文化是慈孝文化之源、道德文化之源、和合文化之源、五福文化之源、汉文化之源、湖湘文化之源，舜帝是天下第一君子。

归根结蒂一句话，舜文化是上述林林总总文化的源头。

四、舜福文化

（一）什么是舜福文化

儒文化是以儒家学说为指导思想的文化流派。创始人是春秋时期的孔子，儒家学说经过历代统治者的推崇以及孔子后学的传承和发展，使其对中国文化的发展起了决定性的作用。

儒文化创立于春秋时代，鼻祖为孔子；发展于战国，代表人物是孟子；秦始皇焚书坑儒，秦时儒学受到重创；西汉董仲舒"提出究天人之际，通古人之变""废黜百家，独尊儒术"，儒文化成为正统；魏晋与隋唐时期受到冲击也有了融合；成熟于宋代与明代。宋代以理学鼻祖周敦颐为首的北宋五子——周敦颐、张载、邵雍、程颐、程颢创造理学，朱熹与程颐、程颢做了进一步的整合与发展；明代王阳明创造了心学。

舜文化是舜帝身体力行创造的原生态的道德文化，其内涵是孝、德、和、福。

什么是福文化呢？

中华福文化源远流长。自古以来，在中国人心中，"福"就是一个吉祥字，是人们祝贺吉祥如意的绝妙佳词，也是人们共同追求的人生目标，福文化成为中华民族千古永恒的祈福迎祥主题，可以说，中华民族的历史，就是人们孜孜追求福的历史。

所谓"福"，是指"福气""福运"。一个"福"字，寄托了人们对幸福生活的向往，也是对美好未来的祝愿。

中华福文化源远流长，正如传统文化中的任何文化形态一样，难免有其糟粕。舜福文化是一种全新的、与时俱进、与日俱新的新福学概念。

什么是舜福文化呢？

以舜帝身体力行所创造的原生态的道德文化为源，以儒释道文化中的精华为脉流，内涵为孝、德、和、福的优秀传统文化，称之为舜福文化。

舜福文化平台的愿景是：

舜德载福，福泽天下。

舜福文化平台的使命：

探索文明历史，理顺文化源流。

继承传统美德，树立文化自信。

提升幸福指数，开启五福之门。

舜福文化属于中华优秀传统文化。那么，中华优秀传统文化是什么？我们可以从既抽象又形象的几个方面来理解。

中华优秀传统文化是民族之心、文化之魂、历史血脉、华夏之根；

中华优秀传统文化是文化强国的内涵，是民族复兴的关键；

中华优秀传统文化反思过去，表现现在，预示未来；

中华优秀传统文化属于中华，也属于世界。

中华优秀传统文化给予你"位卑未敢忘忧国""国家兴亡，匹夫有责"的家国情怀；告诉你"君子爱财，取之有道""以德配位，福禄绵长"的深刻道理；引领你研习延绵了数千年的教育法则《孔门四科》中，为什么"德行"位列第一；告诉你"百善孝为先，孝为德之本"这一为人处世的基本原则；教会你天道酬勤、地道酬善，商道酬诚、人道酬信、业道酬精的千古哲理。

中华传统文化使你的企业增加无限的活力甚至起死回生；授予你解决现实生活中各种矛盾的金钥（yao）匙；能帮助你提升幸福指数，开启五福之门。

作为文化源流学者，研究舜帝与舜文化数十年，执舜福文化研究院之牛耳，所开发的《开启五福之门》分《信福篇》《修福篇》《造福篇》《开福篇》四个篇章，《舜帝之谜108问》分《至德至孝》《南巡苍梧》《舜陵之谜》《舜德流芳》四个篇章，由此衍生出五种基本课型。

一是"文化源流与文化自信"之《孔子与舜帝》；

二是"百善孝为先"之《孝感动天》；

三是"为政以德"之《德行天下》；

四是"家和万事兴"之《天人合一》；

五是"信福就是幸福"之《五福临门》。

"文化源流与文化自信"之《孔子与舜帝》以十九大精神之"文化兴国运兴，文化强国运强"为指导思想，以舜帝的人格魅力为切入点，着力理顺舜文化与儒文化的源流关系，孔子与舜帝的师承关系，达到还原5000年文明史，树立文化自信，实现中国梦的目的。

"百善孝为先"之《孝感动天》以24孝之首"孝祖"舜帝为典范，以"慈孝文化"为主题，将《孝经》等优秀传统文化经典贯入其中，诠释孝与慈爱、孝与忠、孝与礼、孝与和、孝与福等的关系，达到净化社会风气，建设和睦家庭与和谐社会的目的。

为政以德之《德行天下》以舜帝的"六德"为纲，结合《道德经》以及当代缺德现象，启示人们：为君者为政以德，方得长治久安；为官者德要配位，方得永享天禄；富人与平民必须修德养德。造福人类，方能五福临门。

"家和万事兴"之《天人合一》通过和文化理念以及古往今来的一些名贯中西的名家的家风与家训的剖析，使人们懂得家规是家庭的"基本法"、家训是家庭的核心价值观，好的家风是一个家族最宝贵的财富，是每个家庭成员"三观"的基石的道理，从而谨记家风差殃及子孙、贻害社会，家风好家道兴盛、和顺美满的道理，诠释中华传统文化的"人文精神"，促进和睦家庭与和谐社会建设。

"信福就是幸福"之《五福临门》通过中华新福学——舜福文化理念，告诉我们：人应该有信念，信福是祈福修福之因，福报是信福修福之果；造福是信福修福的最高表现。要得到"福报"，最重要的前提是厚德。修福就是修德。修福才能纳福。得到了福报就要造福社会，造福人类，这样才能做到真正意义上的"五福临门"。

中国共产党十九次全国代表大会指出："文化自信是民族自信的源头、历史文化传统决定道路的选择。中华民族从5000年绵延不断的悠久历史中走来，创造出博大精深的中华文化。孕育出世界上唯一没有断流的中华文明。孝悌忠信礼义廉耻的文化基因世代相传，为中华文明注入深厚的伦理责任和家国情怀，赋予我们民族强大的统一性、内聚力和百折不挠的品格。中华民族自古就坚守着历史传统，任何外来文化进入中国最终都被中国化。"

儒家经典《大学》中开篇就说："大学之道，在明明德，在亲民，在止于至善。"《大学》告诉我们：大学的宗旨在于弘扬光明正大的品德，应用于生活，使人达到最完善的境界。"止"是大学的核心目标。人的一生应当有所止，止于哪里？止于至善！用当代语义来说，人应该有自己的人生目标。

一个人追求吃饱穿暖、追求金钱还远不够。古希腊哲学家苏格拉底说："人吃饭是为了活着，但活着不是为了吃饭。"这与中国的儒家思想异曲同工。有理想才有动力，有目标才有奋斗的方向。人若没有远大理想，一生就只能成为"等吃、等睡、等死"的三等公民。受西方奶头文化中"娱乐死"观点灌输日久，中国人需要重塑人生，树立起正确的"三观"，树立起"止于至善"的远大理想，就更需要从中华民族优秀传统文化中去寻找国家、民族与自身的灵魂。

（二）信福与幸福

人类在由野蛮走向文明的进程中，具体到社会的每个成员，"幸福"是人生追求的所有目标中的终极目标。我认为，幸福感是衡量人生的唯一目标。

中华优秀传统文化中，对"福"字这样定义。福：是指人间富贵寿考，子孙繁盛，身体健康而言。韩非子云："全寿富贵之谓福。"

中华民族是一个崇尚美好与和谐、极为善良的人种，不但习惯于为自己和家人祈福，也时刻不忘对所有人祝福。人们毕生无论在哪里奋斗，最期待的就是"五福临门"。

舜福文化研究院的舜福文化平台，就是研究和引领众人提升幸福指数，开启五福之门的文化平台、知识平台。

《尚书·洪范》对"五福"的记载说："一曰寿，二曰富，三曰康宁，四曰攸好德，五曰考终命。"

《尚书》是上世帝王经营古国的典籍，是一部上古奇书，按照《尚书·洪范》的记载，"五福临门"中的五福，是指"长寿、富贵、康宁、好德、善终"。对于一个家庭或者某个人来说，长寿、富贵、安康、德名、善终五个方面都得到了，才叫五福归堂，或说五福临门。

儒文化语境对五福的表述是福、禄、寿、喜、财。

上古时期对五福的描述比儒家文化对五福的界定要好得多。

比照美国社会心理学家、人格理论家马斯洛需求层次理论中生理需求、安全需求、社会需求、尊重需求、自我实现需求，人类对于福的追求，也可分为五个梯级，一是信福，二是求福，三是修福，四是福报，五是造福。信福与求福相当于解决温饱；修福与福报相当于获得小康；造福就等同于富裕阶段。

信福是求福、修福之因，福报、造福是信福之果。造福是信福的最高表现。

所谓信福，也就是信仰。

芸芸众生的吉凶祸福，古人类认为是神灵把控，于是产生了神灵信仰和图腾崇拜。于是就有了"人法地，地法天，天法道，道法自然"的认知，也就产生了"天地人合"——人生幸福美满最理想境界的追求。

从古至今，天灾人祸客观存在，因此避凶就吉、避害趋利就成了人类不可非议的共性，人类对"福"——美好的事物的企望也就坚定不移。

信福其实就是一种信仰；幸福与爱紧密联系。信仰和爱对一个人的身心健康和家庭和睦是切切相关的。不管你是什么人种，不管你的信仰如何，对"福"——美好的事物的企望坚定不移，因此，就有了"信福就是幸福"的说法。

信仰和爱的能量是巨大的。

作为炎黄子孙，根据国家宪法，你有信仰自由不假，但是，无论你信奉儒学还是佛学还是道家，你都得有"举头三尺有神明"的敬畏，都得有诸恶不作、众善奉行的善念，都得有格、致、正、诚、修、齐、治、平的约束，都得有"地势坤，君子以厚德载物"的意识，都得有善的许诺和诚的言行。

有信仰就有爱。福气和爱相伴相生。福气离不开爱的施予，爱则源自于对福的认同和追求。爱是生命对生命的惠泽，人世间千万种爱，会汇成生命之河。在信福中给予，在给予中获得，爱人者被爱。

西方无神论者认为这是东方人的无知、愚昧、迷信。而真正研究和领会了中国传统文化真谛者，对儒家教做人，道家教做事，佛家教修心所设置的诸如仁、义、礼、智、信、忠、孝、廉、耻、因果报应、六道轮回，等等的老祖宗的智慧与良苦用心，就不得不拍案叫绝。

习近平同志说：未来的中国，是一群正知、正念、正能量人的天下。

中华民族从古至今都信一个"福"字，这是一种正能量。

（三）孝福之道

《孝经》说："孝悌之至，通于神明。"《太上感应篇》说：善人"人皆敬之，天道佑之，福禄随之。众邪远之，神灵卫之，所作必成，神仙可冀"。古话说"仁者寿"。老子在《道德经》中说，以德延年，死而不亡者寿。

孝生礼，孝生忠，孝生博爱，孝生顺从。

《礼记》"仁爱、守礼、正义、信实，自强等行为，皆本于孝道"

《礼记·乡饮酒义》："民之尊老、敬老，而后乃能入孝悌。民入孝悌、出尊长，而后成教。成教而后，国可安也。"《孟子·离娄上》："人人亲其亲，长其长，而天下平。"

孝是爱心。"泛爱众""老吾老以及人之老，幼吾幼以及人之幼"。

孝是责任。古"求忠贤于孝子之门"；今"举孝廉"。

孝是诚敬。子曰："今之孝者，是谓能养。是为犬马，皆能有养。不敬，何以别乎？""明孝先有礼，有礼能生敬，依礼而尽孝。"

《礼记》："孝。礼之始也。"

孝是顺从。一顺二劝——《弟子规》"亲有过，谏使更……"

《荀子》："孝行，乃积习礼仪而成。"

因为舜帝崩葬在九嶷山，九嶷山从此成了名扬天下的圣山，成了文化山、历史山。一年四季，舜帝陵里香烟缭绕，国家元首、政府官员、文人墨客、平民百姓无不顶礼膜拜。屈原、蔡邕、司马迁、徐霞客、李白、杜甫、刘长卿、柳宗元、陆游、李贺、苏轼以及当代伟人毛泽东、国家领导人江泽民等，都在九嶷山留下了诗文。

人生能得"五福临门"，是最为期冀和庆幸的事情

中华民族传统文化中的"五福"标准，在舜帝身上体现得淋漓尽致。

前面我们说过：孝的本意就是指能很好地善待、侍奉、赡养、尊敬父母（长辈）的伦理道德行为。

孝，首先就是孝顺父母。

羊羔跪乳，乌鸦反哺，家犬有义，雁飞有序，从古自今，莫不如是。对内能孝顺父母者，对外则能淳化风俗。

我们倡导以孝修身，以孝立家，以孝兴业，以孝启慧，以孝修德，以孝得福；同时倡导以孝入道，以孝行道，以孝明道，以孝得道（到）。

世界上，爱有千万种，父爱与母爱是人生感受最直接、最多最深的。母爱如水，她是一种任何力量都难以替代的原动力，而且永久而绵长。父爱如山，他是家庭的靠山，是儿女的偶像，浑身散发着力量的光芒。

母爱可以造就和改变一个人的性格，可以塑造一个人的形象。人的一辈子，无论是成功是失败，是伟人是凡人，毕生最难忘的，就是母爱。

毛泽东在《祭母文》中写道："养育深恩，春晖朝霭。报之何时？精禽大海。"意思是：母亲的养育恩情，如同春日的朝晖与云霞。何时才能回报母亲呢？怕要以精卫填海的雄心来填报才行啊！

蒋介石在《哭母文》中写道："呜呼恫矣！從此抱恨终身，不知生存于人世，复更有何意趣耶其惟勉图报亲，藉慰地下之灵，末减儿辈罪孽于万一，以聊舒终天之痛恨乎。"意思是：悲痛啊！从此抱憾终身，不知道生存在人世间，再更有什么情趣呢？我唯有勉励自己打算报答母亲，慰藉母亲地下之灵，稍稍减轻

儿子的罪孽于万一，勉强舒缓终身的痛恨呀。

母亲未必是一个伟人，但是所有的伟人都有一个母亲。

高尔基说："世界人一切光荣和骄傲都来自于母亲。"

林肯说："我之所有，我之所能，都归功于我天使般的母亲。"

对于一个家庭来说，父亲是铺路石、登天梯、顶梁柱、拉车牛、遮阳的伞、避风的港。父亲是家庭的靠山，有一副压不垮的脊梁；父亲是儿女的偶像，浑身散发着力量的光芒。

父亲对家庭的贡献，对妻子的呵护，对子女的关爱，太大了，太多了，太沉重了。但是，父亲的爱，与母爱是不一样的，内涵不一样，表现的形式也不同。父爱深沉而含蓄，刚毅而醇厚，博大而宏远，外刚而内柔，正所谓"父爱无言""父爱如山"。对于父爱，需要子女用爱去寻找，用情去领悟，用心去品味。

英国谚语说："了解自己父亲的孩子准聪敏。"

作家高尔基说："父爱是一部震撼心灵的巨著，读懂了他，你就读懂了整个人生。"

美国最伟大的总统林肯的父亲是个鞋匠。在竞选总统时，由于林肯读懂了父亲，以对父亲极度的爱，把批评、讪笑、诽谤，奚落转化成了自信、潇洒、自由的台阶。

正由于林肯读懂了他的父亲，所以读懂了整个人生，所以林肯能够成为美国历史上最伟大的总统。

前面章节我们说过，"福"是一种满足人间各种美好期冀的追求，是人生的一种生存状态。

中华文化常常把禅机佛理善于化解在生活当中，把凡是美好的东西，都与"福"字联系起来。

要得到福报，首当其冲的是修福。如何修福呢？

佛家的先哲告诉我们，若想自求多福，必须修福。修福就是学习种福田，这譬如农夫播种于田，努力耕耘，必有收获。修福之人，若将福德的种子，散播福田，自当获得福报的果实。

福田指敬田、恩田、悲田。敬田是人们对父母师长的恭敬心；恩田是指人们对恩于我者孝敬侍奉、物质供养、精神安慰的感恩心；悲田是指悲悯同情、平等救济、解人困苦的慈悲心。

人要知道感天地呵护之恩、父母养育之恩、良师培育之恩、贵人提携之恩、智者指点之恩、危难救济之恩、绿叶烘托之恩、夫妻体贴之恩、兄弟手足之恩、知己相知之恩。

得到"福报"，最重要的前提是厚德。

人生的快乐，可以分为三个等级：

初级快乐——肉体的快乐：饱、暖、物、欲。

中级的快乐——精神的快乐：诗、词、歌、赋、琴棋书画、游走天下。

高级的快乐——灵魂的快乐：付出、奉献，让他人因为你的存在而快乐。

因孝而获得的快乐，囊括了初级、中级、高级快乐，因为，孝可以生福，有福之人就是幸福的人，就会斩获各种快乐。

先王之道，莫大于孝，仲尼之教，莫先于孝。

我们可以从一些黄帝的谥号来进一步理解"孝"对人生价值评估的重要意义。

所谓谥号，是指具有一定地位的人死去，根据其生平事迹与品德修养，评定褒贬，给予一个寓含善意评价，带有盖棺论定性质的称号。

汉武帝刘彻的谥号：孝武皇帝；

唐李世民谥号：文武大圣大广孝皇帝；

明朝朱棣谥号：天弘道高明广运圣武神功纯仁至孝文皇帝。

众多帝王的谥号为什么要争用一个孝字呢？因为孝是德之本，因为孝门一开，百善俱来。

我们还可以从两个方面来理解孝福之道：

1. 孝是天下第一大德

"孝为德之本"。孝生礼，孝生敬，孝生和，孝生忠，孝生博爱，孝生顺从。

孝生福——可以从舜帝的人生轨迹来理解"孝生福"。

（1）以孝立家。《尚书》载："瞽子。父顽、母嚚、弟傲，克谐以孝，烝烝义，不格奸。说明孝生顺从。"

（2）择舜而居。《史记》载舜"耕历山，历山之人皆让畔；渔雷泽，雷泽之人皆让居；陶河滨。河滨器皆不苦窳。一年所居成聚，二年成邑，三年成都"。说明孝生和

（3）被尧举用。《史记》载："舜年二十以孝闻，年三十尧举之，年五十

摄行天子事……"说明孝生诚信。

（4）传播五教。舜根据自己的切身体会。创立了"父义，母慈，兄友，弟恭，子孝"的"五典"，并设法推至全社会各个家庭，说明孝生博爱。

（5）做摄政帝。自古"求忠臣必于孝子之门"，舜因孝被举用，毕生心无旁骛，忠于尧帝的事业，最终得到帝尧赏识，说明孝生忠。

（6）践行帝位。《史记》载：舜"年六十一代尧践帝位……"说明孝能生福。

2. 从舜帝成为福星证明孝能生福

舜帝百岁南巡，寿比南山；舜帝孝感动天，庶民而帝；舜帝无为而治，得尧天舜日赞誉；舜帝为政以德，德行天下；舜帝勤民而死，万古流芳。中华民族传统文化中的"五福"标准，在舜帝身上体现得淋漓尽致，足以证明能孝生福。

"百度"告诉我们，中国福文化史上，曾把木星定为福星，认为木星主宰人间祸福；道家把帝尧称为天官，把虞舜称之为地官，把夏禹称为水官，并且赋予了天官赐福、地官卸罪、水官免灾的使命，这表达了道家的一种凤愿。但是，从老子在《道德经》中提出"道可道，非常道；名可名，非常名"，中国道文化史距今只有2600年左右，对天官、地官、水官的界定，难以避免地有其历史局限性和抽象性。然而，舜帝距今4200多年，是集三皇五帝德文化之大成者，其毕生与《尚书·洪范》中界定的"五福"——吻合，是一个地地道道的"五福临门"之星——福星，也即是福神，这是一个具象，一个活生生的有血有肉的人，其"福星"的典范作用是看得见摸得着的。

孝是百善之根，孝是百福之源。将身示范孝顺父母，孩子也会捡样，懂孝悌者夫妻会相敬如宾。钱氏家族能破孟子"君子之泽，五十而斩"的预言，人才辈出，数代而不衰，得益于以孝传家。因此，做为企业来说，应该以孝顺父母为基，唤醒员工的感恩心、孝敬心、责任心，提升员工的忠诚度，增强凝聚力，和谐上下级、员工之间的关系。

孝顺培养人生福慧，扭转亲情尴尬局面，拉近人与人的距离，升华真诚的友情，推动事业顺利发展。常说小胜靠智，大胜靠德。孝是天下第一大德，故而说，小孝治家，中孝治企，大孝治国。

明白了孝福之道，懂孝、明孝、行孝，孝，一定能够换来幸福。

（四）人间最值得追逐的那颗星

曾几何时，人们都喜欢追星，追歌星，追影星，追体育明星，却忘记了去追一颗孝行最高、德行最厚、福分最大、对人类文明史贡献最大、能够给人们真正带来寿元、财富、德名的福泽天下的福星。

这颗天底下最明亮的星，就是我们耳熟能详的成语"尧天舜日"所赞誉的舜帝。

可以从三个方面来阐述这颗星星的光辉。

其一，舜帝的人格魅力无以伦比

《尚书·舜典》载："德自舜明。"

《史记·五帝本纪》载："天下明德皆自虞帝始。"

中国的道德文化是舜帝创造的。研究表明，舜帝是集三皇五帝文化之大成者。

仰韶文化、龙山文化、良渚文化、尧舜古城等新的考古成果，夏商周断代史研究工程与国家历史文明探源工程的成果，雄辩地告诉我们：中国起源于5000年前，这就定论了唐尧与虞舜并不像"疑古派"所说的是部落首领，而是地地道道的古国帝王。

舜帝是孝祖、德圣、帝范、民师、福星。舜帝对中华文明的巨大贡献在于身体力行所创造了"孝文化""德文化""和文化"，精准地践行了"福文化"。

其二，舜文化是儒文化的源头

舜帝是三皇五帝之一，是以孝立家，因孝为帝的平民皇帝，是中华道德文化的创造者，是集三皇五帝文化之大成者，他身体力行创造了原生态的道德文化，因此，以舜帝身体力行创造的原生态道德文化为源，以儒释道文化中的精华为脉流，内涵为孝、德、和、福的优秀传统文化称之为舜福文化。

孔子"儒文化"的核心内涵为"仁"与"礼"，历经孟子发展，秦始皇焚书坑儒，隋唐融合，到西汉董仲舒"废除百家，独尊儒术"，而后若干年，都占据着中华民族的文化和意识形态舞台。到宋明时代，周敦颐为首的北宋五子创立的理学和明代的王阳明开创的心学，儒文化融合了佛家与道家一些理念而达到顶峰。

梳理中华文化史，不是一部儒家文化史，而是一部道德文化史。

《论语·述而》说："子曰：述而不作，信而好古，窃比于我老彭。"《中庸·礼记》说："仲尼祖述尧舜，宪章文武。"由此可知，舜帝与孔子存在着师承关系，舜文化与儒文化存在着源流关系。换句话说，舜帝是孔子的老师，舜文化是儒文化的母源，儒文化是舜文化的脉流与枝蔓。

一定会有人问，舜帝既然那么崇高和伟大，为什么孔子的影响力那么大，而对于舜帝，却许多中国人都不知道呢？作为一个文化源流学者，我负责地告诉各位，这是历史的原因造成的。研究与考察表明，孔子没有出生之前，全国到处都有舜庙，人们都津津乐道"尧天舜日"。孔子出生之前的大禹、文武周公、秦始皇等帝王，都对舜帝崇拜得五体投地。后来从西汉开始，尽管儒家文化成为了统治阶级极尽全力推崇与传播的主流文化，但是，汉皇帝中的刘恒、刘彻、王莽等，无一不尊崇舜帝。儒家文化占据统治阶级地位后，随岁月推移，舜帝的光辉与影响力也就被淡化了。事实上，秦皇汉武唐宗宋祖朱元璋乃至诸子百家，无一不对舜帝尊崇备至。以舜帝庙的分布为例，湖南九嶷山有建自秦汉唐宋的舜帝陵庙，山西的运城、山东的济南、河南的濮阳、湖南的铜官与湘阴等全国各地，舜帝庙曾经星罗棋布，多如牛毛。据考察，仅仅湖南的永州市，就建有 28 处舜帝庙。

其三，我们为什么要传承与弘扬舜文化呢

从文化层面来说，传承与弘扬舜文化，是理顺 5000 年文化源流、还原中华5000 年文明的需要；从国家利益层面来说，是凝聚民族情感，竖立文化自信，复兴中华文化，促进国家统一与稳固一国两制的需要；从国内社会和谐人们富裕层面来说，是落实社会主义核心价值观的需要；从发展经济层面来说，是促进旅游经济大发展的需要。

舜帝给我们留下了一份最宝贵的精神财富。舜帝的文化精神与人格魅力，就像是一件无价的宝贝古董，在 4200 多年的漫长时光中，历经许多年许多人的呵护积淀，虽然裹上了一层包浆，但是幽邃圆熟，更显珍奇厚重，价值不可估量。

舜帝的思想、精神与文化，以不可抗拒的力与能，渗透到炎黄子孙的血液中。尤其对于本来就奔腾着舜帝基因的舜裔来说，每一个家族，每一个后代子孙，都亢奋着，自觉不自觉地将舜帝文化作为家族成员之间的精神纽带，成为生命中不可缺失的动力。

舜帝的文化精神与人格魅力，是老祖宗留给炎黄子孙的一笔财富，更是留给舜裔的一笔取之不尽用之不竭的巨大精神财富和力量源泉；是福荫子子孙孙的宝典。传承与弘扬舜帝福文化，绝不是编几本家谱族谱、参加几次祭祀舜帝的活动、为修复舜陵庙捐点钱出点力就可以承载的。唯有坚定不移地学习好、把握好、传承好、弘扬好老祖宗的思想与文化精神，才是作为舜裔的你及你的家族永远不会衰败的鲜红颜色，才是作为舜裔的你及你的家族兴旺发达的不朽活力，才是作为舜裔的你及你的家族取之不尽用之不竭的奋斗宝典，才是庇佑你及你的子孙千秋万代永远能够光宗耀祖的金钟罩与护身符。

期待炎黄子孙、中华赤子、同学同修同创同享舜福文化，追随老祖宗的思想光辉，追随一颗最为明亮的"福星"，与时俱进，与日俱新，在复兴中华文化，实现中国梦中，发挥出巨大的作用！

（五）信仰的力量

19世纪，路易十四时期，英国学者塞缪尔·斯迈尔斯编著的一部叫《信仰的力量》，书中指出：信仰象征着人类的理想，代表着人类不断探索追求的渴望，因为那里有我们未曾踏足的原始，鬼斧神工的辉煌，碧海青天的梦想。我们为自己的信仰奋斗终生。

《信仰的力量》一书指出：能够激发灵魂的高贵与伟大的，只有虔诚的信仰。在最危险的情形下，最虔诚的信仰支撑着我们；在最严重的困难面前，也是虔诚的信仰帮助我们获得胜利。

缪尔·斯迈尔斯(1812—1904)是英国19世纪伟大的道德学家，著名的社会改革家，成功学的开山鼻祖，脍炙人口的散文随笔作家，其作品在全球畅销一百多年而不衰。

那么，究竟什么是信仰？

信仰是人类思想的结果，属于理性范畴。信仰的实质是人类心灵的本源与标注，表现在行为上是人们对无上真理实相的认同与归属。

信仰，必须同时具备两个基本特征：一是信，二是仰。举个例子，我说"人不喝水会死"，这个大家都会信，但是不会仰。因为，这个理很普通，且不具备唯一性。因为，"人不吃饭也会死"。所以，信仰的这个理，大家不仅是坚信的，更重要的必须是高山仰止的，"虽不能至，然心向往之"，这个就是信仰。

信仰不仅具有绝对真理性，而且具有群体共识性。如果一个人说自己有某种信仰，是指这个人的信仰与一定的群体有共识。如果一个人单独信仰某个不具有群体共识性的理，也就是所谓的个人信仰，这个不是大众所说的真正意义上的信仰。

明白了什么是信仰，我们再来看中华民族究竟有没有信仰？中华五千年的文明，表面看起来很难找到一个共同的信仰。所以，无论是西方人东方人，都会说中国人没有信仰。

那么，西方有神论者的信仰又是什么？西方有神论信耶和华（基督教），信安拉（伊斯兰教），信众们将耶和华和安拉尊之为神。但是，耶和华和安拉人真的是神吗？西方人认为是，中国人觉得他们莫过是在某方面有很深修为的人。

在整个人类文化中，只有中国与古希腊文化是以人文理性为主的文化，其他地区的文化基本上是宗教文化。人文精神主要是人在起作用，即使有"神"存在，人的精神也是其主导作用的。也就是说，人类用自己的精神能够去表达"神"的意志，古希腊三哲苏格拉底、柏拉图、亚里斯多德如是，中国的老子、孔子、庄子、孟子、墨子都如此。

中华民族究竟有没有信仰？

中国人有中国人信的对象，也有信的道理，但是，曾经信而不仰，仰而不信。比如说我们信玉皇大帝、信土地公公、信灶王爷，等等人物；也信伏羲八卦、女娲补天、夸父追日、后羿射日、嫦娥奔月、精卫填海、大禹治水、愚公移山等人定胜天的精神；也信善有善报、恶有恶报、自强不息、厚德载物、上善若水、天道酬勤，等等道理，是什么都信。由于什么都信，看来就等于什么都不信，多中心即无中心，多信仰即无信仰。历史上，中华民族更多的是一种个人或者小团体的信奉，还不能称作真正意义上的信仰。所以历史上表现在行为上，中华民族曾经就是一盘散沙！这也是为什么19世纪变得极度贫弱而不断受到西方列强中的英国、八国联军和日本帝国主义侵略和蹂躏的原因。

信仰是人类最基本的精神现象，当今，处理好信仰问题是人类面临的重大课题。

　　信仰分为四个层次：最低层次是拜"物"教（图腾崇拜）；其次是对人的崇拜（如中华民族对燧人、伏羲、神农、女娲等的崇拜）；再次是宗教信仰（西方的基督教、伊斯兰教，东方佛教、道教）；第四是最高信仰（共产主义）。

　　信仰的力量是巨大的。信仰是人类思想的明灯，是高山仰止的知见，是终极的真理，其他的所谓信仰（信奉、信念、崇拜等），都不是真正意义上的信仰。因为，信仰属于思想，信奉属于行为，信念属于目标，崇拜属于效果。

　　真正的信仰，具有五种力量。一是征服死亡恐惧；二是追寻世界本源；三是反思生存意义；四是化解不确定性；五是确立价值目标。

　　中华民族信仰的最高层次是共产主义信仰。

　　中国共产党建党九十五周年的时候（2016 年），广东卫视曾经联合中共中央党史研究室、中宣部学习出版社、人民日报社人民网、广东省委组织部、广东省委宣传部等单位，联合拍摄制作的 40 集大型纪录片《信仰的力量》。这部记录片从共产党人的成长轨迹、思想高度、人生感悟等方面入手，用客观翔实的史料、鲜活生动的人物、全方位立体化展示中国共产党人经历的苦难与曲折，着力探讨中国共产党人在不同历史时期对信仰的追求和传承。纪录片讲述了 1921 年到 2016 年整整 95 年的时间里，从血雨腥风、战火纷飞的革命时期到意气风发、激情燃烧的建设时期，再到波澜壮阔、生机勃勃的改革时期中国共产党人的高贵灵魂和一个古老民族苦难辉煌的艰辛历程。片中人物有碧血千秋的李大钊、矢志不移的彭湃、蹈死不屈的夏明翰、忠诚担当的彭德怀、坚贞如玉的杨开慧、血沃中华的方志敏、科学报国的钱学森、医者仁心的马海德（黎巴嫩人）、攻坚克难的吴大观（飞机发动机之父）、爱国义举的梅兰芳与常香玉、舍身取义的董存瑞、忠诚为民的吴仁宝（华西村）等 100 位，从他们的成长轨迹、思想高度、人生感悟等方面着手，着力探讨中国共产党人在不同的历史时期，对信仰的追求和传承。《信仰的力量》的主创团队是一群充满活力的 90 后，他们伴随着改革开放的春风，沐浴着新时代的阳光，走访了中国很多地区，用镜头客观真实地记录那些为信仰坚贞不屈的人工作生活的地方，并寻访他们的后代，让观众能够更深入地了解这些历史上为了信仰抛头颅洒热血的人们，让 14 亿中国人都能引起共鸣。

　　共产主义信仰，是共产党人的精神内核，也是中华民族的灵魂和脊梁。在不同的历史时期，无数优秀的共产党员为实现时代赋予的历史使命，无怨追求无悔奋斗，为着中华民族的伟大复兴，努力地传承着、接力着、奉献着。历史车轮滚滚向前，时代潮流浩浩荡荡进入 2019 年。我国改革开放已经 41 周年。当代共产党人在不停地思考：我们从哪里来、现在在哪里、将到哪里去？即是不忘初心，牢记使命。

有人说中国人缺乏信仰，缺乏文化核心竞争力，如果真如此，就给中国长久可持续发展留下了极大的精神隐患。一个没有精神支柱的人或者民族，最终必定垮掉！因为，物质对一个人的精神动力十分有限，虚浮的经济泡沫，带不动滚滚前涌的历史洪流。

传统文化与当代民族精神的融合，必定是一条自救之路！根据中国的国情和现实，十分必要增加对中华优秀传统文化的信仰。中华传统文化的精华内涵属于正知正念正能量，中国人应该用高山仰止之心态对待之。

对中华传统文化的精华信之仰之畏之遵之，有利于民族复兴和实现中国梦。中华优秀传统文化的内涵，其实与"天下为公""世界大同"的共产主义信仰是一致的。信福就是信仰，有信仰就有爱，有爱才能众善奉行、诸恶不做，有爱就能通天下。这种"大爱"理念，从本质上说来，也是共产党员必备的品质。一个政党，一个共产党员，把人民对"福"的追求写入施政纲领，揣在心间，才会自觉修身齐家，才有为民造福之心，才有治国之术，才会有为万世开太平——实现中国梦的底气与毅力！

习近平同志要求"人民有信仰，国家有力量"，说这样的民族才有希望。一个人有了坚定正确的理想信念，就能不懈努力、执着追求；一个国家和民族有了坚定正确的理想信念，就能披荆斩棘、攻坚克难。中国要发展，就必须有信仰，有信念，否则就没有感召力，没有凝聚力，就没有一切。中国奋力前行的密码是什么？归根到底，就是依靠信仰的力量！

信共产主义，把优秀传统文化作为文化核心竞争力。从这个意义上来理解，信仰"福"字，期待"五福临门"，追随人间最值得追随的福星舜帝，接受"舜福文化"的理念，学习和掌握舜福文化的真谛，就非常具有与时俱进的时代现实意义。

有谁可以改变一种精神？《国际歌》唱道："……要创造人类的幸福，全靠我们自己。"拥有一种精神是世界上最可贵的事情。没有人可以改变一种精神，精神只能自己塑造。

第六篇章：孔子与舜帝在中华传统文化的地位

一、舜帝与孔子对中华文化的贡献

位于宁远县城舜帝广场的舜帝像

（一）舜帝

1.舜帝其人

舜帝是以孝立家、孝感天地而得以为帝的平民皇帝，是集三皇五帝文化之大成者，身体力行创造了原生态的道德文化。

2. 舜帝的人格魅力

孝祖——孝道文化的祖师爷，古代二十四孝之首，"五典之教"的践行者，孝感动天的表率。

德圣——身体力行的道德践行人，道德文化的创造者，为政以德的倡导人，德行天下的引领者。

帝范——示范天下为公，崇尚和合文化。

民师——"仲尼祖述尧舜"，孟子言"人皆可以为尧舜"，毛泽东盛赞"六亿神州尽舜尧"。

福星——长寿、富贵、康宁、好德、善终，五福临门。

3. 舜文化的内涵：孝、德、和，落点在一个福字

舜文化是中华民族道德文化的源头。

归纳起来，舜文化是慈孝文化之源、道德文化之源、和合文化之源、五福文化之源、汉文化之源、君子文化之源、湖湘文化之源。

孔子

孔子是集舜以后文化之大成者，是舜文化的卫道士，整理、传播、传承了舜文化，创立了儒学。

儒文化的内涵："仁"与"礼"。

孔子的人格魅力：

上古文化的终极关怀者——整编《尚书》，保留《舜典》，推崇尧舜，以"述"为"作"，维护周礼，努力弘道；

孜孜不倦的传道者——赓续文化，创立儒学，授业解惑，有教无类，诲人不倦，矢志弥坚；

身体力行的践行者——托命文化、舍我其谁，以身作则、身体力行，以"仁"推"礼"、威仪三千；

乐观坚毅的通达者——兴诗立礼，成乐忘忧，积极入世、济世为本，自强不息、弦歌不衰；

无限亲和的仁爱者——心胸开扩，仁者情怀，乐山乐水、真情真性，爱众亲仁、圣之时者。

孔子为鼻祖的儒文化的源头是舜文化，儒文化其核心是"仁"与"礼"，它是舜文化中的"德"与"孝"的换词表达。儒学的真谛是仁礼一体；舜文化学真谛是孝德为大。

二、舜帝在中华文明史上的应有地位

（一）研究舜帝及舜文化问题的若干释疑。

1. 如何理看待三皇五帝时代的历史？

中国古代的传说时代经历了一个十分漫长的过程。我们说到过的燧人氏钻木取火的时代，反映的是大约五万年至一万年以前的情况。古代的华胥氏、燧人氏、有巢氏的历史久远得难于准确说明。直到八九千年前，才有了关于部落和部落长的较为具象的情况。所以，我们就把中国古代的传说时代定为从一万年前的华胥氏、燧人氏开始。

人民文学出版社 1988 年出版的《中国文学史》一书说："神话是纯粹的幻想和虚构；传说却是有一些历史事实的影子，人们根据一些历史事实，通过幻想来加工，把那些故事内容大大充实起来。"范文澜说："在文字产生以前，人类的历史和文化是靠口耳传授的。这就是中国古代传说的由来。任何一个民族在进入文明时代以前及以后，都有丰富的传说，内容涉及人类起源、历史和他们生活的各个方面。由于人们对当时自然界和人类生活本身缺乏科学的认识，很多传说自然地和符合思维规律地加有许多宗教的成分，或涂有浓厚的宗教色彩，又由于长期口耳相传，有些传说也难免存在后加成分。"

因此，流传下来的传说故事已经不是原汁原味口头流传下来的故事，而是经过了后人的加工记录整理了，这虽然难免有记录整理者的思想成分，但是决不完全是杜撰。中国的神话传说阶段大约包括了考古学上的旧石器时代、新石器时代及黄帝、颛顼、帝喾时代，即是距今四千三百年至五万年前。又尤其是八九千年前的前仰韶文化阶段，六七千年之前的仰韶文化阶段，以及五千年前开始的父系氏族阶段。

通过长时期的争论，史学界最后同意对传说时代的历史采用"模糊史学法"进行研究和结论，考古界也同意以传说时代的人物与考古资料相比附，这就从主观上承认了传说时代的人和事。

中国的古代传说时代，内容十分丰富，其轮廓分明有板有眼的，主要代表人物是"三皇"和"五帝"。

关于"三皇"，有多种说法，有将伏羲称之为人皇，神农称之为地皇，黄帝称之为地皇的。经过了数十年的讨论，最后认为三皇是指燧人氏、伏羲氏、神农氏更符合历史真实。他们大体反映了我国母系氏族的发展、兴旺阶段的钻木取火、渔猎、农业、手工业等方面的情况，也反映了人类取火、用火、保存火，由茹毛饮血到熟食，由居洞穴到平地筑半地穴式房屋居住，由渔猎、采集到原始农业、手工业、货物交换进一步发展的情况。与三皇同时代的有盘古、有巢氏、女娲氏等。

关于"五帝"，也有多种说法，学术界最后统一为黄帝、颛顼、帝喾、唐尧、虞舜。与"五帝"同时代的人物有炎帝神农氏第八代孙榆罔、炎帝神农氏后裔支族共工、颛顼帝裔族祝融、金天氏少昊以及蚩尤、鲧、皋陶、彭祖、缙云、禹等。我国著名考古学家苏秉琦先生在《中国文明起源的试探》中将"五帝"时期称为"古国时代"。他说："关于古国时代，可以从'古文化古城古国'的提出谈起。"又说："古文化古城古国的特定含义是指什么呢？古文化指原始文化；古城指城乡最初分化意义上的城和镇，而不必专指特定含义的城市；古国指高于部落以上的、稳定的、独立的实体。"

关于中国社会的文明，多数专家认为黄帝时代阶级和财产私有已经出现，但还不是奴隶制国家，直到颛顼帝时，已将神事、民事分开，学术界便认为颛顼高阳氏时，已经处于阶级国家的"雏型阶段"，再经帝喾至尧、舜时期，部落古国基本轮廓已经分明，国家已经形成。继承帝尧位的虞舜，初时以尧都平阳为都，后搬至蒲坂为都。军事、刑法、职官等一应机构都已过渡到了国家机构形态。

山西襄汾陶寺尧舜古城文化遗址的发现，再次证明国家在"五帝"时期就已经形成。至此，我们完全可以说"五帝"已不是所谓的传说人物，而是确确实实存在的上古古国的君主。

郭沫若在其主编的《中国史稿》中说："在对待古代传说上，有两种倾向：一种是把传说当作真人真事，进行烦琐考证，结果是治丝欲棼；另一种是对传说材料持全盘否定的态度。他们不懂得氏族制是原始社会发展过程中所共有的制度，因而也不可能正确地对待古代的传说。"舜帝与尧帝是真有其人其事的，而"五帝"中其他三帝没有详细和具体的文字记载。又特别是"三皇"，留下的"传说故事"，是经过了周和秦汉时期加工整理的记录，所以进行研究和考证都十分困难，就只有用史学界同意采用的"模糊史学法"对其进行研究和考证了。

1977 年，唐兰先生曾在《光明日报》发表了《从大汶口文化的陶器文字看我国最早文化的年代》一文。该文说："我国的文明史只有四千多年，过去一般这样说。其实不然。从解放后发现的考古资料和对古代文献的重新整理，应该说我国的文明史有六千年左右。"1978 年，唐兰先生再一次发表《再论大汶口文化的社会性质和大汶口陶器文字》一文，他指出：大汶口陶文既不是符号，更不是图画与纹饰，而是很进步的文字，在当时已经通行。少昊古国的蚩尤发明了冶金并用作铜兵器。正因为这时已有青铜器，少昊才号称金天氏。

唐兰的文章在非常传统、保守，且思想观念十分陈旧的中国史学界和考古界，几乎是一颗原子弹，引起巨大冲击波。从这时开始，中国史学界才在中国文明史四千年和六千年两种意见之间折中为五千年。综和型学者王大有认为中华文明史至少七、八千年乃至一万年。他为此做了大量有益的研究与有力论证，认为中国文明史应该从三皇的燧人氏开始。我很大程度上赞成王大有的观点，并且认为：三皇乃至五帝中的黄帝，所代表的都是一个群体经历的较为漫长的时代，不是某一个人所经历的年代。中华文明史一万年，前五千年是文明的产生阶段，亦即是从燧人氏到第八代炎帝与黄帝阶段；后五千年是文明的发展过程，亦即从黄帝开始至今。而尧、舜、禹则是一个个活生生的具体的人。舜帝是虞国的领袖——黄帝。研究中国上古国家的历史，应该包括虞、夏、商、周四朝。

2. 关于三皇五帝的真实存在

历史上，关于三皇，有六种不同说法：

天皇、地皇、人皇；

天皇、地皇、泰皇；

伏羲、女娲、神农；

伏羲、神农、祝融；

燧人、伏羲、神农；

伏羲、神农、共工。

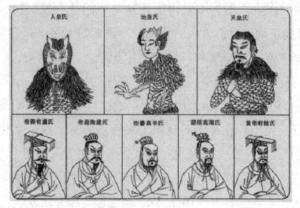

比较一致的意见，赞成三皇是指燧人、伏羲、神农的说法，其主要依据是：燧人氏钻木取火，教人熟食，以化腥臊，结束了古代人茹毛饮血的历史，使原始时代利用自然火进步到人工取火，由生食进步到熟食。燧人氏为人类做的贡献得到人们的喜欢和肯定，于是许以天下而称之为王，亦即天皇。神农氏则是农耕和医药始祖。在人们不识谷物，食物单一情况下，神农亲尝百草，识别谷物药材，斫木为耜，揉木为耒，教会人们种植五谷，用药物为人治病，同时，他设市以物易物，使人们各得其所。神农为人类做的贡献得到人们的喜欢和肯定，于是许以天下而称之为王，亦即地皇。伏羲即太昊，风姓。伏羲之前是母系氏族时代，男卑女尊，民知其母，不知其父。伏羲定嫁娶以修人道，从此开创了父系氏族社会，同时始创八卦，结绳织网，教民捕鱼畜牧，以充庖厨。伏羲氏为人类做的贡献得到人们的喜欢和肯定，于是许以天下而称之为王，亦即人皇。人类发展进程中，燧人、神农、伏羲、代表了人类文明的三个重要阶段。

五帝是指哪些人，也有三种说法：

黄帝、颛顼、帝喾、唐尧、虞舜；

太昊（伏羲）、炎帝、黄帝、少昊、颛顼；

少昊（皞）、颛顼、高辛（帝喾）、唐尧、虞舜。

武梁祠汉画中的黄帝与舜帝像

史学界比较一致的意见是：五帝是指黄帝、颛顼、帝喾、唐尧、虞舜。

可见，舜是三皇五帝之一。

我们要了解舜帝，还十分必要先简单了解一下中国历史的发展状况，了解一下三皇五帝中，处于文明的产生过程与发展阶段接口处的炎帝与黄帝。

人类历史上，原始公社制度沿袭了数百万年以后，才进入了新石器时代。这个时候，人类已经发明了农业与畜牧业，生活资料也有了可靠的来源。原始公社制度已经过度到了氏族公社的母权制和父权制，两性关系也由杂交、群婚，过渡到了对偶婚，出现了一夫一妻制。人们开始了定居生活。随着生产力的进一步发展，产生了农业与畜牧业的第一次社会大分工，氏族公社的社会产品已经有了少许剩余，商品交换也就出现了，私有制、奴役制、阶级关系也开始在氏族公社中萌生了。这样，原始人类也就走完了远古洪荒时代，昂首阔步地跨进了文明时代。

从夏代开始计算，中华文明只四千年。根据当时的考古与文字研究情况，我们只愿意确认从西周元年（公元前841年）开始的历史，即是说，中华民族有确切纪年的文明史不足三千年。直到1977年后，中国的史学界才称中华民族五千年文明史。前文说到，中华民族文明史应该是一万年才对！即是中国的历史应该从三皇中的燧人氏算起。燧人氏所处的时代是公元前5万年～1万年，即距今1～5万年，伏羲时代距今6000—7000多年左右，炎帝时代距今5000—6000年左右，而从黄帝开始的五帝时代，距今4000—5000年左右，历经颛顼、帝喾、帝尧、帝舜时代直至公元前2070年的夏朝。中华民族万年文明史又可以分成前五千年和后五千年，前五千年是文明的产生过程，后五千年是文明的发展阶段。

三皇五帝中，炎帝是三皇之末，黄帝是五帝之首。炎帝与黄帝所处的时代，恰恰是中华文明史由产生走向发展的过渡与转折阶段。

史书记载，炎帝姓姜，名轨，又称神农氏。如前所说炎帝是早期原始农业发展的代表，是中国农耕文化的创始人。他对人类最大的贡献一是发明了农业，是农业的始祖；二是遍尝百草成为中国医药学的始祖。黄帝姓姬，名叫轩辕，因为居住在轩辕之丘（今河南省新郑西北）又称轩辕氏。轩辕时代，炎帝家族香火已经传承了八世，已经衰败，战乱不断，百姓遭殃。轩辕最终打败了炎帝部落（第八代炎帝），取代神农氏做了都君，称为黄帝。黄帝发明了指南针，发明了舟车、文字，等等，对人类的文明与进步功勋卓著，被称为人文初祖。孙中山先生曾颂扬黄帝说："中华开国五千年，神州轩辕自古传。创造指南针，平定蚩尤乱。世界文明，唯有我先。"

蚩尤是炎黄史上一个重要人物，我们还十分必要介绍一下蚩尤。

现代学术界对蚩尤认识很不一致。吴思勉先生就曾在他的《先秦史》中说："蚩尤、炎帝殆即一人。"范文澜在《中国通史简编》中说："蚩尤是南方苗蛮族的首领，其中九黎族最早进入中原地区……他们首先与炎帝族接触，驱逐了炎帝族。炎帝族与黄帝族联合，在涿鹿发生大械斗，冲突非常激烈，蚩尤请风伯雨师作大风雨，黄帝请九天玄女助阵，结果蚩尤斗败被杀。经过长期斗争，蚩尤的九黎族失败以后，一部分退回南方，一部分仍留在北方，建立了黎国，后来成了炎黄族的俘虏。"徐旭生先生则在《中国古史的传说时代》中认为蚩尤是东夷族的首领。他论证说：1.齐地尊蚩尤八神主之一。蚩尤冢在山东东羊县，肩髀冢在山东巨野县。传说黄帝将蚩尤身首异处，所以分葬两地。齐地、东羊、巨野都是古东夷属地。2.蚩尤所代表的九黎族地望为今河北、河南、山东交界的地方，此亦为东夷属地。3.少昊之虚在今山东曲阜。《逸周书·尝麦篇》说："命蚩尤于宇少昊"，这句话中的"宇"就是住，全句的意思是蚩尤居住在少昊族的地方。4.《盐铁论·结和篇》说："黄帝战涿鹿，杀两昊蚩尤而为帝。"这里所说的两昊，也都是东夷族领袖。王大有先生则认为蚩尤建三苗九黎联盟统一东夷。

由各家论蚩尤可知，蚩尤是炎黄时期的一个重要历史人物。

我们通常所说的黄帝、颛顼、帝喾都是族群代表，他们代表的是一个历史阶段，正如我们所说的炎帝，其实就包含了炎帝一世到八世。而唐尧和虞舜、大禹则是一个个实实在在的人。

由前面所说可以知道，炎帝神农氏、黄帝轩辕氏、帝尧陶唐氏、舜帝有虞氏都是三皇五帝之一，都是我们中华民族的共同始祖，是中华文明史的开创者，对社会的发展与进步起了至关重要的作用，自古就受到后世子孙的敬仰和崇拜。

历史学界所公认的尧舜禹禅让制，是一个无可非议的历史存在。所谓的"尧之末年，德衰，舜囚尧"，"禹放逐舜"，完全是野史的肆意揣度与编造，是违背当时的社会背景和历史条件的，是毫无根据的。

3. 为什么说舜不是部落首领而是虞舜古国的皇帝？

史载，从轩辕氏开始，各诸侯咸称轩辕为天子，登位之时，"有土德之瑞，故号黄帝"。实际上，黄帝取代炎帝神农氏后，氏族部落联盟已经打造出了国家雏型。据史料记载，黄帝时期已经具备了国家的一些基本要素。有常设部队和卫戍部队，有官职，有都邑，有宗教礼制，有疆域，有分封制度。到了尧舜时代，中华古国就已经发展到了相当完备和成熟的时代，这期间，起了核心作用的就是舜帝。

由于舜帝大力刷新政治，创造和完善国家机制，使得禹和启轻轻松松地建立起了中国历史上的夏王朝。夏王朝建立之初，除了将"帝"改称为"后"，除了将"禅让"制度改为了家族"世袭"，将"公天下"改为"家天下"，在国家行政体制上并没有什么改变。

舜帝在完备国家机制方面的主要贡献有以下几个方面。

一是设置了分工明确的官制和官吏考核、察举制度。

在帝尧以前，虽然有官称，但设置不全，分工不明确，每逢重大事情就只有召四岳商定，临时派人去完成。到了舜帝，一方面保留了四岳，一方面有了分工明确的官位。例如：舜帝践帝位后，就任命了二十二位大臣：禹为司空，揆百事，平水土；弃为后稷，掌管农事；契为司徒，掌管五教；皋陶为士，掌管刑罚；垂为共工，掌管工程；益为虞，掌管山泽鸟兽；伯夷为秩宗，典三礼；夔为典乐，掌管礼乐教化；龙为纳言，管传达帝命，反映意见。可见，农、礼、刑、乐、林、工等，都有官员管理，国家官制已经形成。以后的夏、商、周乃至秦汉，基本上都是沿用这个职官体系，只在官称或职数方面有些许变化。

舜帝不仅设置了系统官制，还建立健全了官吏考核制度。《尚书·尧典》载："三载考绩，三载黜陟幽明，庶绩咸熙。"三年考核一次，根据考核情况决定升降，加强了君王权力和国家集权。

二是扩大了国家疆域和划分了政区。

舜帝在民族大融合方面贡献很大。在实现华夏集团与东夷集团大融合的同时，舜采用征战与教化相结和、以教化为主的怀柔政策，感化了三苗和其他少数民族，实现了南、北民族大融合，从而实现了各民族的大统一。以南方疆域为例，黄帝时只到达长江；颛顼时只到达长江南岸；帝喾和帝尧扩大到霍山或衡山。舜使禹治水，披九山，通九泽，决九河，定九州，大大地开拓了疆土。舜帝时，国土"方五千里，至于荒服，南抚交阯、北发；西戎、析枝、渠廋、氐、羌；北山戎、发、息慎；东长、岛夷，四海之内，咸戴帝舜之功"。这里所提到的交阯，即是五岭以南的广东番禺。如果把帝都看成同心圆的圆心，那么，距离帝都五百里范围内叫甸服；甸服以外五百里范围之内叫侯服；侯服以外五百里范围以内叫绥服；绥服以外五百里范围之内叫要服；要服以外五百里范围之内才叫荒服；足见舜时国家疆土之广阔。舜在定九州基础之上，理顺区划，新建并州、幽州、营州，共十二州。十二州牧在性质上就不再是诸侯，而是该地域的行政区首长，至此，原来的按部落姓氏家族式治理变为了按地域治理。十二州的划分，一直影响了中华五千年，后来的郡县制、省县制，实际上都是在舜帝划分十二州思路基础上的演变和发展。

三是制定和颁布刑法。

舜"象以典刑"，将刑法制度化，形成条律，并由专职官员审理。舜命皋陶作"士"，掌管刑法。叮嘱皋陶注意把握刑法的尺度分寸，做到以公正廉明来使人心服。舜帝罚"四罪"（共工、讙兜、鲧、三苗），流"四凶"（浑沌、穷奇、梼杌、饕餮），其间既有蛮夷，又有黄帝族人，亦有东夷族人，可见舜帝执行刑法之"维明克允"。

四是确立了帝王五年巡狩制定。

从舜帝开始，在一年中的二月东巡，五月南巡，八月西巡，十一月北巡，每五年一个轮回，形成制度。五年巡狩之制的建立，其目的是为了了解各地实情，统一各种规制——历法、度量衡等，安抚融洽各民族关系，为民祈求福祉。帝王巡狩制度，对于统一思想，巩固国家政权十分重要。

五是刷新政治，纳言从谏。

舜立诽谤之木，作五明扇，广开视听，纳言从谏，求贤若渴。"询于四岳，辟四门，明四目，达四聪，咨十有二牧。"

尧舜时代在考古学上属于龙山文化时期，从黄河中下游地区出土的大量农作物和各异的生产工具看，表明农业已经有了相当规模。随着生产力的发展，社会分工细化，手工业行业分工明确，社会生产资料也丰富了，贫富差距增大了，人们的社会地位必然随之分化，私有制也就出现了。《史记·五帝本纪》载："舜曰，谁可驯予工？皆曰垂可，于是以垂为共工。"《史记·集解》引马融曰："共工，为司空，共理百工之事。"可见，尧舜时期有了专门分管手工业的官，说明手工业已经从农业中间分化出来。《中国文物报》2002年曾以《黄河流域史前最大城址进一步探明》为题,报导了山西襄汾陶寺城址及其遗迹。文中说:"陶寺城如此大规模,如此复杂结构,已开始显现出它存在着惊人复杂的社会组织和高度发达的政治权力机构及早期国家的某些特征。这一重大发现,有力地证明了中华民族国家起源的历史由夏提前了近千年。但是,舜帝之前,虽然国家雏形已初步形成,但很不完善。舜帝对完备国家机制起了关键作用。舜帝时期国家已经完全成熟,有学者认为中国历史上存在着虞国,并不是传统意义上的夏商周——而是虞夏商周,这应该是符合历史真实的。随着考古对历史认真的前推,以及我们尚不文字产生年代的前移,虞舜古国的存在已经是不争的事实。启只须全部照搬,些许增减,就可以建立起夏王朝。

4. 如何理解舜帝寿诞百岁

关于舜帝的寿考,说法并不一致。

《今文尚书》曰:"舜生三十征,庸二十,在位五十载,陟方乃死。"

依照《今文尚书》所说的,舜在三十岁的时候被帝尧举用,后做司徒、司马、司空等二十年,在帝位五十年,后"陟方"——南巡而死。那么,舜在位五十年,应该是从舜五十岁时做摄政帝算起的,这样,舜"陟方乃死"时正好一百岁。而《史记·五帝本纪》所说舜年六十一代尧践帝位,践帝位三十九年南巡狩崩,舜年寿也正好是百岁。

除《今文尚书》与《史记》外,《大戴礼·五帝德》《论衡·气寿篇》《太平御览》《帝王世纪》等史籍,均认为舜帝圣寿为一百岁。

《竹书纪年》说舜享寿110岁。

《竹书纪年·帝尧陶唐氏》载:"七十年春正月,帝使四岳锡虞舜命。"这与《史记·五帝本纪》载"尧立七十年得舜"相吻合。尧年二十即帝位,即帝位七十年——90岁时得舜。《竹书》虽没说时年舜多少岁,但是,《竹书》源于《尚书》这是肯定了的。依《尚书》"舜生三十征"可知,尧90岁得舜时舜30岁。由《竹书·帝尧陶唐氏》记载"九十年帝游居于陶"和"一百年帝陟于陶"知,帝尧110岁时退居二线让舜做摄政帝,此时舜50岁;帝尧死时118岁,舜58岁。这与《史记》"尧立七十而得舜,二十年而老,令舜摄行天子之政,荐之于天。尧辟位二十八年而崩"所说的尧90岁得舜,110岁时告退,让舜做摄政帝,又过了8年——从举用舜时算起则是"尧辟位二十八年"尧崩完全吻合。即是说尧崩时舜58岁。

从《史记》亦可推知尧崩时118岁,而舜58岁。

《竹书纪年·帝尧陶唐氏》又载："虞宾三年，舜即天子之位。"即是说舜为帝尧守孝三年后践天子位，时年 61 岁。这时就到了《竹书纪年·帝舜有虞氏》所记的帝舜元年。依《竹书》中"五十年帝陟"的记载推算，舜南巡驾崩时是 110 岁。出现舜帝圣寿百岁和 110 岁两种说法的根本原因在于对《尚书》的解读有歧意。

历史上，春秋孔子所传百篇之《尚书》称为《古文尚书》；战国时的博士伏生保存并传授的二十九篇尚书即为《今文尚书》。《古文尚书》曰："舜生三十征，庸三十，在位五十载，陟方乃死。"《今文尚书》曰："舜生三十征，庸二十，在位五十载，陟方乃死。"比较《古文尚书》与《今文尚书》知，若依前者，似乎是说舜圣寿 110 岁，后者则说舜圣寿百岁。据此，对舜帝的享寿就有了十年之差的两种结论。

对舜帝享寿之所以有十年之差，问题不是出在古、今文《尚书》本身，而是出在对《古文尚书》中"舜生三十征，庸三十，在位五十，陟方乃死"的解读。其意思如果理解为：虞舜年 30 被尧举用，61 岁践帝位，那么，从舜三十岁到六十岁都可以说是"庸"，此处"庸"同"傭"，有为帝尧效劳的意思。但是根据舜 50 岁而做"摄政帝"的史实（摄政帝也即是事实上的天子），所谓"在位五十，陟方乃死"，就是从舜做摄政帝开始算起的。也正为此，《今文尚书》与《古文尚书》就把舜做摄政帝起到践帝位的可曰"庸"，可曰"在位"的 10 年说成了"庸二十"或"庸三十"。于是就使舜帝圣寿有了 10 年之差。

《史记》《五帝德》《帝王世纪》《太平御览》都认定舜寿为百岁，而《竹书纪年》说舜 110 岁，可以肯定地说是根据《古文尚书》而把"庸三十"中所包含舜做摄政帝的富有双重意义的 10 年全部看成了"庸"。正因为如此，《竹书·帝舜有虞氏》对舜践帝位 35 年以后的纪年才虚空虚幻，只记有三年，其原因就在于凭空多出了无以为纪的 10 年。

王肃注《伪孔传》说舜寿 112 岁；《路史》亦说舜寿 112 岁。这都是在没有认真考证推算的前提下的结论。

亦有说舜寿八十岁的。持这种意见者将《尚书》中"舜生三十征，庸三十，在位五十载，陟方乃死"断句为"舜生三十征庸，三十在位，五十载陟方，乃死"，而认为其"五十载"中包含了在位 30 岁，所以说舜寿 80 岁。

还有说舜八十九岁的。持此意见者亦根据《尚书·尧典》："舜生三十征庸，三十在位，五十载陟方，乃死"认为：舜在 30 岁时被征召，包括考察试用的 3 年在内，在帝尧时代在位 30 年。舜居帝位 50 年才"陟方"，其中包括在帝尧时的 28 年（30～58 岁）和帝舜时的 22 年（61～83 岁），83 岁时南巡苍梧，6 年后死于苍梧之野，因此说舜终年 89 岁。

无论是说舜享寿 100 岁、110 岁、112 岁、80 岁或是 89 岁，其原因之一是对《尚书·尧典》的解读不同造成，原因之二是对上古纪年与公元纪年换算失误或是实岁与虚岁之差造成。

司马迁说舜寿诞百年，既源于《尚书·尧典》，又十分符合中国国情。中国古代百年曰期颐，意思是长寿。所谓黄帝"在位百年而崩"，所谓帝尧"一百年帝陟于陶"，以及舜、禹"年百岁"，不一定都是实指，其意思不过是说"年岁很大"而已。

为了研究舜生平的方便，我们不防就以舜寿诞百岁为据。根据断代史研究的最新成果，夏王朝始建于公元前 2070 年。而史载舜死后禹亦为舜守灵 3 年才即帝位，那么可知，舜死于公元前约 2073 年，生于公元前约 2173 年。

实际上，纠缠于舜帝的真实年龄究竟多少，并没有多大的实际意义。舜帝的享寿究竟是多少，并不影响舜帝的思想、行为、精神、文化以及对人类的贡献；更不影响舜帝最后一次南巡到苍梧九嶷山后再未回归，6 年后"崩于苍梧之野，葬于江南九疑，是为零陵"这一史实。

5. 舜帝南巡口耳相传的故事

舜帝的传说故事多如牛毛，有关崩于苍梧之野葬于九嶷山内容的，又集中流传在九嶷山一带。这些口耳相传的故事流传了数千年，在九嶷山可说是家喻户晓，老幼皆知。如《舜帝降九龙》《访何封侯》《教民制茶》《腰斩孽龙》《悲风鸣条》《二妃寻夫》《玉带围陵》《荆竹扫墓》等等。以《二妃哭竹》为例，说舜帝沿黄河，漂长江，入洞庭，溯潇湘，到了山高水远的南方九嶷山。二妃久不得舜帝音讯，思念心切，于是循着舜帝足迹，不远万里也到了苍梧之野的九嶷山。在九嶷山，二妃听说了舜帝勤民而死后，二人哭成了一团，眼泪湿透了裙裾，湿透了大地。后来，从眼眶里流出的泪水，成了一滴一滴的血。一把一把血泪，挥洒在竹丛上，从此，九嶷山就有了天下独一无二的斑竹。

九嶷山里关于舜帝崩葬的传说故事口耳相传数千年，说明舜帝不但到过九嶷山，而且还生活过相当长一段时间。试问，倘使舜帝没有来过九嶷山，为什么这些与舜帝老年生活有关的传说故事唯有九嶷山独有呢？这道理简单得就如山东、河南、山西等地流传的舜帝出生、学琴、耕作、制陶、应市等故事，说明舜帝在这些地方出生和生活了若干年一样。

　　与舜帝南巡在湖南、广东、广西一带，有关的地名，在湖南、广东、广西数不胜数。比如湖南境内的君山、德山、韶山、崀山、舜皇山、九嶷山，与湖南交界的广西桂林的虞山，广西的梧州、广东的韶关等。据考证，仅在湖南境内就有数十处。每一个地名，都联系着一个与舜帝南巡有关的故事。舜帝在洞庭湖中的一个小山洲教制茶，小山洲就叫了君山；舜帝在常德一座小山讲修身齐家治天下，小山丘就叫了德山；舜帝在湘江边一个山冲演奏《韶乐》，德化三苗，不战而屈人之兵，山冲就叫了韶山冲；舜帝路过，夸苍梧山里新宁县一风景绝妙的山说"山之良也"！这山就叫了崀山；舜帝南巡路经苍梧山中的桂林和东安县，于是就有了桂林的虞山和东安的舜皇山；舜帝崩葬于苍梧之野，二妃寻夫，由于山峰林立，"九峰相似，望而疑之"，难辨帝冢在何处，苍梧山就又叫了九疑山，亦即九嶷山。

　　陕西历史博物馆研究员杨东晨先生在《帝舜家族史迹考辩》一文中认为舜帝南巡路线是："从蒲坂出发，经安邑（山西夏县）南行过黄河，过鸣条（河南封丘东），过宛（今南阳），渡淮河、汉江南行，再经夷陵（今武汉）过江入巴陵（今湖南岳阳），沿湘江南下，至南岳衡山（今湖南衡阳）。之后，再南行至零陵。帝舜又从零陵到各地去巡视。"我们说，舜帝南巡的出发点究竟在哪里，这与帝都蒲坂究竟在哪里有关。

　　把湖南境内的君山、德山、韶山、崀山、舜皇山、虞山、九疑山连成线，都恰恰地在舜帝南巡的路径上，这绝对不是一般意义的巧合。

　　广东韶关历史上叫韶州，韶州因州北有韶石而得名。当地传说韶石是因四千多年前舜帝南巡在这里演奏过《韶乐》而得名。因而唐代韩愈诗云："暂欲系船韶石下，上宾虞舜整冠裾。"

　　九嶷山九峰之一的萧韶峰，也是因为舜帝南巡在此峰演奏《韶乐》吟唱《南风歌》而得名。

　　我国现代著名古史专家、考古学家徐旭生说："世界上任何一个民族最初的历史，总是用口耳相传的方法流传下来。古代传说是'口耳相传'的史料，这些史料大多有其历史的核心，也都有其历史渊源。它是未经加工过的零散资料，应比加工过的系统化的'正经'或'正史'更为质朴。我们应当把掺杂了神化的传说与纯粹神化区别开来。"

　　中国文字虽然产生于黄帝时期，但在黄帝时期文字还没有能够应用于记事。因此，中国历史上关于三皇燧人氏、伏羲、神农能留给后世的，都是神化了的传说故事。纵使是黄帝，鉴于文字尚未成熟和推广，留给后世的，也有很多属于传说故事。因此，关于舜帝南巡和崩葬的口耳相传的故事，其史实价值就不容忽视。

6. 舜帝南巡的史实以及文物考古成果

　　舜帝南巡有记载的"正史""正经"很多，而最早、最有权威的是《山海经》《尚书》《竹书纪年》《帝王世纪》《史记》。至于别史、杂史、野史、稗史，说明舜帝有过南巡的，更是多如牛毛。

　　史籍对于舜帝崩葬九嶷山的记载以《山海经》为最早。《山海经》总共十八篇，其中就有三篇定论舜葬苍梧九嶷山。卷十《海内经》记载："苍梧之山，帝舜葬于阳，帝丹朱葬于阴。"卷十五《大荒南经》载："赤水之东，有苍梧之野，舜与叔均之所葬也。"卷十八《海内经》载："南方苍梧之丘，苍梧之渊，其中有九疑山，舜之所葬，在长沙零陵界中。"

《古文尚书》载："舜三十征，庸三十，在位五十，陟方乃死。"《今文尚书》载："舜三十征，庸二十，在位五十，陟方乃死。"古、今文《尚书》都说舜三十岁时被尧召用，为帝尧效劳三十，或者二十年。在帝位五十年，南巡视察，登上了九嶷山，并在那里去世。

《竹书记年·帝舜有虞氏》载："三十二年，帝命夏后总师，遂陟方岳。"是说舜帝从六十一岁登临帝位，经过了三十二年，也就是九十三岁的时候，命令夏禹做摄政帝，自己就升道南方巡狩。

晋代的皇甫谧在《帝王世纪》中说：舜"南征崩于鸣条，殡以瓦棺，葬于苍梧九嶷山之阳，是为零陵，谓之纪市"。皇甫谧亦肯定了舜帝南巡和舜葬于九嶷山，与此同时，明确了"鸣条"既不是山西运城的鸣条岗，也不是安邑的鸣条陌，而是九嶷山里的鸣条峰——传说中的舜帝升天的地方三分石，这与《尚书·舜典》中所说"陟方乃死"和《竹书纪年·帝舜有虞氏》中"遂陟方岳"都相吻合。

到了汉代，司马迁在阅读了大量史书后，以历史唯物主义的史学观，"探禹穴，窥九嶷，浮于沅、湘"，在亲临九嶷山之后才郑重结论：舜"南巡狩，崩于苍梧之野，葬于江南九嶷"。很显然，司马迁下此结论，既肯定了舜帝南巡，也肯定了舜帝葬在九嶷山。

《山海经》成书于上古时期，被视为古人生活日用百科全书。《尚书》跨越一千六百年时空，记录了从尧、舜至秦的连续历史。

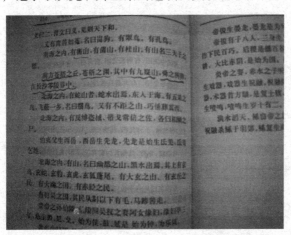

《山海经》对舜崩葬于九嶷山的记载

《春秋说题辞》云："尚者，上也。上世帝王之遗书也。"据研究，流传下来的古《尚书》，是根据唐尧、虞舜以及夏、商、周王室和各诸侯国的文献档卷整编出来的。最早根据资料整编出《尚书》的，是生卒于公元前551年—479年的孔子。

《竹书纪年》是古代一部编年体史书，成书于公元前299年。《帝王世纪》是生卒于公元前282—215年的皇甫谧所著。《尚书》《山海经》《竹书》《帝王世纪》，记录了从尧舜开始的近两千年的连续历史。

特别值得一提的是《史记》。《史记》是中国第一部纪传体通史。它的作者司马迁出身于官宦世家，其父司马谈任汉时太史令。司马谈学识渊博，熟谙历史，对于春秋战国以来诸子百家各个流派及其学说和主张都十分清楚，曾论阴阳、儒、墨、名、法、道德"六家之要旨"。他早就打算修一部史书，收集了大量资料，但未能如愿，临死把宏愿留给了司马迁。司马迁子承父业，熟读经史，严谨治学，三次漫游，实地考察，完成了伟业。汉代的刘向、扬雄和班彪、班固父子以及后来的许多史学家都称《史记》为"实录"。

《史记》是一部最具权威的历史著作。清代赵翼在《二十二史扎记》中说："司马迁参酌古今，发凡起例，创为全史：本纪以序帝王，世家以记侯国，十表以系时事，八书以详制度，列传以志人物。自此例一定，历代作史者遂不能出其范围。"

综上所述，《尚书》肯定了舜帝南巡的史实；《山海经》则就舜葬于九嶷山问题多处斩钉截铁地指实；《竹书记年·帝舜有虞氏》也毫不含糊地指明了帝舜三十二年让禹做摄政帝后自己遂陟方岳——南巡的史实；《帝王世纪》则把鸣条、苍梧九嶷山、零陵、纪市几个地名都在同一地方揭示得再明白不过；《史记》在遵重先秦以往权威史籍的前提下，为慎重起见，司马迁亲自"探禹穴，窥九疑"后才郑重结论：舜"崩于苍梧之野，葬于江南九疑"。有关舜帝葬地的记载的正史正经若论之时代之早、权威之高再没有能超过《尚书》《山海经》《竹书》《史记》的了。

除权威正史正经之外，还有《礼记》《墨子》《离骚·朱子注》《檀弓》《通考》《十三经》古注、《汉书》《汉纪》《淮南子》《风俗通》《世纪》《皇览》《舆地考》《寰宇记》《元和郡县志》，《国语》，等等史籍，称舜葬苍梧九嶷没有异辞。

值得指出的是，考古已经发现：中国有文字的年代比之以前有人定论的始于商周时代的甲骨文要早数千年，只是研究的滞后，致使至今仍没有人能够认识古代的文字。

1972 年，湖南长沙马王堆三号汉墓出土了用帛绘制的两幅地图。马王堆三号汉墓是西汉文帝十二年，亦即公元前 168 年下的葬。这就是说，两幅地图的制作至出土之时至少已经历经了 2140 年。

世界最早的地图——马王堆出土的帛书地图《长沙国南部地形图》，标示九嶷山为舜葬之地。

据专家研究，我国地图产生于三千多年前的西周初年，周召公营建洛邑时画的洛邑城址附近地形图就是例证。春秋战国以后，各种地图不可胜数。但是，古地图留传存世的极少。我国所有北宋以前的地图早已全部失传，现今保存下来的最早的地图，只有公元 1136 年也即是刘豫阜昌七年的《华夷图》和《虞迹图》。这两幅地图刻在石上，保存在西安碑林中，距 1972 年只有 836 年，比马王堆出土的两幅地图迟了 1304 年。足见长沙马王堆汉墓出土的地图是何等珍贵！

马王堆出土的两幅地图中的一幅，画有山、水、居住地及道路等，相当于现代的地形图。经专家复原后的地图长宽都是 98 厘米，比例尺为 1/18。由地图上所标示的山名、水名及水的走向等考证，这是一幅《长沙国南部地形图》，地图所绘区域相当于现今永州市的南六县。其间的九嶷山，采用十分醒目的旋涡线标示，有如当今地理图中的等高线，它用以表征峰峦起伏的九嶷山。地图中绘有三十多条河流，其中的九条河标有名称。特别是湘楚文化的发源之地、古零陵境内的潇水，用以表征的线条又黑又粗。地图中的水路画得十分准确。

史载：汉文帝时（前179—前157年），九嶷山地区修有"深平军事防区"。汉景帝时（前156—前143年），地处现今湖南宁远县城北约50华里的春陵（柏家坪）属长沙国。汉武帝元朔五年（前124年），封长沙王中子刘买为春陵侯，于春陵建春陵国。而马王堆三号墓墓主是长沙王利仓之子。据研究，利仓之子是长沙国的一员健将，地图所描绘的区域是他的驻防区——深平军事防区。地图上的山川聚落因为是利仓之子亲身经历、实地考察绘制而成，因此画得十分详细，十分准确。

马王堆出土的《长沙国南部地形图》中的九嶷山的定位相当准确，山的南侧画有一处建筑物，建筑物前画有九条柱状物，中间画有五个"∧"型屋脊，建筑旁注"帝舜"二字。《水经注》载："营水出营阳泠道县南山，西流经九疑山下，蟠基苍梧之下，峰秀数郡之间，罗岩九举，各导一溪。岫壑负阻，异岭同势，游者疑焉，故曰九疑山。大舜窆其阳，商均葬其阴，山南有舜庙，前有石碑，文字缺落，不可复识"，为此，复旦大学历史地理研究室谭其骧教授说："这座建筑物即舜庙，九条柱状物当系舜庙前的九块石碑。将著名建筑物夸大地画在地图上，这是古今地图惯用的手法，并不足怪。"

其实，九条柱状物和五个"∧"型屋脊所表征的应该还有"九五至尊"的意思。《易经·乾卦》说："九五，飞龙在天。"乾卦九五，术数家说是人君的象征，因之，后称帝王为"九五之尊"。舜帝贵为天子，其陵墓所在地在地图上用九根柱状物和五个"∧"型屋脊表示，其意思明白如纸。值得特别指明的是，这地图绘于前168年，而司马迁约前125年"探禹穴，窥九疑"，恰恰证实司马迁在九嶷山看到了舜帝陵庙，这在其它文献中有记载，并且在后来的考古中得到了证实。

2002年，湖南省考古工作者在九嶷山玉琯岩发现了汉代建筑物遗存，经过280多天的勘探试掘，发现遗址占地3.2万平方米。建筑基址呈南北向、东西向迭压，长宽愈100米。出土的遗址表明，古舜帝陵庙由南往北依次为正殿和寝殿，其中的正殿占地面积800平方米，寝殿占地面积400平方米，两殿的两侧还有不少厢房。经国家文物局批准，2004年八月，全国考古学界和历史学界有关专家学者赴九嶷山进行了实地考察和论证，对这项考古成果做出了权威性认定：考古工作者在九嶷山玉琯岩南面已经发掘出了宋代舜帝陵庙遗址，这是目前经考古发掘证实的时代最早的舜帝陵庙。在宋代舜帝陵庙基址的下面，发现了唐代舜帝陵庙的建筑遗址。在唐代的舜帝陵庙建筑基址下面，还进一步发现了秦汉时代建筑基址。出土了大量唐代、汉代文物，例如唐代的"舜"字头专用祭器，东汉"詣环吴"铭文杯柄，"王"字头兽面瓦当等。这些出土文物，印证了史籍中关于玉琯岩前秦汉时期就建有舜帝陵庙的记载。参加考察和印证的专家有：国家文物局原副局长、国家考古专家组组长、研究员黄景略，国家故宫博物院原院长、研究员张忠培，清华大学教授、中国社会科学院历史研究所原所长、全国先秦史学会会长、夏商周断代工程首席科学家李学勤，中国文物研究所所长、研究员吴家安，中国文物出版社编审楼宇栋，中国建筑研究所研究员钟晓清，以及香港大学、北京大学、北京市文物研究所、湖南师范大学、湖南省文物考古研究所、湖南省博物馆等方面的著名专家、学者。黄景略说："九嶷山玉琯岩遗址，是有文献记载的。司马迁《史记》有记载，马王堆出土古地图中有记载，而且大的环境相吻合，能与马王堆地图和司马迁的记载相印证。虽然现在发掘出的还只是唐宋时期的遗址，但已经很不一般。再结合在明代遗址上新建的舜帝陵，说明历史上在此建舜庙是一脉相承的。我们说舜帝陵在此处，应该是准确的。"张忠培说："第一，玉琯岩遗址的考古发掘是严格按照国家文物局的要求和规程进行的，总的来看做得比较细；第二，遗址与文献记载的九嶷山舜帝陵庙是基本一致的；第三，遗址层位关系还是清楚的，最上一层不晚于南宋，最下一层不晚于东汉……。"

九嶷山玉琯岩前舜帝陵遗址

历史学家李学勤观察舜帝陵遗址出土文物

此外，湖南省考古研究所还在九嶷山山门脚发掘出了夏代朝廷遣官祭舜陵时的祭坑，出土了一批象征权杖的祭祀文物。

7. 舜帝南巡的动因是什么？

舜帝有没有过南巡之举？回答是十分肯定的：舜帝南巡不容置疑！理由明明白白。其一，关于舜帝南巡的传说故事生动而具体；其二，关于舜帝南巡的理由系统而详尽；其三，考古发现与传说故事、史籍记载十分吻合。传说故事、史籍记载、考古发现三位一体，我们就应该没有任何理由对舜帝是否南巡过提出质疑。

但是，伴随着经济与文化一体化的进程，发展旅游经济常常成为本地经济建设的亮点。作为"德圣""孝祖""民师""帝范"的舜帝，其文化含量和价值深不可测。于是骤然之间人皆垂青。于是舜帝没有南巡而老死北方某地之说死灰复燃。就有人撰文断言"舜帝晚年没有巡狩之举"，并推理说：一、巡狩既为天子政事，舜让禹摄行天子事后，不可能将禅让给禹的帝权要回来而自己去巡狩；二、南岳是指安徽霍山。即使舜帝有南巡，也只到过霍山，没有到过衡山。三、舜既卒于苍梧山，就不可能葬在离广西苍梧山五百里外的九疑山；四、《尚书》载："五十载陟方，乃死"，应标点为"五十载陟。方乃死"，意思是舜帝没有南巡。

历史是一个连续过程。只要认真研究过舜帝，就很容易发现上述否定舜帝南巡的理由是对史实的片面理解，是站不住脚的。

其一，舜帝八十三岁时荐禹于天，此时只是确定禹为帝位继承人。直至舜帝九十三岁，这十余年中的禹仅仅是摄政。舜帝六十一岁登临帝位，依《竹书纪年》说："三十二年，帝命夏后总师，遂陟方岳"可知，舜帝九十三岁时才要禹做摄政帝，自己南巡。这时的舜帝仍然是名义上的天子，去南巡并不存在将给了禹的权力要回来的问题。

其二，舜帝初次南巡只到过长江以北的霍山，原因是当时南方三苗作乱，而衡山正是动乱中心。后来，"舜修政偃兵，执干戚而舞之"，以德感化三苗，"舜却三苗，更易其俗"，以至于国家最后的疆域"方五千里，至于荒服，南抚交阯、北发"。交阯在五岭以南，今天的广东番禺一带。舜抚三苗时就到过洞庭湖一带，定了五年巡狩之制，岂会只到霍山而不到衡山？

其三，《山海经》云："南方苍梧之丘，苍梧之渊，其中有九疑山，舜之所葬，在长沙零陵界中。"《书》注释云：九疑一名苍梧。应劭云：舜葬苍梧，九疑是也。惟文颖云："九疑半在苍梧半在零陵。"明确了苍梧山与九疑山的关系，就不会出现九疑山离苍梧五百里的笑话了。

其四，《尚书》云："五十载陟方，乃死。"《竹书》云："三十二年，帝命夏后总师，遂陟方岳。"又云："四十九年，帝居于鸣条。""五十年，帝陟。"单独一个"陟"字，语义有二，(1)登。例《尚书·尧典》："三载，汝陟帝位。"(2)帝王之死。例《竹书·帝舜有虞氏》："五十年，帝陟。"但是，陟与方结合为"陟方"，其意即为帝王巡狩。《尚书》："五十载陟方，乃死。"《传》解释说："方，道也。舜即位五十年，升道南方巡狩，死于苍梧之野而葬焉。"这与《竹书》"三十二年帝命夏后总师，遂陟方岳"虽说时间界定有别，但是均指舜帝南巡事不容怀疑。倘若说"陟"字只有"帝王之死"一解，那么，《竹书·帝舜有虞氏》说"三十二年，帝命夏后总师，遂陟方岳""五十年帝陟"，那岂不是舜帝死了两次？

分析舜帝当年决意南巡，动因有四：

一、了却夙愿。舜帝曾有过多次巡狩，但是南巡也只到过南岳衡山，没有到过真正的南疆。因此老来决心南巡直达苍梧九嶷山甚至南疆交阯以解愠阜财。

二、感化南蛮。散落在南方的少数三苗中的顽固份子和炎帝后裔对当朝怀有强烈的敌对心理，不时滋扰社会。一向反对舍仁义任诛杀的舜帝拟进一步以仁德感化三苗，实现"普天之下，莫非王土，率土之滨，莫非王臣"的抱负。因此，《竹书》说舜南巡不返；《淮南子》说舜南征三苗而道死苍梧；《帝王世纪》说舜使禹摄政时三苗叛，舜南征崩葬于苍梧。

三、凭悼亡灵。舜封其弟象于湖南道县北的有庳。经舜教化后的象在有庳做了不少好事，死后当地人立有象祠。有庳遥远，舜从未去过，象老来心感不安，有心到有庳凭悼其弟。

四、回避矛盾。鲧治水不力，酿成大患，舜殛鲧于禹山，与禹结下了"杀父之仇"。大禹治水成功，摄政以后，功高震主。据《书·皋陶谟》和《史记·夏本纪》记载，禹言词中不时流露出对舜帝的不恭。《韩非子·说疑》亦认为"禹逼舜"的结果，使得舜与商君南迁。舜帝圣明贤达，耄耋之年毅然决定远避南疆，免得矛盾激化后难于收拾当在情理之中。

舜帝毕生"勤民事""苦忧人""只为苍生不为生"，毕生推行"父义、母慈、兄友、弟恭、子孝"的五常教化，他是绝对不可能长呆蒲坂或者死守"离宫"安享清福的。舜帝的德行和修为，决定了他不会因为"路远江隔"的所谓交通问题而放弃南下苍梧九疑，这正如当年的红军不会因为万水千山的阻隔和敌人的围追阻截而放弃二万五千里长征一样。

（二）舜帝在中华文明史上的应有地位

春秋以前，舜帝处处受尊崇，全国到处都是舜庙。以湖南省为例，据考证，永州市辖区就建有舜庙 28 处；湖南境内的岳阳、宁乡、湘阴、望城、临武、蓝山等地也都建有舜庙。春秋以后，孔子立起，随着孔子所创建的儒学成为统治阶级的文化形态，各种私学、官学兴起，孔庙（文庙）逐渐增多，舜庙在民间逐渐受到冷落。究其原因：

1.孔子与舜帝在优秀传统文化中地位差异的原因

前文探讨了孔子、孟子创建的儒文化，其源头是舜帝身体力行所创建起来的原生态道德文化。换言之，孔孟思想和文化是舜帝文化的延续和发展。孔、孟治学严谨，信而好古，对舜帝的说法和看法具有至高无上的权威性，其对于舜帝的敬仰和推崇，是孔、孟确立自身的思想家、教育家以及儒家学说开山鼻祖地位的思想基础、理论泉源和充要条件。

那么，后来为什么孔孟创建的儒文化成为了中国传统文化的主流呢？为什么孔子成为了人们心中的文化圣人，而舜帝和舜文化的光辉却被掩盖了呢？研究发现主要有四个原因。

其一，对舜帝人格的致力推崇，铸造了孔子自身崇高的思想灵魂和行为准则。

其二，对舜文化的不懈传承和发展，确立了孔子的文化地位和社会地位。

其三，文字的成熟应用，使孔文化的传播如虎添翼。从而有了《孝经》《论语》传世，有《孟子》出现，也就有了"半部《论语》治天下"的美谈。因此，文字方便了孔孟文化的起、承、转、合，从而逐渐地完善了儒文化的内涵，也就奠定了孔子在儒文化中不可替代的地位。

其四，孔子办学授业解惑，培养了三千弟子七十二贤人，就有了一支有如子渊（颜回）、伯牛（冉耕）、子骞（闵损）、仲弓（冉雍）、子有（冉求）、子我（宰予）、子贡（端木赐）、子路（仲由）、子夏（卜商）、子游（言偃）、子舆（曾参）等以及后来的孟子为骨干组成的、在深度和广度上传播孔子思想和文化的生力军，也就加强了孔子在中华民族文化中的历史地位。

其五，"疑古派"的影响，客观原因的影响，中国史学界对古史研究保守和滞后，模糊了久远的上古历史，模糊了舜帝的具象和文化地位；人为造成的文化断层，阻滞了断代史的研究，阻滞了对舜帝道德文化的研究，严重影响了舜文化研究的进程。

2. 还舜帝在中国优秀传统文化中应有的地位

舜帝身体力行所创建的家庭伦理道德，涵盖了儒文化中的"孝"与"悌"思想，为中国后来历经数千年不变的家庭传统美德的奠定了思想基础；舜帝身体力行创建包括职业道德和政治道德在内的社会道德，涵盖了儒文化中的"忠"与"信""崇正义""尚和合""求大同""重民本"思想和"民贵君轻""政在得民"理念，后来成为了儒家极力推崇的"仁政"学说的主要内容；舜帝身体力行创建的宇宙道德，涵盖了儒文化中的"礼"与"义"思想和"天人感应""君权神授"的新儒学观点。完全可以说，舜帝身体力行所创建起的道德文化，既涵盖了儒文化中孝、悌、忠、信、礼、义、廉、耻和"守身，修身，友悌，行仁"的全部，也涵盖了国学中佛、道乃至诸子百家所有的积极思想和内涵。

国家的长治久安，其基础在于整个社会成员的道德素质。舜帝文化是道德文化，充斥着无限的正能量。

国学精神所强调的是仁爱，是群体，是天下为公，是圣贤藏于心，笃于行，德必向上。国学大师南怀瑾先生说：一个国家，一个民族，亡掉了自己国家和民族的根本文化，就会沦为万劫不复，永远不会翻身的境地。台湾学者傅佩荣先生说："国学是中国人民安身立命之基。"时下，处于转型期的中国，面对变迁与改革，人们普遍充满迷惘、惆怅、惶惑、浮躁与挣扎。精神层面的危机，促使人们到中国传统文化中寻找解答、慰藉和支持。中国相当多具有真才实学的学者，呼吁着中国优秀传统文化的回归，呼唤着道德的回归。中国是一个有着悠久"文统"和"道统"的国度，在这种氛围下，对"文统"与"道统"的正本清源，更有利于弘扬和发展在中国国度流经四千多年乃至影响到了全世界的中国优秀传统文化。

我们倡导古今贯通，国学为体，中西合璧的原则，肯定了儒学是国学的核心与主体。但我们需要指出的是：舜帝才是中华民族道德文化的集大成者和创始人，是中华民族的人文始祖。舜文化是慈孝文化之源、道德文化之之源、和合文化之源、五福文化之源、君子文化之源，自然也是湖湘文化之源。

清华大学历史系教授、"夏商周断代工程"专家组组长和首席科学家李学勤先生在给《舜帝之谜》一书所作的序中指出："尧舜以上的古史，源自远古先民，世代绵远流传的种种传说，不仅记述了人们记忆中的事迹功业，也寄寓着民族的理想和精神。我们纪念、崇敬虞舜，正是要从文献记述的舜的生平业绩，探索体会中国文明的优秀传统，增进民族的自尊自信。"

刻于泰山绝壁

我们弄清楚了处于春秋时代的孔子与处于远古尧舜古国时代的虞舜思想文化的渊源关系，确立舜帝在中华民族优秀传统文化中的地位，在研究、弘扬、发展国学的进程中，才不至于数典忘祖，才不至于忘记了中国历史的悠远绵长、中国文化的博大精深，才有往深处和远处探寻研究中华文化的动力和勇气！

三、研究和传播舜文化与舜福文化的现实意义

习近平同志在中国共产党第十九次代表大会报告中指出：文化是一个国家、一个民族的灵魂。文化兴国运兴，文化强民族强。没有高度的文化自信。没有文

化的繁荣兴盛，就没有中华民族的伟大复兴。中华特色社会主义文化，源自于中华民族五千多年文明历史所孕育的中华优秀传统文化，熔铸于党所领导人民在革命、建设、改革中创造的革命文化和社会主义先进文化，植根于中国特色社会主义的实践。

国家和民族的文化史，事关国家与民族悠远绵长的历史，事关国家的尊严与文化自信。

十八届中央纪律检查委员会向中国共产党第十九次全国代表大会的工作报告中强调：文化自信是民族自信的源头，历史文化传统决定道路的选择。中华民族从 5000 年绵延不断的悠久历史中走来，创造出博大精深的中华文化，孕育出世界上唯一没有断流的中华文明。孝悌忠信礼义廉耻的文化基因世代相传，为中华文明注入深厚的伦理责任和家国情怀，赋予我们民族强大的统一性、内聚力和百折不挠的品格。中华民族自古就坚守着历史传统，任何外来文化进入中国最终都被中国化。

研究表明集三皇五帝文化之大成的舜文化，是中华民族的道德文化的源与根，研究与传播舜文化，具有十分重要的现实意义。

其一，研究与传播舜文化，是对国家断代史研究成果的肯定，也是对近代考古研究成果的实际应用。它是还原中华五千年文明的需要，是让中华五千年文明史彻底走出疑古派阴影的需要，是彻底驱逐中国历史研究保守落后故步自封的状态的需要，是增强文化自觉与文化自信不可或缺的重要内容。

中华文化源远流长、灿烂辉煌。在 5000 多年文明发展中孕育的中华优秀传统文化，积淀着中华民族最深沉的精神追求，代表着中华民族独特的精神标识，是中华民族生生不息、发展壮大的丰厚滋养，是中国特色社会主义植根的文化沃土，是当代中国发展的突出优势，对延续和发展中华文明，促进人类文明进步，发挥着重要作用。

文化是民族的血脉，是人民的精神家园。所谓振兴中华，就是要振兴民族精神，而民族精神来源于传统文化。中华文化悠远绵长的历史以及独一无二的理念、智慧、气度、神韵，给中华民族和人民内心深处注入了自信和自豪。

文化自信是更基本、更深层、更持久的力量。深化对中华优秀传统文化重要性的认识，增强文化自觉和文化自信，就要深入挖掘中华优秀传统文化价值内涵，激发中华优秀传统文化的生机与活力，着力构建中华优秀传统文化传承发展体系，这是国家社会主义文化建设的需要。

从唐尧到舜到大禹，从尧舜古国到夏王朝建立，这是中国上古时期的一段连续历史。近年来越来越多的考古发现和研究成果，使我们再没任何理由停滞在"大禹是一条虫"的"疑古"时代。

1995年秋，国家科委（今科技部）主任宋健提出建立夏商周断代工程这一设想。同年底国务院召开会议，成立了夏商周断代工程的领导小组，由国家科委、自然科学基金会、科学院、社科院、国家教委（今教育部）、国家文物局、中国科协共七个单位的领导组成，会议聘请了历史学家李学勤、碳-14专家仇士华、考古学家李伯谦、天文学家席泽宗作为工程的首席科学家。

1996年春，夏商周断代工程组织了一个由不同学科的21位专家形成的专家组，并拟定了夏商周断代工程可行性论证报告。1996年5月16日，国务院总理李鹏召开了会议正式宣布夏商周断代工程开始启动。这一科研项目，涉及历史学、考古学、天文学、科技测年等学科，共分9个课题，44个专题，直接参与的专家学者达200人。"夏商周断代工程"是中国的一项文化工程，是一个以自然科学与人文社会科学相结合的方法来研究中国历史上夏、商、周三个历史时期的年代学的科学研究项目，是一个多学科交叉联合攻关的系统工程。此工程排定了中国夏商周时期的确切年代，为研究中国五千年文明史创造了条件，其研究成果已经通过国家验收。

夏商周工程已经理顺了夏代的历史，那么，理顺尧舜时代的历史就指日可待。山西襄汾陶寺尧舜古城遗址的发现，给我们提供了史学界公认的国家起源的三大标志——文字、金属器、城市，我们就再没有理由不承认尧舜时代的历史了。，再不能容忍世界四大文明古国中埃及、巴比伦、印度都是六七千年历史，而中国只说得清3000年历史的状况继续存在下去了。还中华文明5000年甚至10000年的时机已经到来。

随着我国经济社会深刻变革，对外开放日益扩大，互联网技术和新媒体快速发展，各种思想文化交流交融交锋更加频繁，实施中华优秀传统文化传承发展工程，对于传承中华文脉，全面提升人民群众文化素养，维护国家文化安全，增强国家文化软实力，推进国家治理体系和治理能力现代化，建设社会主义文化强国，具有重要的战略意义。

紧紧围绕实现中华民族伟大复兴的中国梦，就必须深入贯彻新发展理念，坚持创造性转化、创新性发展，就必须坚守中华文化立场，传承中华文化基因，不忘本来，吸收外来，面向未来，汲取中国智慧，弘扬中国精神，传播中国价值，不断增强中华优秀传统文化的生命力和影响力，创造中华文化新辉煌。

研究和传播舜文化，对于还原中华五千年文明史，适应民族复兴的需求，增强文化自觉与文化自信不可或缺。

与中国文史馆馆员、复旦大学博导、教授葛剑雄在 2018 年国际舜文化研讨会上留影

其二，研究与传播舜文化，是凝聚民族情感、促进国家统一大业的需要。

《史记·陈杞世家》载：太史公曰"舜之德可谓至矣！禅位于夏，而后世血食者历三代。及楚灭陈，而田常得政于齐，卒为建国，百世不绝，苗裔兹兹，有土者不乏焉"。太史公告诉我们，舜裔代代相传，百代不绝，子孙众多，拥有封土者多如牛毛。

从舜帝至今历经 4200 年。《淮南子》与《吕氏春秋》都说帝尧："以二女妻舜以观其内，使九男与处以观其外"，说明尧帝有九子二女，后代众多；除了儿子繁衍之外，其女婿的后裔即是舜帝的血脉。

舜裔姓氏，多数来源单一，但亦有其来源复杂多支情况。同一姓中有的属舜帝直系后裔，有的源出其他。由于有虞氏是黄帝支裔，舜帝又是黄帝后裔唐尧的"入赘"女婿，娥皇、女英有黄帝血脉，因而舜裔当属炎、黄子孙。然而，在炎、黄帝所有支系中，又数舜帝后裔人丁最为兴旺，其原因在于舜帝至孝笃亲德昭日月影响深广。而同样做过帝王的夏禹后裔就很少，如司马迁所说"至禹，于周则杞，微甚，不足数也"。

舜帝子孙经过四千余年的繁衍，据初步考证统计，其后裔姓氏多达数百，其直系后裔多达数亿之众。直系后裔中仅源于陈氏的就有近百个姓氏。舜裔分布在世界各地，他们曾经在中国历史上建立过大大小小的国家60余个。比如古虞国、陈国、齐国、三国鼎立时的吴国、孙中山的中华民国，等等。

在中国当代分布较广人口较多的姓氏中，属于舜裔的姓氏我们最常见的有：虞、姚、妫、王、陈、吴、孙、胡、袁、田、陆、孔等。现就舜帝后裔中几个直接与皇家相关的大姓考略如后。

（1）虞姓。虞字来源诚如《辞源》所说：一是有虞氏，为古部落名，舜的先祖虞幕曾为其首领；二是舜子商均封于虞，为虞侯，即是虞国的国君；三是古虞国国名，周时虞仲的后代建立的诸侯国，虞仲曾被周武王封于河东，亦为虞氏。商君之后以国为姓，这是虞姓来源之一，加上先秦后的姓、氏合一，原来的有虞氏便也称为虞姓。

如果按人数多少将姓从大至小排列，虞姓列2016年千家姓269位。

（2）姚姓。《史记·正义》载："瞽叟姓妫，妻曰握登，见大虹意感而生舜于姚圩，故姓姚。"虞舜姓姚，由地名而来。西汉时有一支羌族人自称是虞舜后裔，其首领姚弋仲后来建立了后秦国，为十六国之一。2016年最新百家姓人口排名中，姚姓为第64位，人口约500万。

姚

【姚姓图腾：姚姓因桃图腾得姓。"兆"者为"桃"，炎帝氏夸父支以猴（举父）为图腾，以桃木为邓木，以桃为权杖，在桃林塞（灵宝）步天逐日，以阳平为桃都，以大桃木为日晷天竿。天竿日影（日景）运行作"S"形，即"兆"的"儿"，四季各有天地交午，记作"x"符，与"儿"合文作"兆"。桃都即姚墟。相传舜生于姚墟，得姚姓，实是夸父氏女系祖先的姓。始祖：虞舜。】

（3）妫姓。《史记·陈杞世家》载："昔舜为庶人时，尧妻之二女，居妫汭，其后因为氏姓，姓妫氏。"即说舜的后裔有以地名"妫汭"之妫为姓者。

（4）王姓。王姓来源有四，其一便是出自妫姓。舜帝后裔妫满被封于陈，传至公子完，因避难逃至齐国，改姓田。后田和成为齐国国君。齐被秦灭后，田氏子孙虽被贬为庶民，但齐人仍称其为"王"家，即帝王之家的意思。田氏后人便以王为姓。2016年最新百家姓人口排名中，王姓为第2位，人口为8890万。

【王姓图腾：王姓由天齐建木和盖天图组成，或者说是酋长戴了一项半月形的钺斧状天文仪器做成的王冠。天齐就是天地的中央，俗称作天地之中。以天齐为原点观测太阳的周天运行轨迹。太阳的周天运行就是太阳每天从东边地平线升起，渐渐运行到天顶（中高天），再西落地平线这一运行轨迹形成一个周天历度。周天历度称"盖天图""浑天图"。王姓是首创这种天文历法文明的氏族之一。王姓的其中一支源于妫姓。】

（5）陈姓。《史记·陈杞世家》载："陈胡公满者，虞帝舜之后也。昔舜为庶人时，尧妻之二女，居于妫汭，其后因为氏姓，姓妫氏。舜已崩，而舜子商均为封国。夏后之时，或失或续。至于周武王克殷纣，乃复求舜后，得妫满，封之于陈，以奉帝舜祀，是为胡公。"陈胡满即是舜帝33世孙妫满。妫满的父亲曾任周武王的陶正，负责管理制陶业，干得很不错。周武王灭商纣后，建立周朝，敬重先圣王舜帝，就将大女儿嫁给妫满，并封之于陈（今河南淮阳和安徽与淮阳交界地带）建立陈国，后来妫满后裔便以国为姓。后陈妫满谥号为胡公，亦称胡公满。史称姚、虞、陈、胡、田为"妫汭五姓"据考证，舜帝后裔中如孙、袁、陆等不少姓氏，都由妫满后代子孙繁衍而来。2016年最新百家姓人口排名中，陈为第5位，人口在国内为5440万，全世界超过9500万。

陈

【陈姓图腾：陈由"东"和"太阳升降的阶梯"组成。东为日在木中，此木又叫榑木、扶木、扶桑、建木。日在木下为杳，日在树顶为杲，日在地平为旦，日在山下为昏，日在午前午后为昃，当榑木转为建木天干时称为"重"，所以古代"重""东"为一义。树立"扶桑"或"扶木"的地方为陈，古代有陈仓、陈留、陈等，它们都是天文观测中心，也都是当时陈的首都或京城。陈姓源自妫姓姚姓。】

（6）吴姓。吴姓一支起源于姚姓，距今约 4000 年历史。因舜的儿子商君封于虞，其子孙姓虞。孙海波《甲骨文编》说："按古虞吴当为同字。"吴姓在 2016 年最新百家姓人口排名中为第 10 位，在全国人口约 2460 万，全世界约 6000 万，国外主要分布在朝鲜、越南、缅甸、新加坡、菲律宾、印度尼西亚、美国、加拿大、澳大利亚等。

吴

【吴姓图腾，吴是虞族的族称。吴是以句（读勾）芒玄鸟为图腾。吴由太阳和玄鸟组成。句芒是专门测量春分点的上古东方氏族，是太昊的助手，其图腾由"太阳"和"鸭头人身像"两部分组成，表明吴人是太阳崇拜者，同时"鸭头人身像"仿佛说明一个故事的真实性：乌鸦是吴人的"护魂官"（巫教），东北出土的"鸭头／人身"陶像，也说明吴姓是头人。

（7）孙姓。主要源自妫姓和姚姓。舜裔陈厉公之子陈完逃到齐国后改姓田，其裔孙田书任齐国大夫时因有功，被齐景公赐姓孙，亦即孙书，孙书即为妫姓孙氏的得姓始祖。从此舜裔便有了孙姓。舜帝后裔孙姓中不乏显赫人物，历史上的孙武、孙膑、孙权以及近代的孙中山都是。舜裔孙姓加上源出西周王族姬武仲和源出楚国令尹孙叔敖的孙姓。孙姓在 2016 年全国排名为第 12 位，人口1848 万。

【孙姓图腾：孙姓是夆（读淹）兹氏以玄鸟作为图腾的一支的族称。由跪着的老祖母夆兹氏和她生育的一大群玄鸟的后裔组成，表示子子孙孙世代绵延不绝。孙姓是一个历史悠久的姓氏，其中源于妫姓和姚姓的居多。】

（8）胡姓。陈国始君妫满死后谥号陈胡公，其后裔有的以国为姓则姓陈，有的以其谥号为姓则姓胡。胡耀邦、胡锦涛均系舜裔。江华原名虞上聪，曾任中华人民共和国最高人民法院院长，亦为舜帝后裔。胡姓在 2016 年最新百家姓排名为第 13 位，人口约为 1700 万。

胡

【胡姓来源可以追溯到西周时期。其以白头翁为图腾，胡姓源于妫姓。妫姓是"东夷族中鸟夷的一支"。

（9）袁姓。袁姓出自陈姓，因妫满的 11 世孙字伯爰。伯爰之子涛涂以祖父的字为姓，叫爰涛涂，春秋时世袭陈国上卿。由于古时袁、辕、榱、溒、援为同音之字常常同用，有了爰姓亦即有了袁姓。袁姓 2016 年最新百家姓全国排名为第 33 位，人口 700 万。

袁

【袁氏图腾：袁是观测太阳周天运行的氏族的族称。袁由上中下三部分组成。"土"为天穹盖天图，两个盖天图合成一个浑天圆图，楷书写作"口"，所以口下是两个"天俞"（个），代表盖天图，因为天俞和人等高，人又是穿衣服的，所以天命又代表人，凡是从"衣"的字都是这种原因。"表"上" "的是圭，下为"衣"，即象征观测者。袁源于爰，胡公满第 13 世孙涛涂以祖父伯爰为袁姓。】

（10）潘姓。潘姓的一支源于姚姓，是舜帝姚重华后裔。因舜生于姚圩而姓姚，始建都于潘地，后移都。商代时期，舜帝后裔建有潘子国，后被灭，其子孙遂以国为姓——潘，潘姓在在 2016 年最新百家姓排名为第 52 位，人口约 530万。

【潘姓图腾，田园小桥流水，领受封地，感恩之族。其起源出自姚姓。舜之后有潘国，其后世子孙以国为氏。】

（11）田姓。源自妫姓。周武王封舜裔妫满于陈而有了陈姓，陈厉公之子陈完因与太子交好，太子遭废，陈完遭连累而出奔齐国改姓田。舜裔田姓距今约 2600 多年历史，在 2016 年最新百家姓排名为第 58 位，人口 456 万。

【田氏图腾，田姓以田正官职为氏族的族称。田正主管田地禾苗，炎帝、神农、三苗都设有田正，所以以田为姓。田是苗的简体字。苗又等同于猫，田正是养猫来消灭田里的田鼠的官员。胡公满11世孙子完食采于田邑为田氏。井田农夫，或井田之受封之爵。为耕而富足之族。始祖：田完。】

（12）陆姓。其中一支为战国时期齐宣王少子田通受封于平原陆乡得以为姓。陆姓在2016年最新排名中为第70位，人口372万。

【陆姓图腾，以危屋华盖重屋（中）和日月升降符号"非"组成（左右）。战国时田完裔孙齐宣王有个孙子叫通，受封于平原县陆乡，即陆终的故地，因此以陆为氏。史称陆氏正宗，这是山东陆氏的起源。】

（13）孔姓。其中一支出自妫姓。春秋时期陈灵公时大夫孔宁之族为孔氏。舜裔孔氏有2600多年历史。孔性在2016年全国最新人口排名中为第72位，人口 360 万。

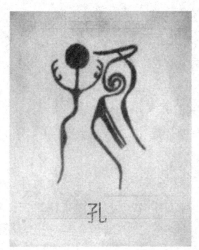

【孔姓图腾：孔是玄鸟族裔的族称。少昊玄桴是孔姓的始祖。孔由左边人形的子，右边展翅飞翔的玄鸟组成。得于"玄鸟殒卵"的传说。"玄鸟殒卵"是东夷民族的一个传说。少昊的后裔帝喾陪同妻子简狄和建疵到桑社游玩，飞来的燕子产了一卵，简狄把卵吞吃后就生了商的始祖契。所以"契"以子为姓。孔姓一支源于子姓，一支源于妫姓。】

（14）车姓。出自妫姓。据《汉书》所载，得姓始祖 车千秋。冯翊长陵（今陕西咸阳东北）人，西汉大臣。战国时舜裔田齐的后裔。为相十余年，笃厚有智，谨慎自守，声望超前。年老时皇帝特许他乘小车入宫殿中，号车丞相，子孙因以为氏，为车姓。车姓是当今中国姓氏排行第 196 位的姓氏，人口约为 52 万。

以上所列舜裔虞、姚、妫、王、陈、吴、孙、胡、袁、田、陆、孔、车十四个姓氏，基本上都源自妫姓、姚姓，是舜帝后裔。

据不完全统计，全世界舜帝直系后裔约为 3 亿。

《世界舜裔宗亲联谊会》历经了萌芽期、发轫期、成长期、苗壮期几个阶段。

早在 1900 年，有旅居美国华盛顿的舜裔陈程学为联络宗族亲情，弘扬祖德，提倡尊亲与孝道，呼吁伦理社会，遂发起创立"笃亲公所"。菲律宾、泰国、中国台湾、马来西亚、新加坡也有各种不同名称的舜裔宗亲组织问世。1979年，香港至孝笃亲公所举行第四届就职典礼时，决定倡议筹开国际大会，以阐扬舜帝政功效行，联络感情，敦睦宗谊。尔后，组团访问多国舜裔宗亲，得到普遍响应。1982年8月，由香港至孝笃亲公所邀请世界各国宗亲到香港召开了第一届世界舜裔宗亲联谊会国际大会。1983年10月，在中国台湾召开了第二届世界舜裔宗亲联谊会国际大会。1985年9月，在美国召开第三届国际大会，世界舜裔国际会议更名为"世界至孝笃亲舜裔总会"。"至孝笃亲"出自于《礼记》中"至孝近乎王"及《论语》中"君子笃于亲"。尔后，又分别在美国、香港、菲律宾、中国台湾、泰国召开了第四、第五、第六、第七、第八届国际大会。1992年，在马来西亚召开第九届国际大会时，正式使用《世界舜裔宗亲联谊会》称谓。

1992年起，《世界舜裔宗亲联谊会》基本上每年一次年会，分别在马来西亚吉隆坡、菲律宾马尼拉、中国台北、中国香港、中国河南长葛、中国福建晋江、新加坡、泰国曼谷等地举行，各国争先举办世界舜裔宗亲国际会议。每次国际会议，总是盛况空前。以2004年11月在菲律宾举行的第十八次国际会议为例，就有美国、中国、日本、新加坡、马来西亚、菲律宾、泰国、印度尼西亚、柬埔寨，中国香港、台湾、澳门等十二个国家和地区的四十九个代表团近一千名代表参加了会议。

《世界舜裔宗亲联谊会》的宗旨是："至孝笃亲，承传孝道，发扬祖训，团结宗亲，联络友谊，促进商贸，谋求发展，世界大同。"在《世界舜裔宗亲联谊会》周围聚集了数不胜数的杰才俊彦。例如，当时的世界舜裔宗亲联谊会常务委员会主席、拿督陈守仁博士，原籍福建，是香港控股有限公司等二十一家公司的董事长或主席；副主席、拿督陈来金博士，原籍广东澄海，是马来西亚潮州联合会永远名誉主席，是多家公司的集团总裁、董事主席；副主席陈捷中，原籍福建晋江，是福建海外联谊会常务理事，孙中山文教福利基金会秘书长，是多家公司的董事长。其他的常务委员会委员，也都是分布在各国的商界巨子或名人学者。例如泰国舜裔总会主席陈保焜，原籍广东潮阳，曾是泰国执政党泰爱泰党副党魁，泰中友好协会副会长，是多家公司的董事长兼总裁，等等。

华人姓氏从7000年前的伏羲"正姓氏"算起，可谓源远流长。我国从虞舜开始赐姓。比如秦始皇之祖为舜帝饲弄马匹牲口车辆，很有敬业精神，且很得法，舜帝就对其赐姓为嬴。

据研究，因受职、迁徙、逃避等多种原因，舜帝后裔或以国为姓，或以邑为姓，或以职为姓，如今，分布在世界各地的舜帝后裔已达二百余姓。舜帝后裔，据不完全统计，散布在国外世界各地的有9000多万，仅台湾舜帝后代就达310

万，占台湾总人口的 13.5%。据福建诏安县太平百叶镇星斗村保留下来的陈氏祖谱记载，鼓吹台独的陈水扁都是"开漳圣王"陈元光的第 45 代孙，陈元光的第 37 代孙陈乌干于 1737 年从漳州移居台湾，传到陈水扁是 45 代。

考察舜帝以后，子孙蕃衍昌盛，枝繁叶茂，派异源同，虽居住世界各地，但是他们始终不会忘记他们的祖籍国是中国。因此，无论舜帝后裔是在海内或者海外，对于中国的强盛兴旺都有着共同的关注。正如《世界舜裔宗亲联谊会》在会史中所介绍的："木有本，水有源，人念其祖，理所当然。"也如《世界舜裔宗亲联谊会》主席陈守仁博士在 2004 年主祭九疑山舜帝陵时所题写的"身在海外，心在九嶷"所表达的海外舜裔与祖籍地之间同祖连根，同脉连宗，以至应该同心同德的血肉关系。

源远流长的中华民族其巨大的凝聚力来源于对文脉的认同，对祖宗功德的敬仰，对血缘亲情的眷念，对宗族群落的依附。因而，海外游子回祖籍国寻根问祖已经形成热潮。

近两年，《世界舜裔宗亲联谊会》在舜帝陵与庙的建设上给予了不少支持。在推动和弘扬舜帝文化以及祖籍地教育事业方面，做了许多实质性工作。

第十九届世界舜裔宗亲联谊会在中国河南濮阳举行；第二十届在浙江上虞举行，第二十一届于 2013 年 10 月 25 日在马来西亚召开，共有来自 100 多个国家和地区的 1500 多名舜裔代表参加；第二十二届世界舜裔宗亲联谊会国际大会于 2014 年 9 月 19—22 日（农历八月二十六至八月二十九日）在中国湖南宁远县召开，会议主题定为"世界舜裔，梦圆九嶷"；2018 年 11 月世界舜裔宗亲联谊会在中国香港召开。

由上可知，研究与传播舜文化，对于树立起源远流长的中华文化的信念，增

强文化自信力，凝聚民族情感，促进国家统一大业意义十分重大。

其三，研究与传播舜文化，是落实社会主义核心价值观的需要。

十八大提出富强、民主、文明、和谐，倡导自由、平等、公正、法治，倡导爱国、敬业、诚信、友善，积极培育和践行社会主义核心价值观。

富强、民主、文明、和谐是国家层面的价值目标，自由、平等、公正、法治是社会层面的价值取向，爱国、敬业、诚信、友善是公民个人层面的价值准则，这 24 个字的社会主义核心价值观，是社会主义核心价值体系的内核，体现社会主义核心价值体系的根本性质和基本特征，反映社会主义核心价值体系的丰富内涵和实践要求，是社会主义核心价值体系的高度凝练和集中表达，是对我国的每一个成员的严格要求。

为了面对世界范围思想文化交流交融交锋形势下价值观较量的新态势，为了面对改革开放和发展社会主义市场经济条件下思想意识多元多样多变的新特点，积极培育和践行社会主义核心价值观，对于巩固马克思主义在意识形态领域的指导地位，巩固全党全国人民团结奋斗的共同思想基础，对于促进人的全面发展，引领社会全面进步，对于集聚全面建成小康社会，实现中华民族伟大复兴中国梦的强大正能量，具有重要现实意义和深远历史意义。

从适应国内国际大局深刻变化看，我国正处在大发展大变革大调整时期。在前所未有的改革、发展和开放进程中，各种价值观念和社会思潮纷繁复杂。国际敌对势力正在加紧对我实施西化分化战略，思想文化领域是他们长期渗透的重点领域。面对世界范围思想文化交流交融交锋形势下价值观较量的新态势，面对改革开放和发展社会主义市场经济条件下思想意识多元多样多变的新特点，迫切需要我们积极培育和践行社会主义核心价值观，扩大主流价值观念的影响力，提高国家文化软实力。

从推进国家治理体系和治理能力现代化要求看，培育和弘扬核心价值观，有效整合社会意识，是国家治理体系和治理能力的重要方面。全面深化改革，完善和发展中国特色社会主义制度，推进国家治理体系和治理能力现代化，就必须解决好价值体系问题，加快构建充分反映中国特色、民族特性、时代特征的价值体系，在全社会大力培育和弘扬社会主义核心价值观，提高整合社会思想文化和价值观念的能力，掌握价值观念领域的主动权、主导权、话语权，引导人们坚定不移地走中国道路。

从提升民族和人民的精神境界看，核心价值观是精神支柱，是行动向导，对丰富人们的精神世界，建设民族精神家园，具有基础性、决定性作用。一个人、一个民族能不能把握好自己，很大程度上取决于核心价值观的引领。发展起来的当代中国，更加向往美好的精神生活，更加需要强大的价值支撑。要振奋起人们的精气神、增强全民族的精神纽带，必须积极培育和践行社会主义核心价值观，铸就自立于世界民族之林的中国精神。

从实现民族复兴中国梦的宏伟目标看，核心价值观是一个国家的重要稳定器，构建具有强大凝聚力感召力的核心价值观，关系社会和谐稳定，关系国家长治久安。实现"两个一百年"的奋斗目标，实现中华民族伟大复兴的中国梦，必须有广泛的价值共识和共同的价值追求。这就要求我们持续加强社会主义核心价值体系和核心价值观建设，巩固全党全国各族人民团结奋斗的共同思想基础，凝聚起实现中华民族伟大复兴的中国力量。

社会主义核心价值观坚持以人为本，尊重群众主体地位，我们必须坚持以理想信念为核心，抓住世界观、人生观、价值观这个总开关，在全社会牢固树立中国特色社会主义共同理想，着力铸牢人们的精神支柱。国家要求：用社会主义核心价值观引领社会思潮、凝聚社会共识；深入开展中国特色社会主义和中国梦宣传教育，不断增强人们的道路自信、理论自信、制度自信，坚定全社会全面深化改革的意志和决心。为达目的，就必须广泛开展道德实践活动，以诚信建设为重点，加强社会公德、职业道德、家庭美德、个人品德教育，形成修身律己、崇德向善、礼让宽容的道德风尚。就要大力宣传先进典型，评选表彰道德模范，组织道德论坛、道德讲堂、道德修身等活动。加强政务诚信、商务诚信、社会诚信和司法公信建设，在全社会广泛形成守信光荣、失信可耻的氛围。把开展道德实践活动与培育廉洁价值理念相结合，营造崇尚廉洁、鄙弃贪腐的良好社会风尚。同时，要大力弘扬雷锋精神，要加强爱国主义教育，要深化群众性精神文明创建活动，要不断提升公民文明素质和社会文明程度，要广泛开展美丽中国建设宣传教育，开展礼节礼仪教育。

要让社会主义核心价值体系很好落地，发挥优秀传统文化怡情养志、涵育文明的作用十分重要。中华优秀传统文化积淀着中华民族最深沉的精神追求，包含着中华民族最根本的精神基因，代表着中华民族独特的精神标识，是中华民族生生不息、发展壮大的丰厚滋养。

舜文化是中华道德文化的源头，舜帝的个人魅力中包含了敬业、诚信、公正、友善、自由、平等等内容。舜帝在管理国家的数十年中，"为政以德""无为而治"，以"公天下""和天下"的情怀，努力构建起民主、文明、和谐的社会与国家，千百年来，神州大地对"尧天舜日"的赞誉缭绕回旋。

众口皆碑的史实，后人有什么理由毁定？

历史常常惊人地相似。4000多年后出现的24个字的社会主义核心价值观的表达，竟然与舜帝文化所涉及的内涵不谋而合。事实告诫世人：研究和传播舜文化，我们就能够从中华五千年文明史中，找到古代文明与现代文明的共同点，从而透过古代文明中的大同理念，去对照当代社会主义强国的建设理念，认知"人法地，地法天，天法道，道法自然"的深刻哲理与不朽规律，从而使社会主义核心价值观的内涵更具备历史的厚重感，更具备中华民族优秀传统文化的底蕴，更显科学性，更得到普遍的认同与自觉遵循。

研究和传播舜文化，弄清楚中华传统道德文化的源流关系，走出对中华传统文化一知半解的阴影，走出因为对民族文化一知半解而产生的疑虑与分歧，走出"西方的月亮比东方圆"的误导，抵御西方文化不尽的侵蚀，意义十分重大，对于落实社会主义核心价值观有不可替代的作用。

其四，研究和传播舜文化，可以促进全域旅游思路的落实，促进旅游经济的大发展。

社会的发展，旅游业已成为全球经济中发展势头最强劲和规模最大的产业之一。旅游业在城市经济发展中的产业地位、经济作用，对城市经济的拉动性、社会就业的带动力以及对文化与环境的促进作用日益显现。

旅游业是中国经济发展的支柱性产业之一，见效快，是永久性的扶贫开发项目，可以在较短的时间内大见成效，并且变成永久性的财源。

从国际国内旅游业的发展过程可以看出，旅游业发展的速度，远远快于各种产业发展的速度。邻近我们国家的新加坡和泰国，经过不到20年的苦心经营，就发展成为亚洲的旅游强国，成为世界著名的旅游胜地。我国的许多旅游点，也是在很短的时间内热起来的。如云南的西双版纳、丽江，四川的九寨沟，湖南的张家界、凤凰，广西的北海等，一些较小的旅游点，哪怕是一个温泉，一片梯田，一段江坝，一个村庄，都可以引来游客无数。

舜帝是三皇五帝之一，是以孝立家、孝感天地而得以为帝的平民皇帝，是孝祖、德圣、帝范、民师、福星。舜文化的内涵涵盖了中华民族文化中孝、德、和、福的内容。舜帝定五年巡狩之制，足迹遍布五湖四海。炎黄子孙数千年来所企求的"尧天舜日"的大同世界，是取之不尽用之不竭的文化自信的泉流。

舜帝和舜文化对于发展旅游经济的重要意义难以言表。以湖南境内为例，舜帝崩葬之地的九嶷山旅游，就可以做成一篇天大的文章。我们完全可以利用舜文化资源，从道德文化始祖舜帝、开湘状元李郃、特科状元乐雷发、理学鼻祖周敦颐、人民教育家乐天宇身上，挖掘出不尽的教育资源，再结合九嶷山永福寺、宁远文庙、历史文化名镇舂陵、美丽乡村下灌，就可以把九嶷山打造成全国独一无二的教育朝圣旅游目的地，就可以吸引近3亿学生、6亿家长到天下名山九嶷山教育朝圣，这其间的旅游商机有多大不算便知。

舜帝、李郃、乐雷发、周敦颐、乐天宇、永福寺、宁远文庙、舂陵、下灌，是九嶷山教育底蕴及极深厚的九块金字招牌。

将九嶷山打造成独具特色的"九嶷山教育朝圣旅游目的地"，需要大思路、大眼光、大格局，需要大手笔。具备了这几大，才不至于将"零陵"这样一个具有4000多年历史、与舜陵相通的古地名抛弃，而在地改市时用文化含量远不及"零陵"的"永州"取代。试想想，"零陵市"下辖永州区，舜陵市（或九疑山市），比之当初的"永州市"下辖芝山区，不是更通达顺畅吗？对这种文化的失落，难道不应该很好反思吗？

在旅游开发思路上，"永州市"必须树立起"大九嶷山"的理念，以舜文化为龙头，才能杜绝各自为政、抱残守缺的旅游现状，才能走出只想卖好一条"蛇"（柳宗元《捕蛇者说》：永州之野产异蛇），不考虑将一只价值连城的"凤"（司马迁《史记·五帝本纪》：舜"崩于苍梧之野，葬于江南九疑"），卖出无与伦比的好价钱的怪圈。

柳宗元写了《永州八记》不假，《永州之野产异蛇》由于选进了语文教材而影响很大也不假，然而，柳宗元距今 1244 年，论名只与唐代韩愈、宋代苏轼、苏洵、苏辙、王安石、曾巩、欧阳修齐名。论文学成就，唐宋八大家人人可以称雄，因为柳宗元曾被贬永州做司马八年，永州人对柳子情有独钟无可指责，但是，我们在发展旅游的思路上，总不能因为有"蛇"就不要"龙"与"凤"，舍本逐末之举持续下去未免不贻笑大方！

圣人"尧舜禹"众口皆碑，"尧天舜日"众所景仰。尧为"龙"，舜是"凤"的化身。在中华传统文化中，凤凰有着很高的美学价值，占着主导地位。龙代表阳刚之美，凤凰则是阴柔美的代表。《说文》说："儒者，柔也。"道家的代表人物老子赞赏"柔弱胜刚强"。儒家虽然崇尚阳刚之美，但是事实上又办事柔弱；而道家是明显主柔的。因此，中国人虽然在理智上崇拜龙，但是在情感上更偏爱凤。

凤凰是欢乐、祥和、安宁、幸福的象征，也是美好理想的象征。《山海经·南山经》说："饮食自然，自歌自舞，见者安宁。"《太平御览》则说凤凰"其饮食也必自歌舞，音如萧笙"。因此，能歌善舞的凤凰是美好事物的象征，被称之为瑞鸟。凤凰是极为高洁、清逸之鸟。《诗经·卷阿》云："凤凰之性，非梧桐不栖，非竹石不食。"凤凰是至德至慧的鸟。《论衡》说凤凰"鸟之圣也"。《淮南子》说"凤凰之翔，至德也。雷霆不作，风雨不兴，川谷不澹，草木不摇"。凤凰是成双成对的鸟，雌者为凤，雄者为凰。"凤凰于飞"、"鸾凤合鸣"是夫妻恩爱的象征；"凤侣鸾俦"比拟夫妻的般配。因而，凤凰又是纯真爱情、美满姻缘的象征。

凤凰是百鸟之王，是众多图腾崇拜的集合。倘若将凤凰崇拜与龙崇拜结合起来，就表征了中华民族的大融合、大团结，体现了中华民族最为重要的"和合"精神。龙凤二者结合，就构成了刚柔相济之美。龙是阳刚之美的集结；凤凰是阴柔之美的汇合；当他们结合在一起的时候，就有了美妙之极的"龙飞凤舞"。

就这么一只"凤"，论历史久远距今 4200 年，论地位为三皇五帝之一，论对中华文化的巨大贡献是中华道德文化始祖，而今这位中华始祖、圣人与九嶷山结缘，与零陵结缘，难道其价值就真的不值一条"蛇"？

设想永州人如果能有"大九嶷山"的理念，丢弃门户之见，认同整个"永州旅游的发展必须以舜文化为龙头"的见地，就可以求得龙头一摆，龙身、龙爪、龙尾、龙鳞都会运动起来的大好局面，柳文化、瑶文化、碑刻文化、女书文化、周子文化、古城古镇文化，乃至儒释道文化，既整合一起，又各自舒展，整个永州市的旅游才不至于零落成泥，才可以爆发出巨大的旅游潜能，形成大气候。

从整个湖南的旅游大业来看。湖南有张家界、有凤凰、有崀山、有九嶷山、有岳阳楼等众多的旅游资源不假，但是，我们还必须思考如何适应国家全域旅游的战略思路，将零零散散各自为政的旅游资源整合开发。

据我多年的研究，舜帝南巡在湖南乃至广东、广西留下了数不胜数的踪迹和传说故事。岳阳的君山，常德的德山，长沙的铜官，湘潭的韶山，邵阳的崀山，衡阳的衡山，永州的舜皇山、九嶷山，乃至广西的桂林、梧州，广东的韶关，都在舜帝南巡的路线上。湖南的旅游发展，完全具备了"一带一路"的条件，完全可以以舜帝与舜文化为核心，打造一条以舜帝南巡走过的路为线的旅游线路，以整合资源，通过资源共享，增加游客量，达到促进旅游经济大发展的目的。

就全国看，打舜帝与舜文化的牌的旅游基地已经有了很多个。湖南、山东、山西、河南、浙江、江苏、广西、广东等都有。这些地方都成立了舜文化研究会，都有与舜帝相关的地名和故事，都引起全世界有近四亿期待认祖归宗敦亲睦族的舜裔这样一个潜在的旅游市场的十分关注。因此研究和传播舜文化，对于促进全国旅游经济的发展都具有十分重要的意义。

初稿于 2017 年 2 月
二稿于 2018 年 10 月
三稿于 2019 年 12 月
定稿与 2020 年 9 月